Afrikaans Tweede Taal

Cambridge IGCSE™

LEERDERSBOEK

Ronél Gouws, Madeleine Nel en Marianne Peacock

Shaftesbury Road, Cambridge CB2 8EA, United Kingdom

One Liberty Plaza, 20th Floor, New York, NY 10006, USA

477 Williamstown Road, Port Melbourne, VIC 3207, Australia

314–321, 3rd Floor, Plot 3, Splendor Forum, Jasola District Centre, New Delhi – 110025, India

103 Penang Road, #05–06/07, Visioncrest Commercial, Singapore 238467

Old Warehouse Building, Black River Park, 2 Fir Street, Observatory, Cape Town, 7925, South Africa

Cambridge University Press & Assessment is a department of the University of Cambridge.

We share the University's mission to contribute to society through the pursuit of
education, learning and research at the highest international levels of excellence.

www.cambridge.org
Information on this title: www.cambridge.org/9781009455909

© Cambridge University Press & Assessment 2024

This publication is in copyright. Subject to statutory exception
and to the provisions of relevant collective licensing agreements,
no reproduction of any part may take place without the written
permission of Cambridge University Press & Assessment.

First published 2024

20 19 18 17 16 15 14 13 12 11 10 9 8 7 6 5 4 3 2

Printed in Great Britain by CPI Group (UK) Ltd, Croydon CR0 4YY

ISBN 978-1-009-45590-9 Paperback

Editor: Riëtte Botma
Illustrators: Mindi Flemming, Claudia Eckard, Louisa Gerryts, Vian Oelofsen, Johan Stapelberg, Anne Westoby
Graphics: Alex Flemming, Welma Odendaal, Adri Schütz
Typesetter: TextWrap
Cover artwork: Luis Sonper/Getty Images

....

Every effort has been made to trace copyright holders. Should infringements have occurred,
please inform the publishers who will correct these in the event of a reprint.

....

Cambridge University Press & Assessment has no responsibility for the persistence or accuracy
of URLs for external or third-party internet websites referred to in this publication,
and does not guarantee that any content on such websites is, or will remain,
accurate or appropriate.

› Inhoud

Afdeling 1: Vaardigheidsontwikkeling

1. Taal en stories — 1

Luister — 2
Leesbegrip — 4
Aantekeninge — 8
   Riglyne vir die beantwoording van vrae oor 'n teks — 8
Taal en woordeskat — 10
   Taalgereedskap: Soorte sinne; Die volgorde van tyd-, wyse- en plekwoorde in sinne — 10
Skryf — 14
   Paragrawe — 14
   Woordeboekgebruik — 16
Hoe vorder jy? — 16

2. Feeste — 18

Luister — 19
   Riglyne vir luisteroefeninge — 20
Leesbegrip — 21
   Taalgereedskap: Woordbetekenis — 21
   Taalgereedskap: Woordeboekgebruik — 22
Aantekeninge — 24
   Riglyne vir die maak van aantekeninge — 24
Taal en woordeskat — 26
   Taalgereedskap: Spelling; Letters van die alfabet en spraakklanke — 26
   Taalgereedskap: Skryftekens (diakritiese tekens) — 28
   Taalgereedskap: Die los en vas skryf van woorde; Hoofletters — 30
   Taalgereedskap: Woorde wat dikwels verkeerd gespel word — 31
Skryf — 32
   'n Teks met paragrawe — 32
Hoe vorder jy? — 34

3. Briewe — 35

Luister — 36
Leesbegrip — 38
    Hoe om leesbegripsvrae te beantwoord — 39
Taal en woordeskat — 43
    Taalgereedskap: Teenwoordige tyd, verlede tyd en toekomende tyd — 43
Skryf — 47
    Riglyne vir die skryf van 'n vriendskaplike e-pos — 48
Hoe vorder jy? — 49

4. Sportfokus — 50

Luister — 51
Leesbegrip — 53
Aantekeninge — 56
Taal en woordeskat — 58
    Taalgereedskap: Voegwoorde — 58
Skryf — 63
    Riglyne vir die skryf van 'n informele verslag — 63
Hoe vorder jy? — 65

5. Wonderwerkers — 67

Luister — 68
Leesbegrip — 70
Aantekeninge — 73
Taal en woordeskat — 75
    Taalgereedskap: Punktuasie — 75
Skryf — 79
    Riglyne vir die skryf van 'n onderhoud — 79
Hoe vorder jy? — 81

6. Onverklaarbaar — 82

Luister — 83
Leesbegrip — 84
Aantekeninge — 88

Taal en woordeskat	90
Taalgereedskap: Voornaamwoorde	90
Skryf	95
Riglyne vir die skryf van artikels	95
Hoe vorder jy?	98
7. Ons gee om	**100**
Luister	101
Leesbegrip	103
Aantekeninge	107
Taal en woordeskat	109
Taalgereedskap: Selfstandige naamwoorde	109
Skryf	115
Riglyne vir die skryf van 'n koerantberig	115
Hoe vorder jy?	118
8. Skryf 'n storie	**119**
Luister	120
Leesbegrip	122
Aantekeninge	125
Taal en woordeskat	127
Taalgereedskap: Byvoeglike naamwoorde	127
Taalgereedskap: Bywoorde	131
Skryf	132
Riglyne vir die skryf van 'n verhalende opstel	133
Hoe vorder jy?	134
9. Goeie nuus	**135**
Luister	136
Leesbegrip	138
Aantekeninge	143
Taal en woordeskat	145
Taalgereedskap: Die ontkennende (negatiewe) vorm	145
Taalgereedskap: Letterlike en figuurlike taal	146
Skryf	149
Riglyne vir die skryf van 'n resensie	150
Hoe vorder jy?	151

10. Natuurwonders — 153

Luister — 154
Leesbegrip — 156
Aantekeninge — 160
Taal en woordeskat — 162
    Taalgereedskap: Direkte en indirekte rede — 162
Skryf — 166
Hoe vorder jy? — 169

Afdeling 2: Vaardigheidsvaslegging

11. Luister — 170

Meerkeusevrae met prent-opsies oor 'n kort monoloog of dialoog — 171
Meerkeusevrae oor 'n kort monoloog of dialoog — 176
Meerkeusevrae oor 'n langer monoloog — 183
Meerkeuse-pasvrae oor ses kort monoloë — 187
Meerkeusevrae oor 'n onderhoud/dialoog — 191

12. Lees — 196

Vrae wat kort antwoorde vereis — 197
Meerkeuse-pasvrae — 202
Die maak van aantekeninge — 208
Meerkeusevrae — 215

13. Skryf — 223

Informele skryfstukke — 224
Meer formele skryfstukke — 226

14. Hersiening van vaardighede — 230

A. Hersien luistervaardighede — 231
B. Hersien leesvaardighede — 245
C. Hersien skryfvaardighede — 275
    Nasienkriteria vir skryfstukke — 286

Woordelys — 288

Endorsement statement

Endorsement indicates that a resource has passed Cambridge International's rigorous quality-assurance process and is suitable to support the delivery of a Cambridge International syllabus. However, endorsed resources are not the only suitable materials available to support teaching and learning, and are not essential to be used to achieve the qualification. Resource lists found on the Cambridge International website will include this resource and other endorsed resources.

Any example answers to questions taken from past question papers, practice questions, accompanying marks and mark schemes included in this resource have been written by the authors and are for guidance only. They do not replicate examination papers. In examinations the way marks are awarded may be different. Any references to assessment and/or assessment preparation are the publisher's interpretation of the syllabus requirements. Examiners will not use endorsed resources as a source of material for any assessment set by Cambridge International.

While the publishers have made every attempt to ensure that advice on the qualification and its assessment is accurate, the official syllabus specimen assessment materials and any associated assessment guidance materials produced by the awarding body are the only authoritative source of information and should always be referred to for definitive guidance. Cambridge International recommends that teachers consider using a range of teaching and learning resources based on their own professional judgement of their students' needs.

Cambridge International has not paid for the production of this resource, nor does Cambridge International receive any royalties from its sale. For more information about the endorsement process, please visit www.cambridgeinternational.org/endorsed-resources

Third-party websites and resources referred to in this publication have not been endorsed by Cambridge Assessment International Education.

AFRIKAANS TWEEDE TAAL: LEERDERSBOEK

> Hoe om hierdie boek te gebruik

Regdeur hierdie Leerdersboek is daar verskillende kenmerke wat ontwerp is om jou met die leerproses te help. Hier is 'n kort oorsig van wat jy sal vind.

IN HIERDIE HOOFSTUK GAAN JY:
Die doelwitte van elke hoofstuk word aan die begin van die hoofstuk opgesom sodat jy weet wat jy aan die einde van die hoofstuk behoort te ken. Dit help jou om die leermateriaal suksesvol te bemeester.

AKTIWITEIT
Hierdie praktiese take sal jou help om die werk beter te verstaan en om die vaardighede wat aangeleer is, toe te pas.

VISUELE MATERIAAL
'n Verskeidenheid visuele materiaal, soos strokiesprente, foto's en grafika, bevorder visuele begrip en geïmpliseerde betekenis wat noodsaaklik is vir goeie taalbegrip.

HOE VORDER JY?
Aan die einde van elke hoofstuk is daar 'n aktiwiteit wat die belangrikste begrippe wat in die hoofstuk behandel is, opsom en oefen.

SLEUTELWOORDE
Belangrike sleutelwoorde, wat ook jou woordeskat kan uitbrei, word in oranje kassies in die kantlyn aangedui, en duidelike definisies van die sleutelwoorde word verskaf.

QR-KODES
Hierdie kodes kan geskandeer word en neem jou direk na die aanlyn luistertekste wat met die spesifieke luisteraktiwiteite verband hou.

Hoofstuk 1
Taal en stories

Vir die meeste van ons is taal seker ons belangrikste kommunikasiemiddel. Deur middel van taal gee ons uiting aan ons ervarings, gevoelens en menings.

In hierdie hoofstuk gaan ons oefen om Afrikaans doeltreffender te gebruik. Die verskillende soorte tekste wat ons gaan lees, het almal een ding gemeen: dit handel oor tweetaligheid. Ons gaan kyk na hoekom dit voordelig is om meer as een taal te kan gebruik.

IN HIERDIE HOOFSTUK GAAN JY:

- vrae aan jou klasmaats stel en hul antwoorde aanteken;
- nadink oor wat jy in Afrikaans kan sê;
- na 'n onderhoud luister en vrae daaroor beantwoord;
- die boodskap in tekenprente identifiseer;
- 'n advertensie, 'n strokie en 'n grafiese teks lees, en vrae daaroor beantwoord;
- met sleutelwoorde en hoofgedagtes werk;
- soorte sinne en die volgorde van tyd-, wyse- en plekwoorde in sinne ondersoek;
- jou woordeskat uitbrei;
- kernsinne in paragrawe identifiseer;
- 'n paragraaf skryf; en
- 'n Afrikaanse gedig en die Engelse vertaling daarvan lees en vergelyk.

AFRIKAANS TWEEDE TAAL: LEERDERSBOEK

Luister

In hierdie afdeling gaan jy jou klasmaats leer ken, kyk wat jy in Afrikaans kan sê, na 'n onderhoud luister en vrae daaroor beantwoord, en tekenprente bespreek.

Aktiwiteit 1

1. Praat met jou klasmaats en soek ten minste een persoon wat "Ja" op elk van die vrae in die tabel hier onder sal antwoord. Teken die tabel in jou skryfboek oor. Skryf die name van die leerders met wie jy praat in die middelste kolom van jou tabel. Vra ook 'n opvolgvraag vir elke persoon en skryf hul antwoorde in die regterkantste kolom.

   Voorbeeld 1

   Vraag: Weet jy wat jou naam of van beteken?

   Antwoord: Ja.

   Vraag: Wat beteken dit?

   Antwoord: My naam beteken "kleremaker" in Engels.

   Voorbeeld 2

   Vraag: Dink jy dit is goed om meer as een taal te kan praat?

   Antwoord: Ja.

   Vraag: Waarom sê jy so?

   Antwoord: As jy meer as een taal kan praat, kan jy met meer mense kommunikeer.

> **SLEUTELWOORDE**
>
> **onderhoud** *(interview)* – gesprek om iemand se standpunt of mening te kry
>
> **stokperdjie** *(hobby)* – tydverdryf waaraan jy graag tyd bestee

Vraag	Naam	Antwoord op opvolgvraag
Weet jy wat jou naam of van beteken?		
Praat jy meer as een taal by die huis?		
Dink jy dit is goed om meer as een taal te kan praat?		
Sal jy graag nog 'n taal wil leer?		
Dink jy dit is moeiliker vir volwassenes as vir kinders om 'n nuwe taal te leer?		

2. Gesels in groepe oor wat jy uitgevind het.
3. Wat kan jy in Afrikaans sê? Wees eerlik!

   Ek kan in Afrikaans …
   a) beskryf hoe ek lyk.
   b) beskryf wie deel van my gesin is.
   c) oor my skool praat.
   d) praat oor die sportsoorte waaraan ek deelneem.
   e) beskryf wie my vriende is.
   f) verduidelik van watter musiek ek hou.

Hoofstuk 1: Taal en stories

g) praat oor wat my stokperdjies is.
h) beskryf van watter soort kos ek die meeste hou.
4. Kies twee of drie van die onderwerpe in vraag 3 en vertel 'n maat daarvan.

Aktiwiteit 2

Luister na die onderhoud wat 'n joernalis met Emma, 'n sestienjarige meisie, gevoer het. Die joernalis, Tom, wil 'n artikel oor tweetalige tieners skryf en het daarom die onderhoud met Emma gevoer. Beantwoord nou die vrae wat volg.

1. Hoe oud is Emma?
2. Watter tale praat Emma se ouers?
3. Wie is Cai?
4. Watter taal praat Emma en Cai wanneer hulle met mekaar praat?
5. Is die volgende stelling waar of onwaar? Gee 'n rede vir jou antwoord.
   Emma neem drie tale op skool.
6. Waarom wil Emma Spaans leer?
7. Wat doen Emma om haar Spaans te verbeter?
8. Uit watter taal is Emma se naam afgelei?
9. Wat beteken Emma se van?
10. Waarom, sê Tom, pas Emma se naam by haar?

Emma Dubois, tweetalige tiener

SLEUTELWOORDE

boodskap *(message)* – belangrikste idee wat oorgedra word

geïmpliseerde *(implied)* – wat nie direk gesê word nie

tweetalige *(bilingual)* – wat twee tale kan praat

Aktiwiteit 3

Gesels met 'n maat oor die geïmpliseerde boodskap in elk van die volgende tekenprente.

A

"Hy kan in tien verskillende tale vra: 'Wat eet ons vanaand?'"

B

AFRIKAANS TWEEDE TAAL: LEERDERSBOEK

C

D

Leesbegrip

Aktiwiteit 4

Lees die advertensie hier onder en beantwoord die vrae wat volg.

MY STORIES BEGIN AS LETTERS

My pen is my wonderland.
Word water in my hand.
In my pen is wonder ink.
Stories sing. Stories sink.

My stories loop. My stories stop.
My pen is my wonder mop.
Drink letters. Drink my ink.
My pen is blind. My stories blink.

**NET VIER UIT ELKE HONDERD MENSE BESEF
THAT THIS CAN BE READ IN AFRIKAANS AND ENGLISH.**

BRYANSTON PARALLEL MEDIUM

Gee jou kind the best of both worlds

Hoofstuk 1: Taal en stories

1. Toe jy die advertensie die eerste keer gelees het, het jy dit in Afrikaans of in Engels gelees?
2. Wanneer het jy besef die advertensie kan in Afrikaans en in Engels gelees word?
3. Watter reël in strofe 1 (die eerste vier reëls) se betekenis is nie dieselfde in Afrikaans en Engels nie?
4. Hou jy die meeste van die Afrikaanse of die Engelse betekenis van "My stories loop"? Waarom sê jy so?
5. Hoe verskil die Afrikaanse en die Engelse betekenis van "My stories blink"?
6. Die woord "wonder" kom drie keer in die gedig voor – in "wonderland", "wonder ink" en "wonder mop". Waarom, dink jy, word die woord soveel keer gebruik?
7. Wat word hier geadverteer?
8. Wie is die advertensie se teikengroep, dit wil sê op wie is die advertensie gerig?
9. Hoe pas die gedig "My stories begin as letters" by dit wat geadverteer word?
10. Op twee plekke in die gedig is daar woorde wat in Engels as twee woorde geskryf word, maar in Afrikaans een woord moet wees. Kan jy die woorde raaksien?
11. Vertaal die volgende Engelse woorde uit die advertensie in Afrikaans:
    a) that this can be read in Afrikaans and English
    b) the best of both worlds

Aktiwiteit 5

Kyk na die strokie en beantwoord die vrae wat volg.

1. Hoe het dit die kalkoene gehelp om tweetalig te wees?
2. Daar is 'n Afrikaanse idiomatiese uitdrukking: Om nie onder 'n kalkoen uitgebroei te wees nie.
    a) Vind uit wat die uitdrukking beteken.
    b) Pas die uitdrukking by die kalkoene in hierdie strokie? Verduidelik jou antwoord.

Aktiwiteit 6

Lees die inligting hier onder en beantwoord die vrae wat volg.

Wat is die moeilikste tale om te leer?

'n Kykie na watter tale vir Engelssprekendes die maklikste en die moeilikste is om te leer.

Die Amerikaanse Staatsdepartement het inligting saamgestel oor hoe maklik of moeilik dit vir 'n Engels-moedertaalspreker is om 'n nuwe taal goed genoeg te leer om dit te kan lees en skryf.

Elke leerder is verskillend.
Die tyd wat dit neem om 'n taal te leer, hang van 'n paar faktore af:
- ☑ Hoe naby die nuwe taal aan jou eie taal of ander tale wat jy ken, is;
- ☑ Hoe ingewikkeld die taal is;
- ☑ Hoeveel uur 'n week jy opsysit om die nuwe taal te leer;
- ☑ Die hulpmiddels wat daar is om jou te help; en
- ☑ Jou motivering.

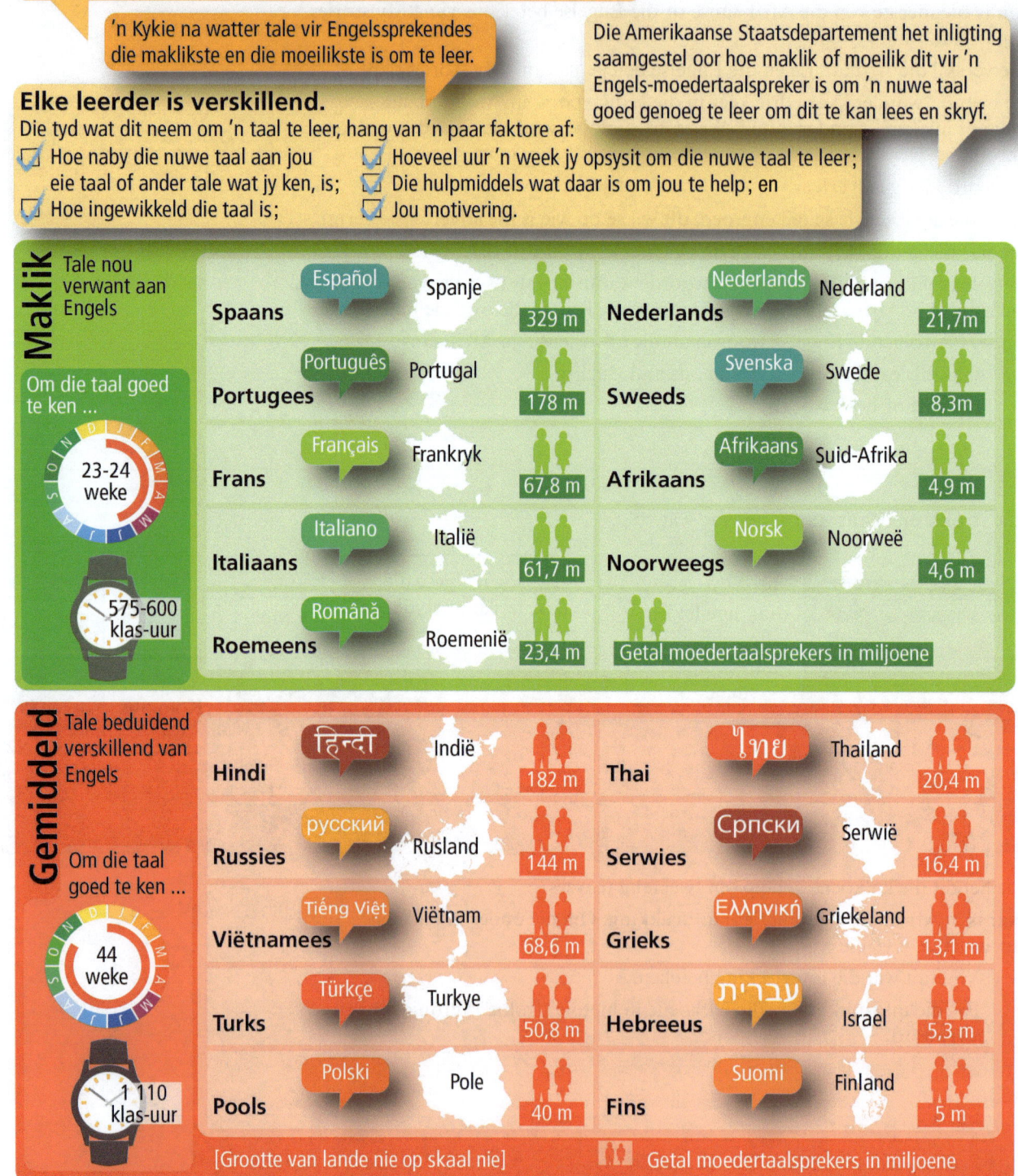

Hoofstuk 1: Taal en stories

(Aangepas en vertaal uit: http://www.sciencedump.com/sites/www.sciencedump.com/files/Hard-Languages-To-Learn)

1. Kyk na die tale wat vir Engelssprekendes maklik is om te leer.
    a) Waarvolgens is die tale gerangskik?
    b) Dink aan waar hierdie tale gepraat word. Hoe verskil Afrikaans van die ander agt tale?
2. Kyk na die tale wat vir Engelssprekendes nie so maklik is om te leer nie.
    a) Waarom is hierdie tale moeiliker om te leer as party ander tale?
    b) Is die volgende stelling waar of onwaar? Verduidelik.
       Vir iemand wie se moedertaal Engels is, sal dit ongeveer twee maal so lank neem om 'n taal soos Grieks as 'n taal soos Afrikaans te leer.
3. By watter taal pas elke stelling?
    a) In dié taal beïnvloed jou uitspraak woorde se betekenis.
    b) Sinne se struktuur is baie anders in dié taal as in Engels.
    c) Dié taal word volgens 'n komplekse stelsel geskryf.
    d) Hierdie taal het duisende lettertekens, soos Chinees.
    e) Iemand wat dié taal ken, sal Chinees makliker kan lees.
    f) In geskrewe taal word meestal konsonante gebruik.
    g) Hierdie taal het meer as een stelsel vir skryf.
    h) Hierdie taal klink baie anders as Europese tale.
4. Kyk weer na hoeveel sprekers elke taal in die teks het.
    a) Watter taal het die minste sprekers?
    b) Watter taal het die meeste sprekers?
5. In watter kategorie, dink jy, sal Suider-Afrikaanse tale soos Tswana, Xhosa en Sotho inpas? Gee 'n rede vir jou antwoord.

SLEUTELWOORDE

beduidend *(significant)* – groot; duidelik

eenders *(similar)* – dieselfde

gerangskik *(arranged)* – in volgorde geplaas

geskrewe *(written)* – wat geskryf is

hulpmiddel *(resource)* – middel wat jou help om 'n doel te bereik

ingewikkeld *(complicated)* – kompleks; moeilik

letterteken *(character)* – teken wat 'n klank voorstel

vokale *(vowels)* – klinkers; klanke soos a, e, i, o en u

Aantekeninge

Riglyne vir die beantwoording van vrae oor 'n teks

1. Wanneer jy aantekeninge oor 'n teks moet maak, dit moet opsom of begripsvrae daaroor moet beantwoord, begin jy deur dit te vluglees om 'n idee te kry waaroor die teks handel. As jy vluglees, volg jy hierdie stappe:
   - Lees die hele eerste paragraaf.
   - Lees die eerste sin van elk van die ander paragrawe.
   - Lees die hele laaste paragraaf.
2. Lees dan die **vrae** of **opdrag** sodat jy verstaan wat jy moet doen. Gee veral aandag aan die **opdragwoorde** soos "noem", "beskryf", "identifiseer", "verduidelik", "vergelyk", "maak aantekeninge" of "maak 'n opsomming".
3. **Stiplees** nou die teks – lees dit deeglik sodat jy vrae daaroor kan beantwoord.
4. Terwyl jy die teks stiplees, onderstreep jy die **sleutelwoorde** en **hoofgedagtes**.
5. Beantwoord daarna die vrae.

Sleutelwoorde en hoofgedagtes

Om te begryp wat 'n skrywer se doel met 'n teks is, moet jy **sleutelwoorde** en **hoofgedagtes** kan uitken.

- 'n **Sleutelwoord** is 'n woord wat vir jou sê waaroor 'n teks of paragraaf handel.
- 'n **Hoof- of kerngedagte** is die belangrikste idee of gedagte in 'n teks of paragraaf.
- Sommige dinge in 'n teks hou verband met mekaar of skakel met mekaar. As jy hierdie gedeeltes kan uitken, sal dit jou help om die hoofgedagtes raak te sien.
- As jy 'n teks lees wat uit verskillende paragrawe bestaan, moet jy eerstens op die eerste paragraaf konsentreer, want dit verwys dikwels na die hoofgedagte van die hele teks.
- Kyk watter gedagtes in die daaropvolgende paragrawe by hierdie eerste hoofgedagte aansluit.
- Onderstreep of omkring die sleutelwoorde in elke paragraaf.
- Identifiseer die hoofgedagte van elke paragraaf. ('n Mens vind dikwels die hoofgedagte van 'n paragraaf in die eerste sin daarvan.)

SLEUTELWOORDE

aantekeninge *(notes)* – notas

opdragwoorde *(instruction words)* – woorde wat sê wat jy moet doen

opsom *(summarise)* – die kern kortliks noem

stiplees *(read attentively)* – aandagtig lees sodat jy verstaan

vluglees *(skim)* – vinnig lees om 'n idee te kry waaroor 'n teks handel

---

Aktiwiteit 7

Beantwoord die vrae wat volg oor die teks op die bladsy langsaan.

1. Wat is die hoofgedagte van hierdie teks? Soek jou antwoord in paragraaf 1 en antwoord in 'n volsin.
2. Lees weer paragraaf 2.
   a) Skryf twee sleutelwoorde neer.
   b) Wat is die paragraaf se hoofgedagte?

Hoofstuk 1: Taal en stories

3. By watter paragraaf pas elk van die volgende hoofgedagtes?
   a) Tweetalige mense kan beter konsentreer.
   b) Tweetalige mense kan verskeie take tegelyk beter doen.
   c) Tweetaligheid maak jou meer taalsensitief.
   d) Tweetalige mense hoor taal beter.
   e) Tweetaligheid keer demensie.
4. Lees weer paragraaf 6.
   a) Skryf twee sleutelwoorde neer.
   b) Wat is die paragraaf se hoofgedagte?
5. Watter vyf voordele wat in die teks genoem word, dink jy is die belangrikste? Skryf die vyf voordele van die belangrikste tot die minste belangrik neer.

Agt fisiologiese voordele daarvan om 'n ander taal te leer

1. Navorsing wat die afgelope jare oor tweetaligheid gedoen is, toon die wonderlike fisiologiese voordele daarvan om 'n tweede taal te leer. Hierdie voordele is veel meer as om in 'n vreemde land kos in 'n restaurant te kan bestel of te kan vra waar die stasie is.

2. Wanneer jy 'n tweede taal leer, groei die dele van jou brein wat met taal te doen het. Hoe beter jy die nuwe taal leer, hoe meer groei hierdie belangrike dele van die brein.

3. Kinders wat in 'n tweetalige omgewing grootword, het 'n beter geheue as kinders wat met net een taal grootword. Omdat hulle beter kan onthou, vaar hulle beter met hoofrekene, lees en talle ander belangrike vaardighede.

4. Tweetalige mense hoor taal beter en kan beter luister. Die rede hiervoor is dat die brein meer gewoond daaraan is om tussen die klanke van verskillende tale te onderskei.

5. Tweetalige mense kan vinniger van een taak na 'n ander taak oorskakel. Hulle breine is "fikser" en hulle kan makliker by nuwe omstandighede aanpas.

6. Babas wat in tweetalige huise grootword, kan onderskei tussen tale wat hulle nog nooit gehoor het nie. Hulle het 'n groter sensitiwiteit vir tale. As hulle byvoorbeeld gewoond is daaraan om die verskillende klanke van Frans en Duits te hoor, sal hulle makliker die verskil tussen byvoorbeeld Engels en Afrikaans kan hoor.

7. Mense wat tweetalig is, kry nie so gou siektes soos Alzheimersiekte as eentalige mense nie. Dit is moeilik om te glo, maar om 'n tweede taal te leer werk veel beter teen demensie as die jongste medisyne.

8. Tweetalige mense kan hul konsentrasie beter beheer. Hulle aandag word nie so maklik afgelei nie en hulle kan met groter aandag fokus.

SLEUTELWOORDE

aandag (*attention*) – konsentrasie

demensie (*dementia*) – agteruitgang van die brein

fisiologiese (*physiological*) – wat met die liggaam te doen het

geheue (*memory*) – vermoë om te onthou

navorsing (*research*) – wetenskaplike ondersoek

omstandighede (*circumstances*) – toestande

onderskei (*distinguish*) – verskille raaksien

vaardighede (*skills*) – bekwaamhede

voordele (*advantages*) – goeie eienskappe

9. As jy 'n nuwe taal leer, verbeter dit jou eerste taal. Wanneer jy 'n tweede taal leer, maak dit jou bewus van die reëls en struktuur van taal. Dit lei daartoe dat jy jou eie taal beter verstaan.
10. Hierdie agt voordele is bo en behalwe ander belangrike voordele soos om jou in 'n ander kultuur te verdiep en om met ander oë na die wêreld te kyk. Dit is duidelik dat tweetaligheid help om jou 'n beter mens te maak.

> **SLEUTELWOORD**
>
> **verdiep** *(immerse)* – deel word van iets; 'n diepgaande studie maak van iets

Taal en woordeskat

Taalgereedskap

Soorte sinne

Daar is drie soorte sinne:

- **Stellings:** Hulle is albei tweetalig.
- **Vrae:** Hoeveel tale ken jy?
- **Bevele:** Leer dadelik 'n tweede taal!

Dié drie soorte sinne het elkeen 'n ander funksie:

- **Stellings** gee inligting.
- **Vrae** vra inligting.
- **Bevele** gee opdragte.

Die volgorde van tyd-, wyse- en plekwoorde in sinne

Kyk na die volgende uiteensetting:

Nicky het				geoefen.	
Nicky het	elke dag			geoefen.	
Nicky het	elke dag	hard		geoefen.	
Nicky het	elke dag	hard	in die klas	geoefen.	
Nicky het	elke dag	hard	in die klas	geoefen	om beter Xhosa te praat.
	Tyd (wanneer)	**Wyse** (hoe)	**Plek** (waar)		**Infinitief** (met watter doel)

- Het jy gesien dat daar vanaf die tweede sin elke keer woorde bygevoeg word? Dit is in hierdie volgorde gedoen: tyd, wyse, plek, infinitief.
- Let op dat die hoofwerkwoord "geoefen" aan die einde van die sin geplaas word in 'n sin soos die voorbeeld hier bo.

Hoofstuk 1: Taal en stories

- Kyk hoe die sin se woordorde verander as jy die sin met die tydwoorde of die plekwoorde begin:

    – Jaco gaan Woensdae na Griekse klasse by die konsulaat.

    Woensdae gaan Jaco na Griekse klasse by die konsulaat.

    – Almal is hier tweetalig.

    Hier is almal tweetalig.

- Let op hoe die betekenis van die sinne hier bo subtiel verander as jy dit met 'n tyd- of plekwoord laat begin.

Aktiwiteit 8

Hierdie aktiwiteit is op die riglyne op die vorige bladsy gebaseer.

1. Watter soort sin is elk van die volgende?
    a) Zelda, het jy hierdie boek gelees?
    b) Gaan haal daardie boek!
    c) Ismail is dol oor lees.

2. Watter vraag sal jy vra om die inligting in die volgende stelsinne te kry? Die onderstreepte gedeeltes bevat die antwoorde.

    Voorbeeld: Die artikel het op die internet verskyn.

    Antwoord: Waar het die artikel verskyn?

    a) Nomsa ken die volgende tale: Xhosa, Engels en Afrikaans.
    b) Jenny het verlede jaar Frans begin leer.
    c) Amanda en Thabo gaan hierdie vakansie oorsee.
    d) Badri leer Hindi omdat hy deur Indië wil gaan reis.
    e) Adriana het Italiaans geleer toe sy in Rome gebly het.

3. Watter bevel sal die onderwyser in elke geval hier onder gee?

    Voorbeeld: Die onderwyser wil hê die klas moet biblioteek toe gaan.

    Antwoord: Gaan biblioteek toe!

    a) Die onderwyser wil hê die leerder moet voor in die klas kom staan.
    b) Die onderwyser wil hê die leerders moet die artikel in stilte lees.
    c) Die onderwyser wil hê die klas moet hul boeke wegpak.

4. Rangskik die volgende sinsdele in die korrekte volgorde.
    a) Die atlete (elke dag) (in die veld) (gaan draf).
    b) Die seun het (gery) (rustig) (om vieruur) (na sy les).
    c) Die tieners (oefen) (môre) (gaan) (vir die konsert) (direk ná skool).

5. Skryf die volgende sinne oor en verbeter die woordorde.
    a) Die professor het in Johannesburg verlede week 'n toespraak gelewer.
    b) Die kinders van kleins af praat vlot Afrikaans en Xhosa in die Oos-Kaap.
    c) Die studente stap haastig na hul klas by die kollege Maandagmiddae.

6. Skryf die sinne oor, maar begin met die onderstreepte woorde.
    a) Ons kyk vanaand na 'n Franse fliek met Engelse onderskrifte.
    b) Die fliek het verlede maand drie pryse gewen.

c) Baie mense <u>in Suid-Afrika</u> is twee- of drietalig.
d) Die hele klas wil <u>volgende jaar</u> 'n Afrikataal leer.
e) Jy kan <u>op YouTube</u> na video's in baie verskillende tale kyk.

7. Maak jou eie sinne waarin die volgende woorde voorkom.
   a) in die park, heerlik, gister
   b) vinnig, om die veld, vanmiddag

Aktiwiteit 9

1. Hierdie oefening word in pare of klein groepies gedoen. Kyk wie die volgende die vinnigste en die duidelikste in Afrikaans kan sê:
   a) die alfabet
   b) die dae van die week (begin met Sondag)
   c) die maande van die jaar
   d) die seisoene (begin met die seisoen wat dit in Januarie is)

2. In die gedig "My stories begin as letters" word 'n pen genoem. Wat noem 'n mens …
   a) die lang, dun skryfinstrument wat uit 'n stafie grafiet met hout daarom bestaan?
   b) die langwerpige, plat voorwerp wat jy gebruik om reguit lyne te trek?
   c) 'n stukkie rubber of gomlastiek waarmee jy woorde wat jy geskryf of geteken het, kan uitwis?
   d) die wit vloeistof wat jy kan gebruik om woorde wit te "verf" sodat jy dan weer daarop kan skryf?
   e) 'n stuk gereedskap om papier mee te knip, wat uit twee lemme met handvatsels bestaan?
   f) die sakkie waarin jy al jou skryfgoed hou?

3. In die teks oor maklike en moeilike tale word verskillende tale en lande genoem. Teken die tabel in jou skryfboek oor. Gebruik die inligting in die teks om die middelste kolom hier onder in te vul. Gebruik dan 'n woordeboek om die laaste kolom in te vul. Die eerste een is vir jou gedoen.

Land	Taal	Inwoners
Spanje	Spaans	Spanjaarde
Frankryk		
Italië		
Noorweë		
Rusland		
Pole		
Griekeland		
Israel		
Egipte		
Japan		
China		

Hoofstuk 1: Taal en stories

4. Gee ook een woord vir die inwoners van:
   a) Brittanje
   b) Amerika
   c) Duitsland
   d) Brasilië
   e) Kanada
   f) Zambië
   g) Zimbabwe
   h) Nieu-Seeland
   i) Australië
   j) Mexiko

Aktiwiteit 10

Kopieer die blokkiesraaisel en vul dit in. Al die woorde hierin is vroeër in die tekste of oefeninge in hierdie hoofstuk gebruik.

Leidrade

Dwars

3. Jou ___ groei wanneer jy 'n nuwe taal leer.
4. In ons ___ is daar 26 letters.
8. Mense wat ___ is, doen verskeie take tegelyk beter as eentalige mense.
11. Mense wat ___ is, hoor taal nie so goed soos tweetalige mense nie.
12. Omdat tweetalige mense se geheue beter is, kan hulle beter ___.
16. 'n ___ in 'n paragraaf is 'n woord wat sê waaroor die paragraaf handel.
19. Die ___ van 'n taal het te doen met hoe dit klink.
20. In die strokie het 'n ___ soos 'n skaap geblêr.
21. 'n Paragraaf se ___ is die belangrikste idee in die paragraaf.

Af

1. Dit is goed as jy met iemand in sy of haar eie taal kan ____.
2. Jou brein groei wanneer jy 'n nuwe ___ leer.
5. Daar is 26 ___ in ons alfabet.
6. As jou moedertaal ___ is, is Spaans makliker om te leer as Chinees.
7. 'n Mens skryf met 'n ___.
9. Tweetalige mense ___ taal beter omdat hul ore gewoond is aan verskillende klanke.
10. Vir Engelssprekendes is Chinees 'n ___ taal om te leer.
13. Jou eerste taal word ook jou ___taal genoem.
14. 'n Taal bestaan uit duisende ___.
15. As jy 'n teks ___, lees jy dit vinnig om 'n idee te kry waaroor dit gaan.
17. 'n ___ is 'n plaasdier wat blêr.
18. Tweetalige mense konsentreer beter en hul ___ word nie so gou afgelei nie.

> Skryf

In hierdie afdeling gaan jy met paragrawe werk en oefen om 'n goeie paragraaf te skryf.

Paragrawe

Wat is 'n paragraaf?
- 'n Paragraaf bestaan uit 'n aantal samehangende sinne wat om een **hoofgedagte** (**kerngedagte**) gegroepeer is. **Skakelwoorde** vorm belangrike bindingsmiddele in paragrawe.
- 'n Goeie paragraaf bestaan uit 'n kernsin en **ondersteunende sinne**.
- Die kernsin bevat die **hoofgedagte**.
- Die ondersteunende sinne **verduidelik** die kernsin of **brei** daarop **uit**.

Die bou van 'n paragraaf
- Die bou van 'n paragraaf hang af van waar die **kernsin** (**hoofgedagte**) daarin staan.
- Die kernsin staan dikwels aan die **begin** van die paragraaf en dan is die daaropvolgende sinne 'n **uitbreiding** van die hoofgedagte in die kernsin.
- As die kernsin aan die **einde** van die paragraaf staan, is dit dikwels 'n **gevolgtrekking**. In so 'n geval lei die voorafgaande sinne logies tot die hoofgedagte.

Aktiwiteit 11

1. Lees die volgende paragrawe waarin twee tieners hulleself beskryf.
    a) Besluit watter sin in elke paragraaf die kernsin is.
    b) Dink jy die sinne in die paragrawe skakel logies met mekaar? Verduidelik.
    c) Is al die sinne ewe lank en volg al die sinne dieselfde patroon? Waarom sê jy so?

SLEUTELWOORDE

gevolgtrekking *(conclusion)* – slotsom

kernsin *(topic sentence)* – sin wat hoofgedagte uitdruk

ondersteunende *(supporting)* – wat help verduidelik

samehangende *(cohesive)* – wat 'n logiese geheel vorm

sinne *(sentences)* – woorde wat saam 'n geheel vorm

skakelwoorde *(linking words)* – woorde of frases wat die verband tussen idees, sinne en sinsdele aandui

uitbreiding *(extension)* – wat meer inligting gee

Hoofstuk 1: Taal en stories

As jy my moet vra om myself te beskryf, sal ek mooi moet dink wat ek sê. Ja, ek is sestien jaar oud, ek is 'n meisie, ek is my ouers se oudste kind en ek het 'n suster en 'n broer, maar ek is veel meer as dit. Dit is belangrik vir my om gelukkig te wees met wat ek doen, hoe ek dit doen en saam met wie ek dit doen. My vriende is dus ontsettend belangrik vir my. Nog iets wat sentraal in my lewe is, is my liefde vir diere, veral perde en honde. 'n Veearts is wat ek eendag wil wees. Dan hou ek ook daarvan om goed te doen – ek hou dalk te veel daarvan om goed te doen. Dit is wie ek is.

Ek is ek. Ek weier om soos enigiemand anders te wees. Ek weet ek is in baie opsigte soos ander mense – ek is byvoorbeeld dol oor sport, veral sokker en krieket. Ek weet egter dat daar niemand anders soos ek is nie. Die belangrikste ding in my lewe is om goed met ander mense te kan kommunikeer. Omdat kommunikasie so belangrik vir my is, is dit my stokperdjie om nuwe tale te leer. My ouers wonder soms waar hulle aan hierdie seun gekom het, maar ek weet hulle is lief vir my en ondersteun my in alles wat ek doen. Selfs as ek dink dit is nie genoeg om sewe tale te ken nie!

2. Jy gaan nou 'n paragraaf van ongeveer 100 woorde oor jouself skryf. Jou paragraaf moet uit 'n kernsin en minstens vyf ondersteunende sinne bestaan. Volg hierdie stappe wanneer jy jou paragraaf skryf:
   - Maak 'n lys van woorde wat jou beskryf.
   - Besluit wat die hoofgedagte van jou paragraaf moet wees.
   - Dink aan 'n kernsin vir jou paragraaf.
   - Besluit of jou kernsin aan die begin of aan die einde van jou paragraaf gaan kom.
   - Dink aan idees vir ondersteunende sinne.
   - Skryf die eerste weergawe van jou paragraaf.
   - Kyk krities na die struktuur van jou paragraaf en vra jouself: Skakel die sinne logies met mekaar? Is die paragraaf samehangend?
   - Herskryf jou paragraaf totdat jy tevrede is met die struktuur daarvan.
   - Kyk krities na jou woordorde, punktuasie en spelling.
   - Verbeter enige foute.
   - Skryf jou paragraaf netjies oor en proeflees dit.

AFRIKAANS TWEEDE TAAL: LEERDERSBOEK

Woordeboekgebruik

Wanneer jy skryf, moet jy altyd 'n woordeboek byderhand hê – dit maak nie saak of dit 'n elektroniese woordeboek of 'n gedrukte woordeboek is nie.

Kyk na die inskrywings vir "like" in 'n tweetalige woordeboek en lees die annotasies daarby.

- Die woord wat jy naslaan, word die **trefwoord** genoem.
- Let op dat daar **twee inskrywings** vir "like" is.
- Let op die **woordsoort** ná die trefwoord.
- Besluit watter woordsoort of inskrywing **pas** by die woord wat jy soek.
- Lees **alles** wat in die inskrywing staan.
- Kyk watter **voorbeeldsin** pas by die betekenis wat jy soek.

like¹ *verb* (~s, liking, ~d) DINK IETS IS LEKKER/GOED ▶ **hou van** *I like to visit my friends.* Ek hou daarvan om by my vriende te kuier.

like² *prep, conj* **1** BYNA DIESELFDE AS ▶ **soos** *He looks like his father.* Hy lyk soos sy pa. | *Vegetables like spinach contain iron.* Groente soos spinasie bevat yster. | **just like** ▶ **net soos** ▶ **nes** *This camera looks just like my old one.* Dié kamera lyk net soos my oue. | Dié kamera lyk nes my oue. **2** NET OF ▶ **asof** *It looks like it's going to rain.* Dit lyk asof dit gaan reën.

SLEUTELWOORDE

inskrywings *(entries)* – woorde saam met verduidelikings

trefwoord *(headword; lemma)* – titelwoord

woordeboek *(dictionary)* – boek waarin woorde se betekenis verduidelik word of in 'n ander taal gegee word

(Uit: *Longman HAT Engels-Afrikaans Afrikaans-Engels School Dictionary/Skoolwoordeboek*, Pearson, 2011)

> Hoe vorder jy?

Aktiwiteit 12

Die gedig "Talle tonge" is deur Mathews Phosa geskryf. Phosa, nou 'n sakeman, het veral bekend geword toe hy premier van Mpumalanga was en 'n hoë pos in die ANC beklee het. Hy praat nege tale.

Mathews Phosa dig in Afrikaans. Die gedig "Talle tonge" het in die bundel *Deur die oog van 'n naald* verskyn, wat in 1996 gepubliseer is.

Lees die Afrikaanse gedig "Talle tonge" en ook die Engelse vertaling daarvan.

Beantwoord die vrae oor die sleutelwoorde en hoofgedagtes in die gedig.

Mathews Phosa

Hoofstuk 1: Taal en stories

Talle tonge	Many tongues
Talle tonge het ek	Many tongues have I
een tong op 'n gegewe oomblik	one tongue at a given moment
'n heuningtong	a honey tongue
'n bitter tong	a bitter tongue
'n tong stomp	a tongue blunt
genoeg om te swyg	enough to remain silent
my skerp tong klap	my sharp tongue lashes
klap soos 'n sweep	cracks like a whip
en keep diep en laat bloei	and cuts deep and draws blood
my suur tong brand	my caustic tongue burns
brand soos asyn	burns like vinegar
en laat krimp inmekaar en skend	and maims, making people writhe with pain
Talle tonge het ek	Many tongues have I
een tong op 'n gegewe oomblik	one tongue at a given moment
'n tong om te sny	a tongue to cut
'n tong om te salf	a tongue to salve
Ek het talle tonge	I have many tongues

(Uit: *Deur die oog van 'n naald*, Tafelberg, 2009. Vertaal deur Anthony Sparg, Facebook, 5 Augustus 2013)

1. Watter twee woorde, dink jy, is die belangrikste woorde in strofe 1?
2. Skryf die sleutelwoorde in strofe 2 neer.
3. Watter twee woorde in strofe 4 hou verband met mekaar?
4. Wat is die hoofgedagte van strofe 5?
5. Watter reël in die gedig, dink jy, was die moeilikste om te vertaal? Gee 'n rede vir jou antwoord.
6. Dink jy die vertaalde gedig is effens minder goed, net so goed of effens beter as die Afrikaanse gedig? Waarom sê jy so?
7. Watter boodskap word deur die gedig oorgedra?

Hoofstuk 2
Feeste

Sedert antieke tye word 'n groot verskeidenheid feeste oral in die wêreld gehou. Waar daar mense is, sal daar altyd 'n rede wees om fees te vier. Die antieke Olimpiese Spele wat in Griekeland gehou is, was 'n groot sportfees – die voorganger van die moderne Olimpiese Spele. Ander feeste is godsdienstige feeste, oesfeeste en dankseggingsfeeste.

In Suid-Afrika hou ons ook gereeld êrens in die land 'n fees. Kuns- en kultuurfeeste bevorder die groei van die kunste, terwyl ander feeste op 'n plaaslike produk soos patats, kaas of wyn fokus. Dié soort feeste gaan hoofsaaklik oor lekker eet, musiek luister en gesellig saam wees.

IN HIERDIE HOOFSTUK GAAN JY:

- praat oor 'n fees wat wêreldwyd gevier word;
- luister na 'n teks oor 'n bekende Nuwejaarsfees om jou luisterbegrip te oefen;
- 'n teks lees oor 'n interessante fees wat op die natuurlewe en samewerking van 'n gemeenskap fokus;
- aantekeninge maak oor drie interessante feeste;
- spelreëls bestudeer en spelaktiwiteite doen;
- jou woordeskat uitbrei; en
- 'n beskrywende opstel oor 'n spesiale fees beplan en skryf.

Hoofstuk 2: Feeste

> Luister

Aktiwiteit 1

1. Kyk saam met 'n maat na die foto's op die bladsy. Elke foto pas by een van vier bekende feeste wat mense vier. Watter fees word deur elke foto uitgebeeld?

Diwali   Eid   'n Huweliksfees/bruilof   Kersfees

2. Kies een van hierdie feeste en praat met mekaar oor:
   - die redes waarom hierdie soort feesviering plaasvind of die doel daarvan;
   - die tradisionele dinge wat tydens hierdie fees gedoen word;
   - watter soorte kos mense dan eet; en
   - spesiale kostuums of klere wat vir die spesifieke fees gedra word.
3. Gesels oor hoe jy oor spesiale feeste voel en oor jou deelname aan sommige rituele van die feesvieringe.
   óf
   Gesels oor hoekom jy nie sulke feeste vier, bywoon of geniet nie.

Aktiwiteit 2

Luister aandagtig na die teks oor 'n baie spesiale Nuwejaarsfees en beantwoord die vrae wat volg. Jy kan twee keer na die teks luister.

Chinese Nuwejaar

Riglyne vir luisteroefeninge

- Lees die vrae oor die leesstuk deur voordat jy na die teks luister.

- Jy kan vinnig aantekeninge maak tydens die luisteroefening, maar maak seker dat jy na die hele leesstuk luister en nie dele daarvan mis nie. Jy kan ook antwoorde op die vrae liggies met 'n potlood in jou handboek neerskryf en later uitvee. Die pouse kan ook hiervoor gebruik word.

- Beantwoord dan die vrae wat volg. Skryf die vraagnommers onder mekaar in jou skryfboek neer sodat jy die antwoorde langsaan kan neerskryf.

1. Gee elke keer die ontbrekende woord.

    Chinese Nuwejaar is die belangrikste feestyd op die Chinese a) _____ en die fees wat die langste aanhou, naamlik b) _____ dae. Dit volg die fases van die c) _____. Elke maand op die maankalender begin op die d) _____ dag van die maand en e) _____ op die vyftiende, wanneer die maan op sy f) _____ is.

2. Is die volgende stellings waar of onwaar?
    a) Chinese maak hul huise op Nuwejaarsdag skoon.
    b) Vullis moet voor die vyfde dag van die fees uit die huis verwyder word.
    c) Die kleur rooi is vir die Chinese 'n simbool van gevaar.
    d) Tydens Chinese Nuwejaar dink mense aan hul familielede wat dood is.

3. Hoekom maak Chinese twaalfuur die nag voor Nuwejaar hul deure en vensters oop?

4. Waarmee verwelkom die mense die nuwe jaar? (een woord)

5. Noem een soort vrug wat 'n simbool van geluk is.

6. Waarmee versier die Chinese die omgewing op die vyftiende nag van die Nuwejaarsfees?

7. Gee elke keer die ontbrekende woorde.
    a) Tydens die fees word huise met _____ en _____ versier.
    b) 'n Draak bring _____, 'n lang lewe en _____.

Hoofstuk 2: Feeste

> Leesbegrip

Die riglyne en tekste in hierdie afdeling fokus op leesvaardighede. Om vlot te lees, is belangrik, maar as jy nie verstaan wat jy lees nie, beteken dit vir jou niks nie. Ons fokus daarom op leesbegrip.

SLEUTELWOORD

vlot *(fluent)* – maklik, glad, sonder om te sukkel

Taalgereedskap

Woordbetekenis

'n Mens hoef nie elke woord in 'n sin te verstaan om die betekenis van die teks te verstaan nie. Soms kan die betekenis van 'n onbekende woord afgelei word van die ander woorde wat saam met die woord in die sin gebruik word. Let ook op woorde en sinsdele wat betekenis impliseer sonder om dit direk te stel.

Aktiwiteit 3

Lees die volgende teks oor 'n buitengewone Italiaanse fees en soek:

1. die woord in die teks met dieselfde betekenis as die onderstreepte woord;
2. die woord in die teks met min of meer dieselfde betekenis as die **vetgedrukte** woord; en
3. woorde in die teks met dieselfde betekenis as "inwoners van 'n dorp", "regeerder", "eeue" en "om weer te dink aan".

> In die dorpie Ivrea in Italië hou die dorpenaars elke jaar 'n soort fees waartydens hulle mekaar met lemoene bestook. Hulle veg in nege spanne en gooi mekaar met duisende kilogramme lemoene. Hierdie lemoenoorlog is die herdenking van 'n **oorlog** wat honderde jare gelede gevoer is toe daar 'n opstand teen 'n wrede heerser was.

Woordeboekgebruik

Verskillende soorte woordeboeke is nuttige hulpbronne om woordbetekenisse vir verskillende doeleindes na te slaan, byvoorbeeld:

- Tweetalige woordeboeke gee die woord in 'n ander taal.
- Verklarende woordeboeke verduidelik die woord se betekenis in dieselfde taal.
- Idioomwoordeboeke verduidelik die betekenis van idiome. (Omdat idiome voorbeelde van figuurlike taalgebruik is, is dit moeilik om 'n idioom te verstaan as jy net die letterlike betekenis van die woorde ken.)
- In tesourusse word woorde volgens hul betekenisse gegroepeer.
- Vakwoordeboeke gee vakwoorde en hul betekenisse, byvoorbeeld wiskundewoordeboeke, sakewoordeboeke en tegniese woordeboeke.

SLEUTELWOORDE

figuurlik *(figurative)* – indirekte betekenis, byvoorbeeld idiomaties

hulpbronne *(resources)* – nuttige dinge wat help om die lewe of aktiwiteite makliker te maak

letterlik *(literal)* – direkte betekenis; presies volgens die gewone betekenis van die woord

Aktiwiteit 4

Op die dorp Hermanus, langs die kus van Suid-Afrika, word elke jaar 'n Walvisfees gehou.

1. Kry 'n kaart van die Wes-Kaap en soek die dorp Hermanus daarop.
2. Langs watter oseaan is die dorp geleë?
3. Wat is die naaste groot stad aan Hermanus?
4. Gebruik inligtingsbronne oor Hermanus en vind uit hoekom mense so graag daar vakansie hou.
5. Slaan na oor die geskiedenis van Hermanus, en vind uit waar die dorp se naam vandaan kom.

Aktiwiteit 5

Lees die artikel oor die Walvisfees op die dorp Hermanus, en beantwoord die vrae wat volg.

Goeie gees by Hermanus se Walvisfees

Elke jaar sedert 1992 word 'n interessante fees op die Wes-Kaapse kusdorp Hermanus gehou wat hoofsaaklik aan walvisse gewy word, maar dit is ook 'n fees waartydens gewys word hoe gemeenskappe kan saamkom om die natuur te waardeer. Hermanus staan bekend as die Walvishoofstad van die wêreld. Besoekers kry 'n kykie op hierdie reuseseediere se gewoontes en omgewing. Die fees vind tydens die lente plaas, die tyd van die jaar wanneer daar die meeste walvisse is. Hulle kan soms tot 50 meter van die kus af gesien word.

Die walvisroeper met sy beuel, wat jaarliks by die fees optree

Hoofstuk 2: Feeste

Die feesprogram fokus ook op die bewaring van die oseaan. 'n Mens hoor die storie wat 'n bejaarde visser van Hermanus aan 'n skrywer vertel het. Die storie het toe 'n boek geword met die titel *Wendy the Whale*, wat gaan oor 'n walviskoei, Wendy, wat in die dertigerjare van die twintigste eeu langs die Hermanuskus gestrand het. Die gemeenskap van Hermanus het saamgewerk en dit reggekry om die walviskoei te red deur haar in die see terug te stoot.

Jare later het Wendy, volgens die verhaal, na die Hermanus-kuswaters teruggekeer, en haar terugkoms is toe uitbundig deur die dorpsgemeenskap gevier.

Walvisse is inderdaad 'n belangrike deel van Hermanus. Die Walvisfees word jaarliks
op die dorp gehou om die aankoms van Suidelike noordkaperwalvisse langs die Hermanuskusgebied te vier. Die bedrywighede tydens die fees bestaan uit allerhande aktiwiteite wat hoofsaaklik op Walkerbaai by Hermanus se groot verskeidenheid seelewe fokus. Feesgangers word bewus gemaak van die bewaring daarvan, en die gemeenskap van die dorp werk saam om die ervaring so aangenaam as moontlik te maak.

Op die feesprogram is onder andere interessante praatjies en gesprekke waarin sprekers inligting gee oor die bewaring van die oseaan en die seelewe wat navorsers die afgelope dekades versamel het. Besoekers kry 'n kykie op walvisse se gewoontes en habitat.

Verder is daar kuns- en handwerkuitstallings, straatoptogte, markte, 'n bierfees, 'n skattejag, vermaak vir kinders, 'n pretdraf en natuurlik heerlike kos. In 'n groot markiestent word films vertoon en opvoerings en musiek aangebied. By die Walvisfees val die klem dus wel op die mens se vermoë om as gemeenskap die omgewing te help bewaar, maar die program bied ook baie pret en plesier wat almal kan geniet.

SLEUTELWOORDE

bejaarde *(elderly)* – taamlik oud

bewaring *(conservation)* – veilig hou; hou soos dit was

opvoerings *(shows, mostly on a stage)* – toneelstukke vir 'n groep mense

pretdraf *(informal fun run)* – informele wedloop

uitbundig *(exuberant/ joyful)* – baie opgewonde en gelukkig

---

1. Die Walvisfees vind elke jaar plaas vandat dit begin het. Die hoeveelste Walvisfees is of word vanjaar gehou?
2. Wat, behalwe walvisse, wil die organiseerders van die Walvisfees veral aan besoekers aan Hermanus wys as hulle die fees op die dorp bywoon?
3. Hoekom word die Walvisfees in die lente gehou?
4. a) Is die volgende stelling waar of onwaar?
   Walvisse kom nooit naby die kus nie.
   b) Motiveer jou antwoord.
5. a) Die mense van Hermanus het lank gelede 'n reddingspoging uitgevoer wat wys dat hulle as gemeenskap saamstaan. Wat het hulle gedoen?
   b) Hoe het dit gebeur dat die storie van hierdie gebeurtenis later as 'n boek verskyn het?

6. a) Dink jy "Wendy" het regtig teruggekeer na die kus by Hermanus?
   b) Gee 'n rede vir jou antwoord.
7. Waar op die feesterrein vind die opvoerings en musiekuitvoerings tydens die fees plaas?
8. a) Is die volgende stelling waar of onwaar?
      Daar is geen aktiwiteite wat kinders sal geniet nie.
   b) Haal 'n paar woorde uit die teks aan om jou antwoord te bewys.
9. Watter deel van die feesprogram gee aan besoekers interessante inligting oor die seelewe en die bewaring daarvan?
10. Hoewel die fokus op walvisse is, bied die fees talle plesieraktiwiteite wat feesgangers kan geniet. Noem drie aktiwiteite waaraan feesgangers self kan deelneem.

Aantekeninge

Riglyne vir die maak van aantekeninge

'n Mens maak aantekeninge om die hoofbesonderhede van tekste waarna jy luister of wat jy lees, neer te skryf sodat jy dit later vir 'n spesifieke taak kan gebruik, soos om belangrike feite te onthou as jy leer, of om feite vir 'n toespraak te versamel.

Aantekeninge bestaan uit frases of woorde (hoofpunte) wat puntsgewys, gewoonlik onder mekaar, neergeskryf word.

Die hoofpunte word later uitgebrei tot sinne met volledige feite of argumente.

Aktiwiteit 6

1. Lees die onderstaande teks, waarin vertel word van drie buitengewone feeste wat op verskillende plekke in die wêreld gehou word.

Die Onderwatermusiekfees is 'n unieke geleentheid wat op 'n koraaleiland naby die stad Key West gehou word. Key West is 24 kilometer suid van Miami in die Amerikaanse staat Florida. Honderde duikers en ander watersportliefhebbers neem aan die onderwaterpret deel, onder andere 'n waterkonsert.

SLEUTELWOORDE

bewustheid *(consciousness)* – 'n besef van wat gebeur

geleentheid *(occasion)* – spesiale tyd; okkasie

luidsprekers *(speakers)* – apparate wat geluid versterk

meermin *(mermaid)* – 'n wese wat half vrou, half vis is

Musikante, party geklee as meerminne en "meermanne", sluit ook aan. Onderwatermusiek word uitgesaai deur luidsprekers wat onder aan bote vasgemaak word. Daar is 'n seegerigte musiekprogram wat soms die liedere van boggelrugwalvisse insluit. Die doel van die Onderwaterfees is nie net om te duik nie, maar dit bevorder ook bewustheid van die bewaring van hierdie koraalrif.

Die Klein-Karoo Nasionale Kunstefees (KKNK) word jaarliks op Oudtshoorn gehou. Dit is 'n belangrike gebeurtenis op die Afrikaanse kultuurkalender en is een van Suid-Afrika se grootste kuns-en-kultuurfeeste. Die fees duur agt dae – gewoonlik aan die einde van Maart of aan die begin van April. Dit lok al sedert 1995 besoekers van regoor Suid-Afrika en ander lande om die verhoogproduksies, kontemporêre en klassieke musiek, gesprekke met skrywers, kunsuitstallings en kunshandwerkmarkte te ervaar. Die KKNK word deur die Suid-Afrikaanse regering as 'n nasionale kunsfees erken.

Straatteater by die KKNK

SLEUTELWOORDE

kunshandwerkmarkte *(craft markets)* – markte met kunshandwerkartikels

kunsuitstallings *(art exhibitions)* – kunswerke wat saam op 'n plek gewys word

'n Visserman is in sy skik met die yslike vis wat hy tydens die Argungu-visfees gevang het.

Die Argungu-visfees word gewoonlik in Februarie of Maart op 'n afgeleë dorpie in die staat Kebbi in Noord-Nigerië gehou. Die visvangkompetisie is die hoofgebeurtenis op die program van die vier dae lange fees.

Duisende vissers wag op die wal van die Malan Fadarivier en spring met hul vangnette in die modderige water sodra 'n geweerskoot afgaan. Slegs tradisionele visvanggereedskap mag gebruik word. Dit is 'n kompetisie om te kyk wie die grootste vis van 'n spesifieke soort kan vang. Kontantpryse asook verskillende artikels kan gewen word. Een jaar was die prys 'n minibus-taxi!

2. Maak kort aantekeninge oor elke fees. Skryf eers die fees se naam neer en skryf dan iets oor elke punt wat op die fees van toepassing is.
   - Waar dit gehou word;
   - Wanneer dit gehou word;
   - Die duur van die fees (hoe lank dit aanhou);
   - Wat op die fees gedoen word;
   - Rede vir die fees; en
   - Enige ander feit(e).

Taal en woordeskat

Taalgereedskap

Spelling

As 'n mens 'n teks op 'n vel papier neerskryf of dit op 'n rekenaar of op jou selfoonskerm wil tik, moet jy weet hoe om jou gedagtes skriftelik oor te dra.

In 'n SMS kan jy woorde herkenbaar verkort sonder om enige spelreëls toe te pas, of soms emotikons soos 😊 ❤ gebruik om te sê hoe jy voel. In formele skryfstukke moet woorde egter korrek gespel word. Om dit te kan doen, moet jy die spelreëls ken. Dit sal jou ook help om te verstaan hoekom 'n woord 'n spesifieke spelling het. 'n Mens kan dus dikwels 'n spelreël leer en dit dan op al die woorde waarvoor daardie reël geld, toepas om die woorde korrek te spel.

Die boek waarin die spelreëls en skryfwyse van Afrikaanse woorde nageslaan kan word, is die *Afrikaanse Woordelys en Spelreëls*. Dit is nie 'n woordeboek waarin alle Afrikaanse woorde opgeneem is nie, maar 'n boek met riglyne (reëls) oor hoe woorde in sinne gespel moet word (byvoorbeeld, met een of twee vokale in die middel, of vas aan mekaar of los van mekaar).

Letters van die alfabet en spraakklanke

Afrikaanse woorde word meestal geskryf volgens die letters wat jy hoor as die woorde gesê word. Die volgorde van die letters in die woord is ook soos jy dit hoor, byvoorbeeld appel (nie soos byvoorbeeld in Engels, waar jy die letter e voor die letter l sê, maar apple – dit wil sê, die l voor die e – skryf nie).

Die letters van die alfabet is dieselfde as in tale soos Engels, Nederlands, Duits en Frans, maar die uitspraak van klanke en letters verskil soms.

Let op na die uitspraak van die volgende letters van die alfabet in Afrikaans sodat jy daarvolgens kan spel:

g – soos in die woorde geld, groot en gaan
j – soos in die woorde jy, jaar en Johannesburg
u – soos in die woorde rus, kus en bus
v – soos in die woorde vis, vader en vlieg
w – soos in die woorde wie, weet en wêreld

> **SLEUTELWOORD**
>
> **spraakklanke** *(speech sounds)* – klanke in spraak, byvoorbeeld ei, a, o, uu, oe, aai

Aktiwiteit 7

Oefen om die alfabet van A tot Z in Afrikaans hardop vir jouself of 'n maat te sê. Maak seker jy spreek die letters almal korrek uit sodat jy daarvolgens kan spel.

Vokale (klinkers)

- Die **vyf vokaalletters** (**a**, **e**, **i**, **o**, **u**) kan kort of lank uitgespreek word, maar die uitspraak sal soms nie die spelling beïnvloed nie:
    - **a**   kort uitgespreek: kam, land, pad
    -        lank uitgespreek: kamer, dae, drake
    - **o**   kort uitgespreek: blom, kos, pot
    -        lank uitgespreek: bome, kore, bote (meervoudsvorme)
- Verskillende of eenderse vokaalletters vorm soms saam een lang klank: doen, neus, blou, sien, vuur, fees, boom, saal.

Konsonante (medeklinkers)

- Al die ander letters van die alfabet is konsonante, behalwe **y** (wat 'n diftong is), byvoorbeeld **b**, **d**, **f**, **g**, **k**. (Sien diftonge hier onder.)
- Die konsonant **q** word byna nooit in Afrikaans gebruik nie en die **z** ook baie min, maar wel in woorde soos KwaZulu-Natal en vuvuzela.
- Die konsonant **c** word baie min gebruik, maar word wel saam met 'n **h** gebruik in woorde soos chemie en chaos, en leenwoorde soos casino en crèche.
- In die **meervoud**, en soms ook **verkleining**, word **konsonante** in woorde soos volg **ná kort, beklemtoonde vokale verdubbel**: vis/visse/vissie, net/nette, getal/getalle/getalletjie, sak/sakke/sakkie, dam/damme/dammetjie, kop/koppe/koppie, bul/bulle/bulletjie.

Diftonge (tweeklanke)

- Twee of drie **verskillende vokaalletters** word soms saamgegroepeer om 'n **diftong** te vorm waarin **meer as een vokaalklank** gehoor word as die woord gesê word. Die klanke in die diftong **volg op mekaar** en word sonder 'n onderbreking tussenin uitgespreek. As jy weet hoe om hierdie diftonge reg uit te spreek, sal jy hulle korrek spel.
- Die diftonge in die volgende sinne is in rooi gedruk. Let op na die **y** wat op sy eie ook 'n diftong is, al is dit net een letter.
  Tydens die Chinese Nuwejaar word rooi lanterns rondgeswaai.
  Die klein seuntjie het bang geword vir die bruin leeus by die Bosfees.
  Die mans kan nie die seilboot roei nie.
  In Kanada word jaarliks 'n sneeufees gehou.
  Ons was by 'n fees waar ou mans oor huilende babas gespring het.
  Die vier vrolike meisies ry op ou, maer koeie.

Aktiwiteit 8

Lees die bostaande voorbeeldsinne met diftonge hardop vir jouself of 'n maat en spreek al die klanke korrek uit.

SLEUTELWOORDE

konsonante *(consonants)* – klanke soos b, c, d, f, h

vokale *(vowels)* – a, e, i, o, u

Aktiwiteit 9

In elke sin hier onder is drie woorde verkeerd gespel. Skryf die sinne oor en verbeter die spelling. Onderstreep elke keer die drie woorde wat jy verbeter.

1. Die kinders spiel met kley en eet roomeis by die fees.
2. Hulle hoe 'n wildsfees op die boor se plas.
3. Die kwai honde van ons beurman het feesgangers gebeit.
4. Die soet muisie lyster as haar tanie en oom praat.
5. Baie mense maak veur en eet braaivlies en stukke boerevors.
6. Die moei vroue wat in die koore sing, het soet steme.
7. Ons gooi die visgraate in vullisblike op die feesterrien.
8. Ek het verkoue, my nuus loep en dit is roei.
9. Die seve leede van die koor woen in Gqeberha.
10. Die viertig kinners het in buse gekom.

Taalgereedskap

Skryftekens (diakritiese tekens)

- Skryftekens is merke wat op vokaalletters in woorde geplaas word, onder andere om die korrekte uitspraak aan te dui of lees te vergemaklik.
- Dit is 'n spelfout om 'n skryfteken weg te laat.

Deelteken

- 'n Deelteken doen presies wat sy naam sê: Dit wys waar twee lettergrepe wat langs mekaar in 'n woord staan, verdeel word.
- Die deelteken word op die vokaalletter geplaas waarmee die lettergreep begin: Namibië – Na-mi-bi-e, geëet – ge-eet, beïnvloed – be-in-vloed, droë – dro-e, oë – o-e; ruïne – ru-i-ne, geïnteresseerd – ge-in-te-res-seerd.
- Daar is nie 'n deelteken op woorde waar **e** op **a** volg nie, want hierdie vokale langs mekaar kan nie as een lettergreep uitgespreek word nie: dae, vlae, maer, lae, slae, vrae.
- Hierdie woorde kry geen deelteken nie: dieet (maar diëte), finansieel (maar finansiële), essensieel (maar essensiële).

Kappie

- 'n Kappie word op 'n vokaal geplaas om te wys dit word lank uitgespreek: pêrel, kêrel, lê, sê, skêr, môre, brûe, rûe.
- Geen kappie word op die volgende woorde geskryf nie, al lyk dit of die vokaal (**e** of **o**) lank uitgespreek word: kombers, pers, tert, stert, perd, ster, bord, pond.

Aksenttekens

- *Die akuutteken*
    - 'n Akuutteken word soms op 'n vokaalletter geplaas om te wys dat die letter beklemtoon word: Die kos by die fees was só lekker. Gee my dié boek, nie daardie een nie.
    - 'n Akuutteken word soms op vokale in name geplaas: Maré, André, Naudé.
    - 'n Akuutteken word by leenwoorde uit ander tale gebruik: cliché (uit Frans), rosé (soort wyn), olé (Spaanse uitroep).

- *Die gravisteken*
  - Die gravisteken word op drie Afrikaanse woorde gebruik: dè, nè, appèl. Let op die skrywyse daarvan in sinne: Dit is 'n mooi huis, nè? Die beskuldigde teken appèl aan teen sy vonnis.

Afkappingsteken

- Afkappingstekens word gebruik in die meervoudsvorme en verkleiningsvorme van woorde wat eindig op die vokaalletters **i**, **o**, **u** en 'n **beklemtoonde a**: foto's, foto'tjie; Zulu's, Zulu'tjie; bikini's, bikini'tjie; pa's, ma's.
- Geen afkappingsteken word gebruik in woorde wat eindig op die **letter a** wat **nie beklemtoon** word nie: ouma – oumas/oumatjie; baba – babas/babatjie.
- Afkappingstekens word gebruik in woorde waarin letters weggelaat word: 'n (een) Mens moet betyds wees. Ek's (Ek is) baie bang vir daardie kwaai hond.
- Afkappingstekens word gebruik in meervoude en verkleinwoorde van letters van die alfabet: s'e – s'ie, k's – k'tjie, m'e – m'etjie.

Koppelteken

- Wanneer 'n koppelteken tussen twee woorde of woorddele staan, beteken dit die dele is vas aan mekaar geskryf of gekoppel (*joined*). Die koppelteken het onder andere die volgende funksies:
  - om lees makliker te maak wanneer die vokaalletters in woorde langs mekaar staan: binne-in, kolibri-eier ('n kolibri is 'n soort voël), video-opname
  - as weglaatteken wanneer dieselfde woord nie herhaal word in woorde nie: kuns- en musiekfeeste (in plaas van die woord "feeste"); vroue- en manskore (in plaas van die woord "kore")
  - in woorde met afkortings, soos: BCom-graad, TV-program, SMS-boodskap
  - in woorde met letters, syfers en simbole vooraan: gr. 10-klas, A-span, R5-muntstuk, 100 m-wedloop, x-strale
  - vorme met herhalings: Ons stap twee-twee. Hy werk sing-sing.
  - in geografiese name: KwaZulu-Natal, Klein-Karoo en Groot-Visrivier
  - in pleknames met windrigtings as deel van die naam: Noord-Kaap, Victoria-Wes, Suid-Afrika, Suidoos-Asië
  - in titels en range van persone: sekretaris-generaal, sersant-majoor
  - in woorde wat die naam van 'n breuk is: twee-derdes, vier-vyfdes
  - in woorde waar die woord "tot" en "teen" tussen die dele geskryf kan word: die 1914-1918-oorlog (tot); die Bulls-Stormers-wedstryd (teen).

> **SLEUTELWOORDE**
>
> **afkappingsteken** *(apostrophe)* – skryfteken wat aandui dat iets weggelaat is uit 'n woord
>
> **appèl aanteken** *(to appeal against)* – byvoorbeeld teen 'n vonnis
>
> **koppelteken** *(hyphen)* – skryfteken wat woorde aan mekaar verbind
>
> **lettergrepe** *(syllables)* – dele (letters) waarin 'n geskrewe woord opgebreek kan word

Aktiwiteit 10

1. In hierdie sinne is óf die kappie óf die deelteken by sommige woorde weggelaat of verkeerd gebruik. Soek die foute en skryf elke verbetering neer.
   a) Die Australier het na die Kameelfees in Indie gegaan.
   b) Die filmster se kerel het vir haar 'n ring met 'n perel vir Kersfees gegee.
   c) Ons knip prente van die Onderwaterfees met 'n sker uit die tydskrif.
   d) Thami se dit is die eeufees van die laerskool op die dorp.
   e) Ons is by die hoerskool en sien twee reenboe in die lug bo die feesterrein.

2. In hierdie sinne is óf die afkappingsteken óf die aksentteken by sommige woorde weggelaat of verkeerd gebruik. Soek die foute en skryf elke verbetering neer.
   a) Die kinders se mas en pas het TVs gekoop.
   b) Ons oupa's en oom's het fotos geneem van die Swazis se rietdanse.

c) Die Zulus is ook baie goeie dansers, ne?
d) De, gebruik my slimfoon om die feesprogram te google.
e) Die baba's lê op komberse in die groot pers tent by die fees.

3. In hierdie sinne is die koppelteken by sommige woorde weggelaat of verkeerd gebruik. Soek die foute en skryf elke verbetering neer.
   a) In Nieu Seeland word 'n skaapskeerfees gehou.
   b) Ek het 'n 2 kg blik olywe by die Olyffees op Riebeek Kasteel gekoop.
   c) Hy het vir my 'n lang epos van KwaZulu Natal af gestuur.
   d) Die fees-gangers het singsing huis-toe gestap.
   e) Die karnaval word in Rio de Janeiro in Suid Amerika gehou.

Taalgereedskap

Die los en vas skryf van woorde

- Woorde word soms **aan mekaar verbind** (**vas geskryf**) om 'n nuwe woord (**samestelling**) te vorm. Dit is 'n spelfout om samestellings los te skryf:
  - twee of meer soortname (selfstandige naamwoorde), soos fees, kuns, musiek, wat met 'n ander soortnaam verbind word om 'n nuwe woord te vorm: kunsfees, vioolmusiek, feesgangers, Walvisfeespret
  - intensiewe vorme: yskoud, vuurwarm, doodmoeg, stokoud, bloedjonk
  - werkwoorde met "ge-" in die verlede tyd: uitgehardloop, opgestaan, weggegaan, afgehaal, ingekom, aangegee, seergemaak
  - name van plante en diere: geelslang, groenboontjies, rooibok, swartrenoster, blouwildebees
  - 'n tydstip: eenuur en seweuur of sewe-uur
- Die volgende word **los geskryf**:
  - 'n tydsduur: een uur (*one hour*), sewe dae (*seven days*), twee maande, tien jaar
  - kleure saam met 'n selfstandige naamwoord: geel hoed, rooi rok, blou lug, wit skoene, pienk broek
  - 'n soortnaam of eienaam en **toe**: huis toe, skool toe, fees toe, stad toe, Gauteng toe, Kaap toe

Hoofletters

- Eiename (spesiale name) van mense, diere, lande, stede, feesdae, berge, riviere, dae van die week, maande, skole, publikasies en organisasies word met 'n hoofletter geskryf.
- Die woord ná die lidwoord **'n** aan die begin van 'n sin kry 'n hoofletter: 'n Fees is gewoonlik lekker. 'n Karnaval is 'n soort fees.
- Let op die hooflettergebruik by vanne van mense:
  - Ek weet wie Joe van der Walt is, maar ek het nie geweet sy van is Van der Walt nie.
  - Patricia de Klerk is familie van die De Klerks van Kimberley.

Aktiwiteit 11

1. Kies elke keer die korrekte spelling tussen hakies.
   a) Ons eet (lekkervis/lekker vis) by die Snoekfees naby (Kaapstad/Kaap Stad).
   b) Baie tieners gaan op (Jeug dag/Jeugdag) na 'n (musiek-fees/musiekfees) in die (Vrystaat/Vry Staat).
   c) Die mense van die (kusdorp/kus dorp) hou 'n (visfees/vis fees).
   d) Hulle geniet die program en wil nie (huistoe/huis toe) gaan nie.
   e) 'n (Ou man/Ouman) het die (fees koningin/feeskoningin) in haar (spier wit/spierwit) rok (geluk gewens/gelukgewens).
   f) Daar is (blou ape/blouape) wat van (geel wortels/geelwortels) hou.
   g) Sam en Alicia het die oggend (tienuur/tien uur) hul kaartjies vir die fees gekoop en eers (sewe uur/sewe-uur) later vertrek.
   h) Fatima het (uit geloop/uitgeloop) nadat die koor (mooi gesing/mooigesing) het.
   i) Ons was baie honger, want ons het nie (aand ete/aandete) gehad nie.
   j) Die dag van die fees hoef die kinders nie (skool-toe/skool toe) te kom nie.

2. Al die hoofletters in hierdie sinne is weggelaat. Skryf die sinne oor en vul die hoofletters in.
   a) die nigeriese vrou, sara, woon in walvisbaai, maar haar suster, sophie, woon in polokwane, limpopo.
   b) 'n man van botswana het gesê hy wil nou na gauteng gaan of in kwazulu-natal werk soek.
   c) hilton van zyl speel die hoofrol in 'n toneelstuk van alison de lill.
   d) suid-afrikaners kyk graag na die tv-program oor feeste.
   e) ons gaan op die eerste saterdag in desember 'n braai by ons huis hou.
   f) tydens eid en op nuwejaarsdag eet die mense spesiale kos.
   g) 'n groot aantal besoekers het items by die handwerkstalletjie gekoop.
   h) hy het die man sondag op die or tambo-lughawe ontmoet.

Taalgereedskap

Woorde wat dikwels verkeerd gespel word	
ambulans	waardeer
dieet	definitief
eie	eier
fout	geïnteresseerd
gholf	hospitaal
hamer	heeltemal
hemde	hout
interessant	moeilik
moskee	onmiddellik
uie	vlamme

Aktiwiteit 12

1. Vertaal die Engelse woorde tussen hakies in Afrikaans en let op die spelling.

    Tina het a) (*eggs*) gekoop in plaas van b) (*onions*), en toe haar ma die koeksisters wou bak vir die c) (*arts festival*), kon sy dit nie doen nie. Haar ma het Tina d) (*immediately*) geroep, want sy kon e) (*definitely*) nie toe self winkel toe loop nie en Tina se pa het gaan f) (*golf*) speel. Tina het toe haar g) (*mistake*) agtergekom. Haar ma het gesê sy sal dit h) (*appreciate*) as Tina dinge sal onthou.

2. Soek die doelbewuste spelfoute in elke sin en skryf dit neer.
    a) Daar was 'n bergbrand en die flamme was van die feesterrein af sigbaar.
    b) Die dag van die fees was daar wit volke in die lig.
    c) Die Onderwaterfees is baie interressant.
    d) Ek waardeur dit dat jy my met die moelike werk gehelp het.
    e) 'n Ambulaans het die beseerde kitaarspeler hospital toe geneem.

> Skryf

'n Mens moet nooit iets skryf voordat jy daaroor gedink het nie. Dit geld ook elektroniese boodskappe wat in die kuberruimte ingestuur word. Soms word dinge byvoorbeeld maklik in 'n SMS of op Twitter en Facebook gesê, maar dit kan baie moeilikheid veroorsaak.

Aktiwiteit 13

Skryf die boodskap op die selfoonskerm oor in nie meer as vier reëls nie sodat dit die skrywer se gevoelens beleefd oordra, dit wil sê sonder om beledigend te wees.

'n Teks met paragrawe

In Hoofstuk 1 het jy 'n paragraaf geskryf waarin jy idees of sinne oor 'n onderwerp logies gerangskik het. Die paragraaf het 'n hoofgedagte gehad, wat moontlik in die eerste sin uitgedruk is.

In hierdie hoofstuk gaan jy 'n teks met paragrawe skryf. Elke paragraaf het 'n eie hoofgedagte, maar die paragrawe en gedagtes moet by mekaar aansluit om die hoofonderwerp van die teks te steun.

Enige skryfstuk moet eers beplan word. Idees kan puntsgewys onder mekaar neergeskryf word, of jy kan 'n diagram (kopkaart of geheuekaart) teken waarin die idees diagrammaties uiteengesit word.

Daarna brei jy hierdie idees uit tot die paragrawe van jou opstel.

Die inleidingsparagraaf en die slotparagraaf van 'n skryfstuk is belangrik.

- Dink aan die skryfstuk as 'n hamburger wat jy maak. Die inleidings- en slotparagraaf van die opstel is soos die onderste en boonste deel van die broodrolletjie. Die paragrawe waaruit die inhoud van die opstel bestaan, is soos die vulsel van die burger: eers byvoorbeeld 'n slaaiblaar, dan skywe tamatie, daarna die vleis, 'n laag uie en laastens kaas.

Hoofstuk 2: Feeste

- Dink eers goed oor die onderwerp.
- Skryf al die idees oor die onderwerp wat by jou opkom, neer.
- Besluit watter idees jy in die skryfstuk wil gebruik.
- Rangskik hierdie idees in logiese volgorde.
- Dit is nuttig om 'n kopkaart (geheuekaart) te maak waarin jy idees vir jou opstel rondom die sentrale onderwerp rangskik as deel van jou beplanning.

Kyk na die voorbeeld van 'n kopkaart hier onder as beplanning vir 'n beskrywende opstel oor Diwali, 'n baie ou en belangrike fees in lande soos Indië. Diwali word ook op kleiner skaal in ander lande gevier, ook in Suid-Afrika.

SLEUTELWOORDE

beledigend *(insulting)* – wat iemand seermaak of sy of haar goeie naam skade aandoen

meng jou met die semels, dan vreet die varke jou *(idiom: When you associate with bad people, you also become bad)* – as jy jou met slegte mense ophou, word jy self sleg

oneerlik *(dishonest)* – skelm; onbetroubaar

skynheilige *(hypocritical)* – om voor te gee dat jy iets is of glo wat jy nie regtig is of glo nie

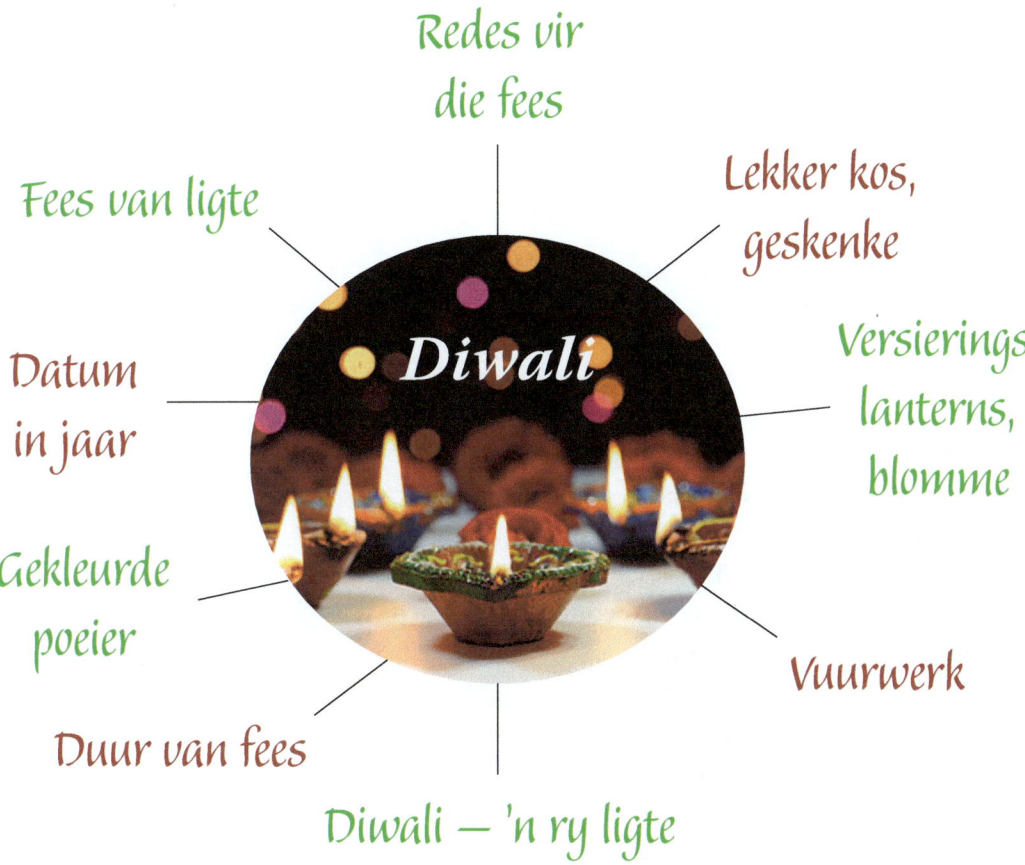

Kopkaart oor Diwali: Redes vir die fees; Fees van ligte; Lekker kos, geskenke; Datum in jaar; Versierings: lanterns, blomme; Gekleurde poeier; Vuurwerk; Duur van fees; Diwali – 'n ry ligte

Aktiwiteit 14

Skryf 'n opstel van 150 tot 200 woorde oor jou ervaring van enige fees wat jy bygewoon het.

- Beskryf wat jy alles daar gesien, gehoor, geruik en geproe het.
- Beskryf ook jou gevoelens terwyl jy daar was.

AFRIKAANS TWEEDE TAAL: LEERDERSBOEK

Hoe vorder jy?

Aktiwiteit 15

1. Soek 'n gepaste verklaring in kolom B vir elke woord in kolom A. Al die woorde word êrens in hierdie hoofstuk gebruik.

Kolom A	Kolom B
a) koppelteken	skelm
b) klanke	maklik, sonder probleme
c) meermin	weet wat gebeur
d) bewus	'n skryfteken wat woorde verbind
e) afkappingsteken	'n skryfteken wat wys dat iets in 'n woord uitgelaat is
f) vlot	geluide
g) lettergrepe	skrifdele of letters waarin woorde opgebreek word
h) oneerlik	'n vroulike wese met 'n visstert wat in die see woon

2. Kies elke keer die korrekte spelling uit die woorde tussen hakies.

   a) Die (kamera's/kameras) is voor die verhoog (op gestel/opgestel).
   b) Die (KKNK Program/KKNK-program) is (interessant/interresant).
   c) Die (eensaame/eensame) vrou staan by die Kersboom.
   d) Soms word (bruë/brûe) vir die Nuwejaarsfees (versier/versuur).
   e) Daar is twee (s-e/s'e) in die woord (kunslesse/kunslese).
   f) Die musikante is (darm/darem) moeg ná die lang uitvoering, (né/nè)?
   g) Die gehoor sit op (kombêrse/komberse) voor die verhoog.
   h) Die (groente boere/groenteboere) kuier lekker saam.
   i) Hierdie akteur het al (oorsee/oorseë) (opgetree/opgetreë).
   j) Op die (vakansie dag/vakansiedag) gaan ons nie (skool toe/skooltoe) nie.
   k) Daar is pap en vleis in groot (ysterpote/ysterpotte) op die (koole/kole).
   l) My arm (blooi/bloei), want ek het van die (swaai/swai) afgeval.
   m) Ek het geen (spelvoute/spelfoute) gemaak nie.

Hoofstuk 3
Briewe

Vroeër jare was dit baie algemeen om 'n brief op skryfpapier te skryf, dit in 'n koevert te sit, die koevert te adresseer en 'n seël daarop te plak, en dan die brief by 'n poskantoor te pos, waarna dit 'n paar dae later by die ontvanger se huis afgelewer is.

Alhoewel mense deesdae baie meer van elektroniese pos gebruik maak, word briewe steeds geskryf – per e-pos en op papier.

In hierdie hoofstuk lees ons 'n verskeidenheid briewe wat om verskillende redes geskryf is. Ons begin met uittreksels uit verskillende soorte briewe en eindig met 'n brief wat aan die koerant geskryf is.

IN HIERDIE HOOFSTUK GAAN JY:

- uittreksels uit briewe vergelyk;
- na twee briewe luister en vrae daaroor beantwoord;
- twee briewe lees en vrae daaroor beantwoord;
- leer hoe om begripsvrae goed te beantwoord;
- tekste vergelyk;
- leer hoe om 'n doeltreffende opsomming te maak;
- die tye van die werkwoord ondersoek;
- jou woordeskat uitbrei;
- 'n vriendskaplike brief skryf; en
- 'n brief aan die koerant lees en vrae daaroor beantwoord.

AFRIKAANS TWEEDE TAAL: LEERDERSBOEK

> Luister

In hierdie afdeling gaan julle oor die inhoud en doel van verskillende soorte briewe praat. Daarna gaan julle na twee briewe luister en vrae daaroor beantwoord.

Aktiwiteit 1

1. Kyk saam met 'n maat na die uittreksels uit vier briewe en bespreek dan die vrae. Gesels net oor die vrae; moet niks neerskryf nie.

A

Êrens in Frankryk

1 Mei 1943

My liewe vrou

Uiteindelik breek die einde van die winter hier op die front aan. Nog nooit in my lewe was ek so bly oor die koms van die lente nie!

My gedagtes is by julle daar op die plaas, waar die herfs nou seker goed op pad is ...

B

Geagte Heer/Dame

Aansoek om betrekking as navorser

Hiermee doen ek aansoek om die pos as navorser (argeologie) by die Stadsmuseum soos geadverteer in Beeld, 7 Junie 1992 ...

C

Woensdag, 7 Feb.

Hallo Taryn

Ek hoop dit gaan goed met jou daar in die koshuis.

Ek wil uitvind of jy hierdie naweek huis toe kom, want ek wil jou vra om Saterdagaand saam met my na Tim se partytjie ...

D

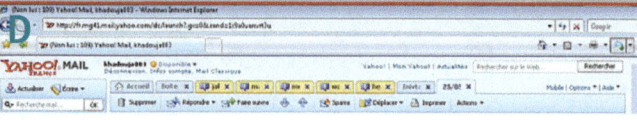

To: MalanMM@gmail.com
Subject: Afrika se skugter wildekat
From: "Diere van Afrika" <nuusbrief@dierevanafrika.com>
Date: Vr. 10 Apr. 2016 08:40:29 +0000

Beste Diere van Afrika-leser
Jou maandelikse nuusbrief is beskikbaar by http://www.dierevanafrika.co.za. Indien jy ...

a) Hoe is die tekste eenders en verskillend as 'n mens net daarna kyk?
b) Wie is die skrywer van brief A en wat is sy omstandighede?
c) Watter gevoel word deur die verwysing na die lente in brief A opgeroep?
d) Waar woon die ontvanger van brief A?
e) Watter werk doen die skrywer van brief B?
f) Wie is die ontvanger van brief C en wat is haar omstandighede?
g) Waarin stel die ontvanger van brief D belang?

SLEUTELWOORDE

doel *(aim, purpose)* – wat 'n mens hoop om te bereik

front *(front)* – terrein waar geveg word

Hoofstuk 3: Briewe

h) Watter ooreenkoms is daar tussen brief A en brief C? En tussen brief B en brief D?

i) Rangskik die vier tekste van die meeste formeel na die minste formeel.

2. Gesels met 'n maat oor die volgende vrae:
   a) Wat sal daar moontlik in die res van brief A en brief B staan?
   b) Kyk weer na brief C. Op watter verskillende maniere kan die brief beantwoord word? Noem ten minste drie moontlike reaksies op die brief.

3. Watter woord in die regterkolom beskryf elke brief die beste?

a)	Brief A	Uitnodiging
b)	Brief B	Kennisgewing
c)	Brief C	Brief met nuus
d)	Brief D	Aansoek om 'n betrekking

4. Besluit saam met 'n maat wanneer 'n mens die volgende soorte briewe sal skryf. (Onthou om 'n woordeboek te gebruik as jy woorde nie verstaan nie.)
   a) 'n bedankingsbrief
   b) 'n klagte
   c) 'n brief aan die pers
   d) 'n liefdesbrief
   e) 'n afsêbrief

Aktiwiteit 2

1. Die briewe waarna jy nou gaan luister, is aan die troostante van 'n tydskrif geskryf en sy het dit in haar rubriek beantwoord. Maak aantekeninge van belangrike punte terwyl jy luister.

   Briewe

   Beantwoord die vrae wat volg oor brief 1.
   a) Met watter woord begin die eerste drie sinne van die brief?
   b) Dink jy die briefskrywer is 'n seun of 'n meisie? Waarom sê jy so?
   c) Hoe lank was die verhouding?
   d) Beskryf die skrywer se gevoelens.
   e) Hoekom het die persoon besluit om hierdie brief te skryf?

   Beantwoord die vrae wat volg oor brief 2.
   f) Hoe oud is die briefskrywer?
   g) Hoe weet die persoon dat haar ma nie van haar kêrel hou nie?
   h) Waarom dink sy haar ma is onregverdig?
   i) Is die volgende stelling waar of onwaar? Gee 'n rede vir jou antwoord. Die briefskrywer is nie net kwaad vir haar ma nie, maar vir alle ouers.

   Beantwoord die vrae wat volg oor albei briewe.
   j) Noem een ooreenkoms tussen die twee briefskrywers.
   k) Noem een ooreenkoms tussen die inhoud van die twee briewe.

2. Watter raad sou jy vir die twee tieners kon gee? Werk saam met 'n maat en gesels oor hoe julle hierdie twee tieners sou kon help.

SLEUTELWOORDE

aansoek *(application)* – versoek om aanvaar te word

afsêbrief *(Dear John letter)* – brief waarin jy vir iemand sê jy wil jul verhouding beëindig

betrekking *(job)* – werk

kennisgewing *(notification)* – wat inligting gee

navorser *(researcher)* – iemand wat iets ten volle ondersoek

onregverdig *(unfair)* – onredelik

ontvanger *(receiver)* – die persoon aan wie iets gestuur of gegee word

ooreenkoms *(similarity)* – wat dieselfde is

rubriek *(column)* – afdeling oor 'n spesifieke onderwerp wat gereeld in 'n koerant of tydskrif verskyn

skugter *(shy)* – bang om aandag te trek

troostante *(agony aunt)* – iemand wat raadgee aan mense wat briewe oor hul probleme aan 'n tydskrif skryf

uittreksels *(extracts)* – dele

verhouding *(relationship)* – spesiale vriendskap

> Leesbegrip

In hierdie afdeling gaan jy twee briewe lees – een wat 'n jong man aan 'n gesinsvriend geskryf het en een wat 'n skoolmeisie aan haar pa geskryf het.

SLEUTELWOORD

gesinsvriend (*family friend*) – vriend van jou gesin

Aktiwiteit 3

Lees die volgende inleidende paragrawe en dan die brief wat daarop volg.

Toe Orno van Mierlo, 'n Nederlandse seun, ses jaar oud was, het sy ma baie siek geword. Marta Hamers, 'n goeie vriendin van sy ouers, het toe by Orno en sy ouer suster Ester gaan bly om na hulle om te sien terwyl hulle ma in die hospitaal was. Die kinders het nooit vergeet wat Marta vir hulle beteken het nie.

Januarie 2015

Liewe Marta

Hier is vir jou 'n Kersgeskenk. Ek weet Kersfees is verby, maar dit is mos nooit te laat vir 'n Kersgeskenk nie! Ek hoop jy het 'n lekker Kersfees gehad en dat dit goed gaan met jou en met jou moeder, wat nou al baie oud moet wees.

Die afgelope paar jaar het ek jou minder gesien, maar ek dink gereeld aan jou. Ek het 'n klomp goed by jou geleer wat nog steeds vir my belangrik is. Dit is nie die gewone dinge wat die meeste mense jou leer wanneer jy jonk is nie – dinge soos om netjies te wees, hard te werk, te beplan en goed op te let. Dit is veel belangriker dinge wat ek by jou geleer het, naamlik om dit te geniet om vry te wees, om maklik met vreemde mense te gesels, om te lag en om dit te geniet om soms in ongewone situasies te beland. Omdat ek dit alles by jou geleer het, het ek al wonderlike ervaringe gehad! Ook het dit my oë oopgemaak om dinge anders as die mense om my te sien. Ek dink ek kan eerlik sê dat geld, duur besittings en snobistiese mense my nie gelukkig maak nie. Daarenteen voel ek wonderlik tuis in die natuur, in 'n eenvoudige huisie en wanneer ek iemand sien skaterlag wat nog net twee tande het. Vir my is dit fantasties en dit gee my vertroue in die toekoms.

Omdat ek dit grootliks aan jou te danke het, wil ek graag vir jou 'n Kersgeskenk gee. Geseënde Kersfees!

Liefde

Orno

Hoofstuk 3: Briewe

In Januarie 2015, net voordat Orno sy universiteitstudie voltooi, bring hy vir Marta 'n pragtige mandjie vrugte met die volgende brief daarby.

Lees eers die wenke vir hoe om begripsvrae te beantwoord onder aan hierdie bladsy. Beantwoord dan die vrae wat volg. Die vrae is op die inleidende paragrawe voor die brief en op die brief self gebaseer. Let op na die riglyne in kleur ná elke vraag.

1. In watter land woon Orno? Antwoord in een woord.
2. Wanneer het Orno se ma siek geword? Jou antwoord moet hoogstens ses woorde lank wees.
3. Hoe het dit gebeur dat Orno vir Marta beter leer ken het? Noem twee feite in een volsin.
4. Waaruit is dit duidelik dat Marta 'n groot indruk op die kinders gemaak het? Antwoord sover moontlik in jou eie woorde.
5. Watter geskenk bring Orno vir Marta? Antwoord in drie woorde.
6. Waarom is die volgende stelling onwaar?
   Orno het hierdie brief vir Marta geskryf toe hy op skool was. Moet jou antwoord liewer nie met "omdat" begin nie. Sien die wenk daaroor op bladsy 40.
7. Voel Orno sleg daaroor dat sy Kersgeskenk laat is? Gee 'n rede vir jou antwoord. Onthou om 'n rede vir jou antwoord te gee.
8. In paragraaf 2 van die brief sê Orno dat hy Marta die vorige paar jaar "minder" gesien het. Wanneer het hy haar meer gesien? Verwys na die inligting in die inleidende paragrawe.
9. Trek twee kolomme in jou boek. Skryf in die linkerkolom vier dinge wat kinders dikwels geleer word. Skryf in die regterkolom vier dinge wat Orno by Marta geleer het. Antwoord in kort sinne. Onthou om vier kort sinne in elke kolom te skryf.
10. Stem jy saam met Orno dat die dinge wat Marta vir hom geleer het, belangriker is? Waarom sê jy so? Hier moet jy jou eie mening gee om jou antwoord te motiveer.
11. Wat impliseer dat Orno 'n individu is? Dink aan wat dit beteken om 'n individu te wees voordat jy antwoord.
12. Wat maak vir Orno gelukkig? Kyk mooi na wat Orno in die tweede laaste sin van paragraaf 2 van die brief impliseer en antwoord dan in jou eie woorde.
13. Dink jy Orno se slotparagraaf sluit die brief goed af? Verduidelik jou antwoord. Kyk na hoe Orno se slotparagraaf by sy openingsparagraaf aansluit.

Hoe om leesbegripsvrae te beantwoord

Riglyne vir vrae wat jy in een woord of 'n paar woorde moet beantwoord

- Soek die korrekte antwoord in die teks en skryf net dit neer. As jy byvoorbeeld gevra word: "Wanneer het Orno die brief vir Marta geskryf?" moet jy net skryf "In Januarie 2015", en nie "Hy het in Januarie 2015 vir Marta geskryf" nie.
- Moenie in 'n volsin antwoord as dit nie nodig is nie.
- Moenie hele sinne uit die teks neerskryf en hoop die antwoord is êrens daarin nie.

AFRIKAANS TWEEDE TAAL: LEERDERSBOEK

Riglyne vir vrae wat jy in volsinne moet beantwoord

- Beantwoord die vrae sover moontlik in jou eie woorde. Haal net uit die teks aan as jy gevra word om dit te doen.
- Onthou, 'n volsin moet 'n onderwerp en 'n werkwoord bevat. As jy byvoorbeeld die vraag "In watter land woon Orno?" in 'n volsin moet beantwoord, moet jy nie net sê "Nederland" nie, maar: "Hy woon in Nederland."
- Skryf jou antwoord in slegs een sin behalwe as jy anders gevra word.
- Moenie die vraag in die antwoord herhaal nie. As jy byvoorbeeld die vraag "Hoekom het Marta by Orno-hulle gaan bly?" moet beantwoord, moet jy nie sê "Marta het by Orno-hulle gaan bly omdat sy ma siek was" nie. Dit is genoeg om te sê: "Sy ma was baie siek."
- Moenie 'n antwoord met "want" begin nie, want dan sal jou antwoord nie 'n volsin wees nie. Vir die vraag hier bo sal dit byvoorbeeld grammatikaal verkeerd wees om te antwoord: "Want sy ma was baie siek." Sê net: "Sy ma was baie siek."
- Wees versigtig wanneer jy 'n antwoord met "omdat" begin. Vir die vraag hier bo sal dit byvoorbeeld grammatikaal verkeerd wees om te antwoord: "Omdat sy ma baie siek was." As jy wel jou antwoord met "Omdat" wil begin en 'n volsin wil skryf, sal jy soos volg moet antwoord: "Omdat sy ma baie siek was, het Marta by hulle kom bly."
- Probeer jou bes om die korrekte woordorde te gebruik en so min moontlik taal- en spelfoute te begaan. Gee aandag aan die korrekte punktuasie.

SLEUTELWOORDE

berig *(article)* – artikel

oorlog *(war)* – wanneer lande teen mekaar veg

opgewonde *(excited)* – baie entoesiasties

redakteur *(editor)* – hoof van 'n koerant

toekomsdroom *(dream of the future)* – iets wat jy baie graag in die toekoms wil doen

Aktiwiteit 4

Kirsten Johnson, 'n skoolmeisie, het die brief op die volgende bladsy vir haar pa geskryf. Lees dit en beantwoord die vrae wat volg.

1. In die eerste paragraaf van haar brief noem Kirsten drie goed waaroor sy opgewonde is. Oor watter een is sy die meeste opgewonde, dink jy? Waarom sê jy so?
2. Wanneer Kirsten in paragraaf 3 sê sy wil hê haar pa moet trots wees op haar, weet ons reeds dat sy baie trots op hom is. Hoe weet ons dit?
3. Wat kan ons uit Kirsten se brief aflei oor haar pa se werk? Noem twee goed.
4. Hoe weet ons dat Kirsten na haar pa verlang?
5. Wat is 'n "gewone pa", volgens Kirsten? Antwoord in jou eie woorde.
6. Kom Kirsten die beste met haar pa of met haar ma oor die weg? Waarom sê jy so?
7. Wat word oor Kirsten se ouers se verhouding geïmpliseer?
8. Beskryf Kirsten se toekomsdroom.
9. Dink aan 'n woord wat die toon van Kirsten se brief beskryf.
10. Dink jy Kirsten skryf goed? Gee 'n rede vir jou antwoord.

Liewe Pa

So baie om jou te vertel! Ek is gekies as redakteur van ons skoolkoerant! En ons gaan aan "Die Oggendblad" se nuwe wedstryd vir skoolkoerante deelneem! As ons wen, kan ek 'n berig vir "Die Oggendblad" skryf!

En natuurlik gaan ons wen. Hoe kan ons anders – met Nic Johnson se dogter as redakteur! Oukei, ek weet jy kyk neer op 'n koerant soos "Die Oggendblad". Ek weet dis nie "The New York Times" nie. Maar 'n mens moet iêwers begin, nè? Ek sien al my naam boaan die berig. So in vet swart letters. **Kirsten Johnson.** As die mense dit lees, sal hulle nie kan glo dat 'n skoolmeisie só kan skryf nie. Tot hulle agterkom wie die skoolmeisie se pa is.

Ek wil so graag hê jy moet trots wees op my. Ek verlang verskriklik na jou. Elke aand voor ek aan die slaap raak, wonder ek waar jy vannag slaap. In watter land, in watter stad, in watter oorlog jy nou weer vasgevang is.

Elke keer as ek jou naam in 'n koerant sien, kyk ek waar die berig geskryf is en dan soek ek dit in my atlas op en trek 'n rooi kring om die plek. My atlas lyk al soos 'n lui skoolkind se opstelboek. Vol rooi kringe.

Ek weet jy moet rondreis vir jou werk, Pa. Maar partykeer wens ek jy was net 'n gewone pa. Een wat elke aand in dieselfde bed slaap.

Ek het nog nie vir Ma van die skoolkoerant vertel nie. Jy weet mos hoe sy is. Net oor jy 'n joernalis is, dink sy dis die simpelste werk op aarde. Ek wens julle was nog bymekaar, ek wens julle het nie so aanmekaar baklei nie, ek wens ... Nee, goed, ek sal niks verder sê nie. Dit maak my net hartseer.

Maar as Ma my naam in "Die Oggendblad" sien, sal sy ook trots op my wees. En sy gáán my naam sien. Die hele wêreld gaan nog eendag my naam sien.

Baie liefde

Kirsten

Ns. Enige idees vir artikels, onderhoude, sulke dinge, sal baie welkom wees.

(Uit: *Hy bly my broer*, Marita van der Vyver, Maskew Miller Longman, 2005)

AFRIKAANS TWEEDE TAAL: LEERDERSBOEK

Aktiwiteit 5

Reneilwe Dhludhlu was 'n tweedejaarstudent aan die Rosebank College in Johannesburg toe sy hierdie bedankingsbrief aan "meneer Afrikaans" geskryf het. Lees Reneilwe se brief en maak aantekeninge oor die rol wat meneer Afrikaans in haar lewe gespeel het.

'n Dankie-sê-brief aan meneer Afrikaans

Geagte meneer Afrikaans, ek groet Meneer in opregte dankbaarheid en erkenning.

Meneer, ek het nog altyd geglo 'n foto vertel 'n beter verhaal as duisend woorde, maar vandag voel ek dis nie goed genoeg om my gedagtes te verwoord nie.

Meneer onthou seker hoe ek nie Afrikaans kon praat toe ons die eerste keer ontmoet het nie. Al wat ek kon sê, was "Goeiemôre, Meneer" en "badkamer toe". Sonder enige "asseblief" of "dankie".

As Meneer wonder hoekom ek my brief in Afrikaans skryf, bevat my reaksie geen personifikasie of toutologie nie. Meneer het nie wiskunde nodig om dit te vereenvoudig nie.

Meneer het my geleer om óf Afrikaans te praat óf my bek te hou. Die boodskap sal duideliker wees as ek dit in Afrikaans oordra.

Ek was die hardkoppigste in die klas. Ek het alles bevraagteken en wou nooit verstaan hoekom tyd in Afrikaans 'n uur later as in Engels is nie. Met Meneer se verduidelikings was ek nooit tevrede nie.

Het ek Meneer met my onnodige vrae woedend gemaak? Is dít hoekom elke bladsy van my werkboek lelik met rooi ink bekrap is? Moes ek 'n twee-uit-tien-slagoffer wees? Was dit my verdiende loon omdat ek altyd gedink het ek is reg?

Ek is jammer, Meneer. Tel dit dan nie dat ek nou weet "fiets" word met 'n kierietjie-"f" en "vorm" met 'n varkie-"v" geskryf nie? Meneer was nie net 'n onderwyser nie, maar ook 'n afrigter. Deur middel van oefening het Meneer my bekwaam om skryf- en leestekens te gebruik om lees te vergemaklik en uitspraakverwarring te vermy. Vandag weet ek watter effek 'n aandagstreep het.

Meneer was my agent. Altyd gewillig om deure vir my oop te maak. Daar was aanbiedinge van Afrikaanse redenaars tot dramas en Meneer het seker gemaak ek neem deel.

Meneer was my polisieman. Teen meneer Engels het Meneer my bewaak. Hy wou my oortuig dat sy taal die taal van onderrig, toekoms en werk is. Maar jy was my konstabel en het my lewe gered.

Aan die einde van my hoërskoolloopbaan het ek gedink ons reis saam is verby. Om Meneer in die werkplek weer te ontmoet, het die begin van nuwe dinge beteken.

Dankie, Meneer.

(Uit: *Die Burger*, 16 Maart 2015)

SLEUTELWOORDE

aandagstreep *(dash)* – soort skryfteken

afrigter *(coach)* – iemand wat ander leer hoe om iets te doen

bedankingsbrief *(thank you letter)* – brief om dankie te sê

bevraagteken *(question)* – vrae vra oor iets

dankbaarheid *(appreciation)* – gevoel van waardering

taal van onderrig *(language of instruction)* – taal waarin klasgegee word

uitspraakverwarring *(confused pronunciation)* – deurmekaar klanke

vergemaklik *(make easier)* – makliker maak

vermy *(prevent)* – keer

woedend *(furious)* – baie kwaad

Hoofstuk 3: Briewe

> Taal en woordeskat

Taalgereedskap

Teenwoordige tyd, verlede tyd en toekomende tyd

Almal moet rekening hou met tyd, want dit staan nie stil nie. Dinge wat verbygegaan het, is in die **verlede**; dit wat ons nou belewe, is in die **hede** of die **teenwoordige** tyd; en dit wat nog moet kom, lê in die **toekoms**. Genoeg kennis oor die gebruik van die drie hooftye is dus noodsaaklik.

Let op hoe Orno die **verlede tyd** en die **teenwoordige tyd** in sy brief op bladsy 38 gebruik.

Hy gebruik die **verlede tyd** as hy praat van Kersfees wat reeds verby is en van wat Marta vir hom beteken het, byvoorbeeld:

> Ek hoop jy het 'n lekker Kersfees gehad.
>
> Die afgelope paar jaar het ek jou minder gesien.
>
> Ek het 'n klomp goed by jou geleer.

Orno gebruik die **teenwoordige tyd** as hy sê wat nou gebeur, byvoorbeeld:

> Hier is vir jou 'n Kersgeskenk.
>
> Ek dink gereeld aan jou.
>
> Geld, duur besittings en snobistiese mense maak my nie gelukkig nie.

In Kirsten se brief op bladsy 41 gebruik sy die **verlede tyd** om te vertel wat reeds gebeur het, byvoorbeeld:

> Ek is gekies as redakteur van ons skoolkoerant.
>
> Julle het so aanmekaar baklei.

Sy gebruik die **teenwoordige tyd** om oor haar gevoelens en omstandighede te praat, byvoorbeeld:

> Ek het so baie om jou te vertel.
>
> Ek wil so graag hê jy moet trots wees op my.
>
> Ek verlang verskriklik na jou.

Kirsten gebruik die **toekomende tyd** om na die toekoms te verwys:

> Die mense sal nie glo dat 'n skoolmeisie só kan skryf nie.
>
> Sy sal ook trots wees op my.
>
> Die hele wêreld gaan nog eendag my naam sien.

Die rooi woorde in die sinne hier bo is werkwoorde wat 'n **handeling** (aksie) of 'n **toestand** aandui. Die werkwoorde wys ook vir ons in **watter tye** die sinne is.

Die inligting oor die drie hooftye word in die tabel op die volgende bladsy opgesom.

Die gebruik van die werkwoord in die teenwoordige tyd, die verlede tyd en die toekomende tyd

Teenwoordige tyd	Verlede tyd	Toekomende tyd
In enkelvoudige sinne		
Sy **skryf** 'n e-pos. Hy **koop** 'n present.	Sy **het** 'n e-pos **geskryf**. Hy **het** 'n present **gekoop**.	Sy **sal** 'n e-pos **skryf**. Hy **sal** 'n present **koop**.
In sinne met hulpwerkwoorde soos wil, kan en moet		
Hy **wil** 'n present **koop**. Sy **kan** goed **skryf**. Jy **moet** dit **doen**.	Hy **wou** 'n present **koop**. Sy **kon** goed **skryf**. Jy **moes** dit **doen**.	Hy **sal** 'n present **wil** koop. Sy **sal** goed **kan** skryf. Jy **sal** dit **moet** doen.
In sinne met het as 'n selfstandige werkwoord		
Sy **het** 'n rekenaar.	Sy **het** 'n rekenaar **gehad**.	Sy **sal** 'n rekenaar **hê**.
In sinne met is		
Sy **is** trots op haar pa.	Sy **was** trots op haar pa.	Sy **sal** trots op haar pa **wees**.
In sinne met werkwoorde wat met be, er, ge, her, ont en ver begin		
Wanneer **begin** die toets? Hy **herken** haar stem. Sy **vertel** wat **gebeur het**.	Wanneer **het** die toets **begin**? Hy **het** haar stem **herken**. Sy **het vertel** wat **gebeur het**.	Wanneer **sal** die toets **begin**? Hy **sal** haar stem **herken**. Sy **sal vertel** wat **sal gebeur**.
In sinne met twee aksies wat nie gelyk gebeur nie		
Hy **skryf** en **stuur** die e-pos. Sy **draf** en **swem** elke dag.	Hy **het** die e-pos **geskryf** en **gestuur**. Sy **het** elke dag **gedraf** en **geswem**.	Hy **sal** die e-pos **skryf** en **stuur**. Sy **sal** elke dag **draf** en **swem**.
In sinne met twee aksies wat gelyk gebeur		
Sy **sit** en **skryf**. Hy **loop** en **praat**.	Sy het **(ge)sit** en **skryf**. Hy het **(ge)loop** en **praat**.	Sy **sal sit** en **skryf**. Hy **sal loop** en **praat**.
In sinne met twee werkwoorde sonder en		
Hy **sien** wat **aangaan**. Sy **laat weet** van haar.	Hy **het gesien** wat **aangaan**. Sy **het** van haar **laat weet**.	Hy **sal sien** wat **aangaan**. Sy **sal** van haar **laat weet**.
In sinne met deeltjiewerkwoorde		
Die tyd **gaan** gou **verby**. Die son **kom** vroeg **op**. Haar ma **wens** haar **geluk**.	Die tyd **het** gou **verbygegaan**. Die son **het** vroeg **opgekom**. Haar ma **het** haar **gelukgewens**.	Die tyd **sal** gou **verbygaan**. Die son **sal** vroeg **opkom**. Haar ma **sal** haar **gelukwens**.
In sinne met behoort en hoef		
Jy **behoort** goed te **doen**. Jy **hoef** nie te **skryf** nie.	Jy **behoort** goed te **gedoen het**. Jy **hoef** nie te **geskryf het** nie.	Jy **sal** nie **hoef** te skryf nie.
In die lydende vorm		
Die boodskap **word** gelees.	Die boodskap **is** gelees.	Die boodskap **sal** gelees **word**.
In sinne met werkwoorde wat op eer eindig		
Hoe **hanteer** jy dit? Hulle **konsentreer** hard.	Hoe **het** jy dit **gehanteer**? Hulle **het** hard **gekonsentreer**.	Hoe **sal** jy dit **hanteer**? Hulle **sal** hard **konsentreer**.
Woorde wat in die verskillende tye verander		
Sy skryf **nou** 'n brief.	Sy het **toe** 'n brief geskryf.	Sy sal **nou/dan** 'n brief skryf.
Hy skryf 'n brief en lees **dan** daardeur.	Hy het 'n brief geskryf en **toe** daardeur gelees.	Hy sal 'n brief skryf en **dan** daardeur lees.
Wanneer hy skryf, vertel hy baie nuus.	**Toe** hy geskryf het, het hy baie nuus vertel.	**Wanneer** hy sal skryf, sal hy baie nuus vertel.

Aktiwiteit 6

1. Skryf die volgende sinne in die verlede tyd.
   a) Orno skryf 'n brief aan Marta.
   b) Hy wil haar bedank.
   c) Hy gee vir haar 'n mandjie vrugte.
   d) Hy onthou wat sy vir hom beteken.
   e) Dan word die brief gestuur.
   f) Kirsten sit en skryf by haar tafel.
   g) Sy verlang na haar pa.
   h) Sy het haar pa baie lief.
   i) Die tyd gaan stadig verby.
   j) Wanneer sy skryf, is sy gelukkig.

2. Skryf die volgende sinne in die teenwoordige tyd.
   a) Orno wou 'n present vir Marta gee.
   b) Hy het mooi herinneringe aan Marta gehad.
   c) Kirsten het gewens haar ouers was nog bymekaar.
   d) Sy sal graag met haar pa gesels.
   e) Toe haar pa weg was, het sy gereeld vir hom geskryf.

3. Skryf die volgende sinne in die toekomende tyd.
   a) Wat is vir hom belangrik?
   b) Hy het gematrikuleer en toe universiteit toe gegaan.
   c) Hy het geloof in die toekoms.
   d) Kirsten se pa reis baie rond.
   e) Haar ma wens haar geluk.

4. Kies die korrekte woorde tussen hakies.
   a) Marta het die kinders opgepas (wanneer/toe/dan) hulle ma siek was.
   b) Orno voel dankbaar (wanneer/toe/dan) hy aan Marta dink.
   c) (Wanneer/Toe/Dan) hy klein was, was sy ma baie siek.
   d) Kirsten doen eers navorsing, (wanneer/toe/dan) skryf sy haar artikel.
   e) (Wanneer/Toe/Dan) haar pa weg is, verlang sy baie na hom.

5. Kies "sal" of "wil" om die volgende sinne te voltooi.
   a) Die skoolkoerant _____ volgende week verskyn.
   b) Kirsten _____ hê hulle moet die prys wen.
   c) Die kompetisie _____ weer volgende jaar plaasvind.
   d) Kirsten _____ graag 'n beroemde verslaggewer wees.
   e) Haar ouers _____ trots wees op haar.

6. Vertaal die volgende sin in Afrikaans.

   She will want to do this very well.

ONTHOU
- In Engels is **sal** "will".
- In Engels is **wil** "want to".

Aktiwiteit 7

1. Al word min briewe per gewone pos gestuur, bly dit belangrik om te weet hoe om 'n adres reg te skryf en byvoorbeeld 'n pakkie te adresseer. Kyk na die voorbeelde en skryf dan die onderstaande adresse neer. Skryf elke keer die persoon of instansie se naam boaan die adres.

Mev. Ingrid Swanepoel Wilgerstraat 10 Graaff-Reinet 6280	Hoërskool Nassau Richmondweg 30 Mowbray 7700	Tommy Jones Berghof 12 Vierde Laan Sunnyside 2092

   a) Jou huisadres
   b) Jou posadres (as dit verskillend van jou huisadres is)
   c) Jou beste maat se adres
   d) Jou skool se adres

2. Pas elke woord in kolom B by 'n woord in kolom A.

	Kolom A	Kolom B
a)	street	eenrigtingstraat
b)	road	voetpad
c)	avenue	weg
d)	main road	doodloopstraat
e)	freeway	straat
f)	dirt road	hoofweg
g)	cul de sac	sypaadjie
h)	one-way street	laan
i)	pavement/sidewalk	snelweg
j)	footpath	grondpad

3. Die woorde hier onder kan almal 'n brief se toon beskryf. Kies elke woord se antoniem (teenoorgestelde betekenis) uit die lys.

   opgeruimd   ernstig   koud   informeel   opgewonde

   a) formeel
   b) grappig
   c) terneergedruk
   d) warm
   e) vervelig

SLEUTELWOORDE

huisadres *(home address)* – adres van die plek waar jy woon

opgeruimd *(cheerful)* – vrolik

opgewonde *(excited)* – baie entoesiasties

posadres *(postal address)* – adres waarheen jou pos gestuur word, soos 'n posbus by 'n poskantoor

terneergedruk *(depressed)* – depressief

vervelig *(boring)* – oninteressant

Hoofstuk 3: Briewe

Skryf

As 'n mens iets vir iemand wil vertel of met iemand oor iets wil praat en jy kan of wil hulle nie bel nie, skryf jy 'n boodskap of 'n e-pos. Dit is dikwels makliker om jou gevoelens neer te skryf as om dit in 'n gesprek uit te druk.

Vriendskaplike briewe word aan vriende, familie en ander mense met wie jy nie 'n formele verhouding het nie, geskryf. Die taal, styl en inhoud sê vir ons dat die skrywer en die ontvanger mekaar redelik of baie goed ken.

Aktiwiteit 8

Lees die e-pos hier onder. Kyk goed na die inhoud daarvan en beantwoord die vrae wat op bladsy 48 volg.

Beste Annette

Laat 'n reël oop ná die aanhef.

Jy wonder seker waarom ek skryf as ek jou so maklik kan bel of skype, maar ek wil skriftelik om verskoning vra dat ek jou verjaardag vergeet het.

Begin reeds in paragraaf 1 met die onderwerp.

Ek weet daar is eintlik geen verskoning waarom ek vergeet het nie, maar ek kan verduidelik. Vrydagoggend, die oggend van jou verjaardag, toe ek en Amber per fiets op pad skool toe was, het 'n motor in haar vasgery. Ek belowe jou, sy het niks verkeerd gedoen nie, die motoris was beslis die skuldige. Gelukkig het Amber nie baie seergekry nie, maar ons is dadelik hospitaal toe vir toetse. Jy kan dink hoe geskok ons almal was!

Laat 'n reël oop ná elke paragraaf.

Die e-pos se toon is informeel en warm.

Daardie aand toe ek in die bed lê, onthou ek skielik dat dit jou verjaardag is! Maar dit was veels te laat om te bel. Saterdag het ek eers 'n sokkerwedstryd gehad en was daarna 'n groot deel van die dag by Amber.

In paragraaf 2 en 3 word die onderwerp uitgebrei.

Vandag, twee dae ná jou groot dag, kan ek uiteindelik sê veels geluk met jou verjaardag. Vergewe my asseblief, Annette. Ek belowe dit sal nooit weer gebeur nie.

Die slotparagraaf sluit die e-pos netjies af.

Jou vriend

Richard

Daar is geen punktuasie in die slot nie.

1. a) Aan wie skryf 'n mens gewoonlik 'n e-pos soos hierdie een?
   b) Waarom het die briefskrywer besluit om die e-pos te skryf?
   c) Hoe het hy gevoel toe hy die e-pos geskryf het?
   d) Dink jy hy het dit reggekry om sy gevoelens goed oor te dra? Verduidelik.
   e) Dink jy die ontvanger behoort so 'n e-pos te beantwoord? Gee 'n rede vir jou antwoord.
2. Jy wil iemand bedank vir iets wat hulle vir jou gedoen het of vir wat hulle vir jou beteken. Dit kan 'n maat, iemand in jou gesin of familie, of iemand anders wat jy ken, wees.

   Gebruik die e-pos hier langsaan en die riglyne hier onder om 'n e-pos van 120 tot 160 woorde te skryf. Jy kan ook na die ander voorbeelde van briewe in die hoofstuk verwys.

   Onthou om die volgende te noem:
   - die rede waarom jy skryf;
   - waarvoor jy die persoon wil bedank; en
   - hoe jy voel oor wat die persoon vir jou gedoen het of vir jou beteken.

Riglyne vir die skryf van 'n vriendskaplike e-pos

- Begin die aanhef (byvoorbeeld "Beste Annette"), elke paragraaf en die slot teen die kantlyn.
- Laat 'n reël oop ná elke paragraaf.
- Skryf ten minste drie paragrawe.
- Die eerste paragraaf is altyd 'n inleidende paragraaf en die laaste paragraaf is altyd 'n slotparagraaf. Die middelste een of twee paragrawe is die liggaam van die e-pos.
- Begin reeds in die eerste paragraaf met die onderwerp.
- Die slotparagraaf is gewoonlik kort – net een of twee sinne – en rond die e-pos netjies af.
- Gebruik die gepaste toon. Gebruik "jy" en "jou" as jy aan 'n maat of een ouer skryf, gebruik "julle" as jy aan albei jou ouers skryf, en gebruik "u" as jy aan iemand skryf wat jy nie goed ken nie.

Onthou

- Beplan jou e-pos deeglik. Jy kan 'n spinnekopdiagram gebruik om jou te help.
- Gebruik jou beplanning om die eerste weergawe van jou e-pos te skryf.
- Lees jou eerste weergawe krities deur en besluit hoe jy dit kan verbeter.
- Gee aandag aan jou sinsbou, spelling en punktuasie wanneer jy jou tweede weergawe skryf.
- Proeflees jou e-pos goed voordat jy dit ingee.

Hoe vorder jy?

Aktiwiteit 9

Lees die brief wat aan 'n koerant geskryf is en beantwoord dan die vrae.

Gemengde gevoelens oor aanlyn skool

1. Toe ons 'n paar jaar gelede noodgedwonge aanlyn moes skoolgaan, was ek en my vriende aanvanklik uiters opgewonde oor die idee. Dit sou mos pret wees!

2. En aan die begin was dit pret. Dit was 'n avontuur om nie soggens ons skoolklere aan te trek en skool toe te gaan nie. Zoom-klasse was opwindend en dit was lekker om huiswerk en selfs toetse per e-pos vir ons onderwysers te stuur.

3. Ná 'n rukkie het die nuwigheid egter sy glans verloor. Dit was duidelik dat 'n mens baie harder moes konsentreer om lesse te volg, en dit was ook nie moontlik om vinnig 'n vraag aan 'n onderwyser te stel as jy iets nie verstaan nie. Wie sou kon dink dat ek my onnies sou mis? Om nie te praat van my vriende nie!

4. Buitemuurse aktiwiteite is ook negatief deur aanlyn skool beïnvloed. Skielik het ons besef hoe belangrik kulturele en sportbedrywighede is om ons lewe gebalanseerd te hou. Soos baie ander mense, moes ek ander planne maak om fiks te bly, en dit was nie maklik om dit op eie houtjie te doen nie.

5. Wat 'n verligting was dit nie toe alles na normaal teruggekeer het nie! Aanlyn skool was 'n interessante eksperiment, maar beslis net 'n eksperiment.

1. Waarom skryf mense briewe aan koerante?
2. Watter twee woorde in paragraaf 1 verwys na die briefskrywer se houding teenoor aanlyn skool?
3. Wat het aanlyn klasse moeilik gemaak?
4. Vir wie het die briefskrywer gemis?
5. Watter rol speel buitemuurse aktiwiteite in leerders se lewens?
6. Skryf die nommer van die korrekte antwoord neer.
   Die uitdrukking "op eie houtjie" (paragraaf 4) beteken:
   A   by die huis.
   B   op jou eie.
   C   sonder vriende.
7. Hoe het die briefskrywer se houding teenoor aanlyn skool verander?
8. Lees weer die briewe op bladsy 38, 41 en 42.
   a) Hoe verskil die toon van die brief hier bo van die ander drie briewe s'n?
   b) Hoe verskil die doel van hierdie brief van die ander briewe s'n?

SLEUTELWOORDE

aanvanklik *(initially)* – aan die begin

buitemuurse *(extramural)* – buite gewone skoolure

noodgedwonge *(of necessity)* – deur omstandighede gedwing

nuwigheid *(novelty)* – iets nuuts

op eie houtjie *(on one's own)* – op jou eie

verligting *(relief)* – blydskap, 'n aangename gevoel

Hoofstuk 4
Sportfokus

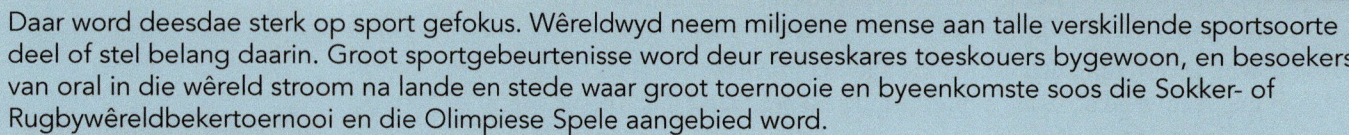

Daar word deesdae sterk op sport gefokus. Wêreldwyd neem miljoene mense aan talle verskillende sportsoorte deel of stel belang daarin. Groot sportgebeurtenisse word deur reuseskares toeskouers bygewoon, en besoekers van oral in die wêreld stroom na lande en stede waar groot toernooie en byeenkomste soos die Sokker- of Rugbywêreldbekertoernooi en die Olimpiese Spele aangebied word.

Alle nuusblaaie het sportbladsye wat die sportnuus dek. In radio- en TV-uitsendings kry sport ook prominente aandag, soos op die kanale van SuperSport in Suid-Afrika.

Professionele sportmense verdien baie geld en word selfs deur klubs of provinsies "gekoop". Sommige uitmuntende sportlui bereik ikoniese status as heldefigure.

IN HIERDIE HOOFSTUK GAAN JY:

- na foto's van uiterste sport kyk en dit bespreek;
- na 'n teks oor 'n bergfietswedren in die Alpe luister en vrae daaroor beantwoord om te bepaal of jy die teks verstaan;
- 'n teks oor 'n afdraandskaatskompetisie lees en vrae daaroor beantwoord;
- aantekeninge maak oor die werk van 'n skeidsregter en 'n teks opsom oor die werk van 'n sportafrigter van kinders;
- die gebruik van voegwoorde en korrekte woordorde in sinne oefen;
- jou sportwoordeskat uitbrei; en
- 'n informele verslag of berig skryf wat verband hou met 'n sportgebeurtenis.

Hoofstuk 4: Sportfokus

> Luister

Aktiwiteit 1

Lees die onderstaande paragraaf en kyk na die foto's op hierdie bladsy wat almal die een of ander uiterste sportsoort illustreer. Bespreek dan die vrae wat daarop volg saam in die klas.

Behalwe tradisionele sportsoorte soos sokker, tennis, krieket, rugby, hokkie en atletiek, is daar avontuursport, wat gevaarlik kan wees. Dié sportsoorte word al hoe gewilder in die wêreld, maar word gewoonlik nie in skole aangebied nie. Sommige sportaktiwiteite word geklassifiseer as hoërisiko- of uiterste sport omdat dit tot deelnemers se dood kan lei en altyd in uiterste omstandighede gedoen word, byvoorbeeld in sneeu, water, in die lug of op plekke wat baie afgeleë of gevaarlik is. Voorbeelde van sulke uiterste sportsoorte is rots- en ysklim, fiets- en motorsport, vlerksweef, branderplankry, en bergfiets- en kano-marathons.

> **SLEUTELWOORDE**
>
> **branderplankry** *(surfboarding)* – sport waarin mense op 'n plank op branders/golwe ry
>
> **gewilder** *(more popular)* – mense hou meer daarvan as van ander dinge
>
> **omstandighede** *(conditions)* – die toestand waarin iets is ten opsigte van hoe dit lyk of is

A

D

B

C

1. Sê watter sportsoort elk van die foto's A, B, C en D uitbeeld.
2. In watter vier verskillende ruimtes vind hierdie aktiwiteite plaas?
3. Noem enige ander avontuur- of uiterste sportsoorte waarvan jy weet.
4. Vind uit of iemand in die klas al aan enige van hierdie sportsoorte deelgeneem het, of 'n familielid of iemand ken wat dit tans beoefen.
5. Vind uit hoeveel van die maats in jou klas aan enige ander avontuur- of uiterste sportsoorte deelneem.
6. As jy self aan so 'n sportsoort deelneem, gee redes waarom jy dit doen en sê of jy dink dit is gevaarlik. Sê hoe jy begin het om dit te beoefen.
7. Bespreek of mense aan gevaarlike sportsoorte behoort deel te neem waarin hulle dalk beseer kan word of kan sterf. Is hulle onverantwoordelik as hulle dit doen?

> **SLEUTELWOORDE**
>
> **onverantwoordelik** *(irresponsible)* – optrede wat roekeloos is
>
> **uiterste sport** *(extreme sport)* – sportsoort wat op buitengewone plekke beoefen word en lewensgevaarlik kan wees
>
> **vlerksweef** *(hang-gliding)* – sport waarin mense met 'n groot vlerk op lugstrome sweef

8. Bespreek in watter ander opsigte uiterste sportsoorte van tradisionele sportsoorte soos krieket, sokker, gholf en netbal verskil.

Aktiwiteit 2

Luister aandagtig na die teks oor 'n bergfietsmarathon waaraan 'n bekende Suid-Afrikaanse avonturier in buitengewone toestande deelgeneem het. Beantwoord dan die meerkeusevrae wat daarop volg. Jy kan twee keer na die teks luister.

Bergfietsryers geniet eerste Snow Epic

1. Maak 'n regmerkie in een van die blokkies regs om te wys watter een van die drie stellings waar is.

   A Riaan Manser het hierdie bergfietsroete al dikwels gery.
   B Fietsryers kan hierdie roete enige tyd van die jaar aanpak.
   C Die roete kan slegs gedurende die somer aangepak word.

2. Kies die korrekte antwoord op die volgende vraag:

   Watter toestande was vir die groep fietsryers baie onverwags toe hulle die eerste keer hier in die Alpe geoefen het?

   A Die roete was baie rotsagtig.
   B Hulle moes in die sneeu ry.
   C Die roete was baie gevaarlik.

3. Hoe verskil Riaan se fiets van 'n gewone vetfiets?

   A Dit het ekstra breë bande.
   B Dit het baie groot wiele.
   C Dit is 'n baie sterker fiets.

4. Een van die fietsryers het op die eerste dag 'n besering opgedoen. Wat het gebeur?

   A Hy het sy arm gebreek.
   B Hy het sy heup gebreek.
   C Hy het sy been gebreek.

5. Riaan het nie 'n stuk toerusting wat hom sou gehelp het, saamgebring nie. Wat was dit?

   A sy fietspomp
   B sy skaatsplank
   C sy sneeubril

SLEUTELWOORDE

avonturier *(adventurer)* – persoon wat van avontuur en opwindende ervarings hou

bergfiets *(mountain bike)* – fiets wat gemaak is om op ruwe terrein te ry

toerusting *(equipment)* – items of gereedskap wat nodig is vir 'n spesifieke doel of taak

ysskaatsbaan *(ice rink)* – baan met ys waarop geskaats word

6. Die deelnemers aan die fietswedren het in vyf skofte gery. Hoeveel deelnemers was daar?

A 134 ☐

B 125 ☐

C 122 ☐

› Leesbegrip

Aktiwiteit 3

Lees die koerantberig oor 'n interessante sport en beantwoord dan die vrae daaroor.

Afdraandskaats is 'n ongelooflike sport

Samantha van den Berg

STELLENBOSCH. – "As jy bo-op daardie heuwel staan en nie bang is nie, is daar iets verkeerd met jou. Maar om bang te wees, is 'n goeie ding!"

Só sê Gabi Murray-Roberts, 'n organiseerder van en deelnemer aan die Hot Heels Africa-afdraandskaatskompetisie, toe sy gevra is hoe sy oor hierdie sportsoort voel.

Die kompetisie waaraan sy deelgeneem het, het oor vier dae plaasgevind. Dit is aangebied deur die Suid-Afrikaanse Vereniging vir Swaartekragwedrenne (Sagra). Meer as 150 spoedvrate van oral in die wêreld het deelgeneem.

Die deelnemers was tussen 12 en 35 jaar oud en hulle het in ses kategorieë teen mekaar meegeding. Een van hulle is as die algehele kampioen aangewys. Hierdie byeenkoms was die grootste jaarlikse saamtrek vir die Suid-Afrikaanse kampioenskappe in afdraandskaats.

Die roete wat die skaatsplankryers gevolg het, was 9 km lank. Dit is naby Pringlebaai in die Wes-Kaap en het drie belangrike draaie. Die hoofdoel van die kompetisie is spoed. Die deelnemer wat eerste oor die wenstreep ry, wen.

"'n Wedren soos dié verg konsentrasie en jy moet gefokus bly. Dit is eers nadat jy oor die wenstreep is dat jy die adrenalien voel," het Gabi gesê.

Sy het gedink sy sou dit nooit kon doen nie en was een van twee vroue wat deelgeneem het.

Die *tuck* is 'n ryer se belangrikste posisie. Deelnemers moet met hul bors op hul knieë lê en die lyf so klein as moontlik hou. Hulle moet baie stil probeer sit terwyl hulle jaag, want as hulle opstaan, of te veel beweeg, breek die wind hul spoed.

Dit is baie belangrik dat hierdie dapper ryers beskermende klere dra: 'n valhelm, 'n leerpak, handskoene en skoene met goeie sole waarmee die ryer kan rem. Die skaatsplanke vir afdraandskaats is langer as die gewone skaatsplank en die wiele is breër.

(Uit: *Die Burger*, 5 Desember 2013)

SLEUTELWOORDE

pak *(suit)* – stukke klere wat saam gedra word

spoedvraat *(person who loves speed)* – iemand wat daarvan hou om vinnig te ry

swaartekrag *(gravity)* – die krag wat 'n liggaam na die aarde toe aantrek

wedren *(race)* – resies tussen voertuie of diere

1. Vul die ontbrekende woord in.
   Deelnemers aan hierdie soort sport ry altyd teen 'n _____ af.
2. Hoekom, dink jy, voel deelnemers gewoonlik bang aan die begin van 'n resies?
3. Watter beskrywende selfstandige naamwoord in paragraaf 3 sê dat die deelnemers daarvan hou om baie vinnig te beweeg?
4. Hoekom is dit belangrik dat die skaatsplankryers vinnig beweeg?
5. Sê of die volgende stellings waar of onwaar is. Gee 'n rede vir jou antwoord.
   a) Afdraandskaats is 'n sport vir ou mense.
   b) Die byeenkoms waaroor geskryf word, is die Suid-Afrikaanse kampioenskappe.
   c) Dit is 'n internasionale byeenkoms waaraan Gabi deelgeneem het.
   d) Baie vroue neem aan afdraandskaatskompetisies deel.
   e) Afdraandskaats is 'n uiterste sportsoort.
6. In watter provinsie van Suid-Afrika het hierdie kompetisie plaasgevind?
7. In watter posisie sit die ryers op hul planke tydens die resies?
8. Hoekom sal dit ryers se tyd beïnvloed as hulle opstaan?
9. Hoekom moet die ryers goeie skoene dra?
10. Wat help om die skaatsplankryers teen ernstige kopbeserings te beskerm?
11. Die ryers het baie moed om aan hierdie sport deel te neem. Gee een woord uit die laaste paragraaf wat dit impliseer.
12. Hoe verskil afdraandskaatsplanke van gewone skaatsplanke?

Aktiwiteit 4

Lees die artikel en beantwoord daarna die vrae.

Die impak van sport op mense en die gemeenskap

Daar is geen twyfel daaroor nie – sport is goed vir die mens. Die tyd wat ons aan sport en ontspanning bestee, is broodnodig, want dit bied fisieke en emosionele voordele om 'n gesonde lewe te lei. Sport gee groot vreugde aan deelnemers en hul ondersteuners. Dit kan selfs depressie en angs beveg. Daar kan egter ook teleurstellings wees, en mense verloor dikwels hul humeur.

Dis altyd belangrik dat sport goeie emosies moet voortbring wat respek en liefde vir die sport bevorder. In die talle sportsoorte kompeteer deelnemers op verskillende vlakke, van professionele tot amateurdeelname. Professionele atlete bestee gereeld tyd om as mentor op te tree vir opkomende sportmense. Hulle bied hul kundigheid en tyd aan om die gemeenskap te dien.

Hoofstuk 4: Sportfokus

Op skool kry kinders die geleentheid om hulself in sport uit te leef, terwyl hulle onwetend belangrike lewenslesse leer, byvoorbeeld dat 'n mens nie altyd in die lewe kan wen nie, maar moet kan aanvaar as jy verloor. Jy leer hoe om teleurstellings te verwerk, en hoe om met 'n groep mense saam te werk om 'n probleem op te los. Dit versterk jou kanse om aan te pas in 'n wêreld wat konstant aan die verander is.

Sport kan help om liggaamsvet te verminder of gewig te beheer. Daar is ook bewys dat oefening en deelname aan sport depressie en angs beveg. Sportiewe mense is geneig om gesonder te wees.

'n Sekere samesyn ontstaan tussen totale vreemdelinge wanneer toeskouers internasionale sportbyeenkomste soos die Olimpiese Spele en Wêreldbekertoernooie bywoon. Nasionale trots en eenheid word daardeur bevorder, want dis goed as landsburgers saamstaan.

(Verwerk uit: "Die impak van sport op mense en die gemeenskap", *Solidariteit Wêreld*, 2020)

1. Kies die gepaste antwoord (A, B of C) uit die drie moontlikhede en skryf die letter en die sin wat jy kies langs die vraagnommer neer.

    Die belangrikste voordeel daarvan vir mense wat aan sport deelneem:

    A   Sport laat ondersteuners en deelnemers altyd gelukkig en tevrede voel.
    B   Volgens die skrywer is sport die enigste faktor wat sorg dat mense gesond bly.
    C   Sport help deelnemers om liggaamlik en emosioneel gesond te bly.

2. Kies die korrekte stelling.
    A   Professionele sportsterre skenk altyd geld om hul gemeenskap te help.
    B   Professionele sportmense verdien geld deur hul deelname aan sport.
    C   Mense wat gereeld aan sport deelneem, verdien meer geld as dié wat dit nie doen nie.

3. Gee die ontbrekende woorde of sinsdele:
    a) As mense hul humeur verloor, beteken dit hulle _____.
    b) Sport wat goeie emosies ontlok, bevorder _____ en _____ vir die spel.
    c) Deelname aan skoolsport wys leerders dat 'n mens nie altyd kan _____ in die lewe nie, dus leer hulle dat jy _____.
    d) Volgens die skrywer word probleme makliker opgelos as mense _____ saamwerk.

4. Deelname aan sport kan help om sekere gesondheidstoestande te verbeter. Noem twee sulke toestande wat verbeter kan word.

5. Hoekom ontstaan daar samesyn tussen vreemdelinge wanneer hulle internasionale sportbyeenkomste bywoon?

6. Watter positiewe uitwerking het dit vir 'n land en sy mense?

Aantekeninge

Aktiwiteit 5

Jy is gevra om 'n kort praatjie oor die werk van 'n skeidsregter te lewer. Lees die volgende teks en voltooi dan aantekeninge wat jy vir jou praatjie kan gebruik.

Die werk van 'n skeidsregter

Skeidsregters tree by sportgeleenthede op deur die aksies van die deelnemers dop te hou om te verseker dat die sport volgens die reëls daarvan gespeel word. Hulle gebruik hul persoonlike ondervinding en kennis van 'n sport se riglyne en reëls om dispute op te los.

In baie sportkodes word "elektroniese oë" en/of videokameras gebruik om die skeidsregter by te staan om besluite te neem, byvoorbeeld in tenniswedstryde. Skeidsregters se besluite word gewoonlik as die finale woord in sportgeleenthede beskou. In sommige sportsoorte, soos sokker, krieket en rugby, kan spelers ernstig gestraf word as hulle die skeidsregter se beslissing bevraagteken of in twyfel trek.

Iemand wat van plan is om 'n skeidsregter te word, moet 'n opleidingsprogram volg wat deur die liggaam of vereniging wat die spesifieke sport reguleer, opgestel word. Daar is ook kolleges wat kursusse vir skeidsregters aanbied.

Skeidsregters moet fisiek fiks wees en 'n passie hê vir die sport waarin hulle optree, asook 'n diepgaande kennis daarvan hê. Skeidsregters moet die vermoë hê om betroubare beslissings te maak en hulle moet vinnig en onder druk besluite kan neem.

Sportbeheerliggame en sportverenigings bied werk vir skeidsregters. As dit op professionele vlak gedoen word, kan dit 'n voltydse beroep wees. In amateursport is dit gewoonlik deeltyds en moet skeidsregters waarskynlik ook 'n ander werk hê, omdat hulle gewoonlik nie vir hul dienste betaal word nie.

(Uit: https:helpendehand.co.za, 20 Oktober 2014)

SLEUTELWOORDE

beslissing *(decision)* – 'n besluit of uitspraak oor wat moet gebeur

betroubare *(reliable)* – wat jy kan glo sal werklik gebeur

deeltyds *(part-time)* – nie die hele tyd (byvoorbeeld elke werksdag) nie

vermoë *(ability)* – om 'n spesifieke ding te kan doen

Maak 'n paar kort aantekeninge onder elke opskrif. Die eerste aantekening word as voorbeeld gegee. Voeg self nog een daarby.

1. Die taak van 'n skeidsregter:
   Verseker dat sport volgens die reëls verloop.
2. Hulpmiddels om te help met beslissings
3. Opleiding
4. Noodsaaklike eienskappe en vaardighede
5. Vergoeding vir dienste en werksgeleenthede

Aktiwiteit 6

Lees die artikel oor 'n ander werk wat iemand wat van sport hou moontlik kan doen. Maak dan 'n lys van die hoofpunte van die artikel.

- Merk die hoofgedagtes.
- Skryf die hoofgedagtes in jou eie volsinne.
- Onthou om alle onnodige woorde weg te laat.

SLEUTELWOORDE

opleiding *(training)* – lesse wat jou leer om 'n taak te verrig

vergoeding *(compensation; often money)* – betaling vir dienste

voordelig *(beneficial)* – wat nuttig of goed is vir iemand

Fiksheidsinstrukteur vir kinders
Gina Hartoog

Omdat obesiteit by kinders aan die toeneem is, is dit baie belangrik om hulle van die TV-bank af en aan die gang te kry. Kinders het oefening nodig om te groei. Sielkundig is dit ook vir kinders voordelig om aan sport deel te neem. Dan voel hulle goed oor hulself.

'n Kind se liggaam is anders as dié van 'n volwassene; dus moet oefeninge vir hulle volgens hul behoeftes aangepas word. Oefeninge tydens die kinderjare kan vir die res van hul lewe 'n uitwerking hê op die gesondheid van hul beenstruktuur.

Monkeynastix is 'n gewilde kinderprogram wat kreatiwiteit, musiek en stories kombineer met opleiding in soepelheid, balans, krag en koördinasie. Eienaars van Monkeynastix het instrukteurs wat na skole gaan en oefensessies vir kinders aanbied. Instrukteurs kan byvoorbeeld studente wees wat die werk vir 'n paar uur per week deeltyds doen.

Monkeynastix bied 'n kursus aan vir instrukteurs. Dit sluit teoretiese en praktiese modules in. Die kursus word in ses dae voltooi. Daar is egter ook ander organisasies wat kursusse aanbied, soos Little Kickers, 'n sokkerprogram.

Planet Fitness bied ook programme aan by sommige van hul gimnasiums. Dit geskied volgens ouderdomsgroepe.

Om die werk te kan doen, moet instrukteurs passievol wees oor kinders, veral kleintjies op voorskoolse vlak. Jy moet ook in sport belangstel en 'n vriendelike, energieke mens wees.

Lesse vir die kinders duur gewoonlik 'n uur en 'n half en word altyd deur musiek begelei. Aan die einde is daar 'n afkoelaktiwiteit.

Vergoeding vir die werk wissel. Soms word instrukteurs maandeliks betaal, en ander werk op 'n kommissiebasis.

(Uit: *My Loopbaan*, deel 7, nommer 2)

Taal en woordeskat

Taalgereedskap

Voegwoorde

- 'n Voegwoord se naam sê wat die funksie van die woord is, naamlik **om sinne saam te voeg (te verbind)** tot een sin.
- Dit is belangrik om die **korrekte woordorde ná 'n voegwoord** te gebruik. Dit beteken dat die **werkwoord op die regte plek** in die sin moet staan.
- Sommige voegwoorde kan aan die begin of in die middel van 'n sin staan. Ander voegwoorde kan tussen sinne staan.
- Let op na die plek van die werkwoord ná die voegwoord in die volgende sinne:
    - **Groep 1:** Redi kyk gereeld sokker, want sy ken die spel goed. (Woordorde verander nie.)
    - **Groep 2:** Redi kyk gereeld sokker, dus ken sy die spel goed. (Die werkwoord "ken" staan direk ná die voegwoord in die middel van die sin.)
    - **Groep 3:** Redi kyk gereeld sokker omdat sy die spel goed ken. (Die werkwoord "ken" is aan einde van die sin.) OF: Omdat sy die spel goed ken, kyk Redi gereeld sokker.

        Hierdie soort voegwoorde kan ook aan die **begin** van 'n sin geplaas word. (As 'n sin met 'n voegwoord **begin**, moet daar 'n **komma tussen die twee werkwoorde** in die middel wees.)

Voegwoorde kan soos volg in die bogenoemde **drie groepe** verdeel word. Kyk na die **leestekens** wat **voor die voegwoorde** gebruik word.

Groep 1	Groep 2 (voegwoordelike bywoorde)
en *(and)*	; dus/daarom/derhalwe *(therefore)* (gevolg deur 'n hoofsin)
, maar *(but)*	dan *(then in future)*
, want *(because)*	toe *(then in past)*
, dog *(yet)*	, al *(although)*
of *(or)*	, tog *(yet)*
; trouens, *(in fact)*	, gevolglik *(consequently)*
óf ... óf *(either ... or)*	, nogtans; nietemin *(nevertheless)*
nóg ... nóg *(neither ... nor)*	, anders *(otherwise)*
	; intussen *(meanwhile)*
	; daarna *(afterwards)*

Hoofstuk 4: Sportfokus

Groep 3		
dat (that)	aangesien (seeing that)	terwyl (while)
omdat (because)	of (if, whether)	mits (provided that)
totdat (until)	toe (when in past)	tensy (unless)
sodat (so that)	wanneer (when in future or present)	, (al)hoewel (although)
nadat (after)	as, indien (if)	sedert (since)
voordat (before)	sodra (as soon as)	

Aktiwiteit 7

1. Kies **voegwoorde** uit die kassie om die sinne te voltooi.

> dus   dat   al   voordat   toe   aangesien   omdat   maar   want   tensy

a) Louise is bang vir hoogtes; _____ gaan sy nie saam bergklim nie.
b) Ons het haar gewaarsku, _____ ons het besef dis gevaarlik.
c) Die fietsryer het hard geval, _____ sy het nie erg seergekry nie.
d) Ek wil graag gaan rugby kyk _____ my gunstelingspan vandag hier speel.
e) Die bouler het so goed geboul _____ hy twee kolwers uitgekry het.
f) Deelnemers aan die Snow Epic moes wag vir meer sneeu om te val _____ hulle die laaste skof kon aanpak.
g) Daardie skiërs was bang _____ hulle die eerste keer teen 'n berghang moes afski.
h) Vusi kyk baie sokker op TV _____ hy 'n passie vir die sport het.
i) Sally gaan deelneem aan die wedloop vir vroue _____ haar been te seer is.
j) Tess wil nie oor die kanaal swem nie, _____ kan sy goed swem.

SLEUTELWOORD

wedloop *(race)* – 'n hardloopkompetisie tussen mense

2. Verbind die sinne met die voegwoorde tussen hakies. Sorg dat die leestekens en woordorde korrek is.
   a) Jon en sy suster is albei in die swemspan. Sy swem beter as hy. (maar)
   b) Jy moet goed opwarm. Jy begin met jou oefening. (voordat)
   c) Die skaatsplankryers dra handskoene. Hulle moet hul hande beskerm. (omdat)
   d) Die instrukteur werk nie heeldag nie. Dit is 'n deeltydse werk. (want)
   e) Die kind oefen te min. Sy is baie onfiks. (gevolglik)
   f) Ons het in die koerant gelees. Riaan Manser is 'n avonturier. (dat)
   g) Daardie speler sal vir die A-span gekies word. Hy speel vandag swak. (tensy)
   h) Die skare het gejuig. Hul span het 'n doel aangeteken. (toe)
   i) Shanaaz speel nie netbal nie. Sy hou baie daarvan. (tog)
   j) Jenna speel ná skool hokkie. Sy kom laat tuis. (dus)
   k) Corné wil daardie hoë golwe gaan ry. Hy weet dit is lewensgevaarlik. (hoewel)
   l) Haar spel het baie verbeter. Sy speel meer gereeld tennis. (sedert)
   m) Themba gaan in 'n kano rondom die eiland vaar. Hy kry mense wat sy ekspedisie sal borg. (mits)
3. Verbind die sinne by vraag 2. b), c), g), h) en k) deur met die voegwoorde tussen hakies te begin. Let op na jou leestekens in hierdie sinne.
4. Voltooi hierdie sinne op 'n gepaste manier.
   a) Ek het nie tekkies gehad nie; daarom _____.
   b) Mandy het nie deelgeneem nie omdat _____.
   c) Sy ma het gesê hy moenie toertjies met sy fiets uitvoer nie, want _____.
   d) Zubeida sal saamstap tensy _____.
   e) Jy sal 'n valhelm moet dra, anders _____.
   f) Nomsa het haar knie beseer, gevolglik _____.
   g) Ons het lekker geoefen; daarna _____.
   h) Hy wil ook gaan gholf speel, hoewel _____.
5. Vertaal die volgende sinne in Afrikaans.
   a) *Zolani will play golf because he loves the sport.*
   b) *The skateboarder did not fall when his board broke.*
   c) *She stayed on her canoe although the waves were high.*
   d) *The biker started badly but he finished third.*
   e) *Unless I improve my style, I will not play well.*
   f) *Alison does not like netball, therefore she plays hockey.*
   g) *I arrived late, consequently I did not see that goal.*
   h) *After they had lost the match, the boys looked unhappy.*
   i) *You will find the route easy, provided that you make sure you are fit.*
   j) *Seeing that jogging is so popular, many people join clubs.*

Hoofstuk 4: Sportfokus

Aktiwiteit 8

1. Pas elke woord in kolom A by sy korrekte betekenis in kolom B. Gebruik 'n woordeboek om jou te help waar nodig.

Kolom A	Kolom B
doelwagter	Persoon wat die teken gee vir atlete om weg te spring
toeskouers	Vinnige rugbyspeler wie se posisie naaste aan die kantlyn is
wedloop	Persoon wat 'n gholfspeler se sak dra en balle soek
kishou	Krieketspeler wat balle tydens 'n wedstryd slaan
afrigter	'n Hou in tennis wat die opponent nie kan terugslaan nie
pylvak	'n Kompetisie om te bepaal watter hardloper die vinnigste die eindpunt bereik
valhelm	Die lyn waaragter 'n drie in rugby gedruk word
skeidsregter	Sportman of -vrou wat nie vir geld aan sport deelneem nie
doellyn	Die laaste reguit deel van 'n atletiekbaan, voor die wenstreep
paaltjies	Punte in 'n wedstryd
afsitter	Mense wat na 'n sportgebeurtenis kyk
joggie	'n Persoon wat atlete op kompetisies voorberei
telling	Beskermende kopbedekking in sport
amateur	Sokkerspeler wat moet keer dat 'n doel aangeteken word
kolwer	Stokke waarheen in krieket geboul word
vleuel	Persoon wat sorg dat 'n sportgebeurtenis volgens die reëls verloop

61

2. Identifiseer die vyf sportsoorte in die foto's hier onder en gee die Afrikaanse woord vir dié sport. Die woorde verskyn in die collage op bladsy 61.

A

B

C

D

E

Hoofstuk 4: Sportfokus

⟩ Skryf

Riglyne vir die skryf van 'n informele verslag

In 'n informele verslag gee 'n skrywer inligting oor iets wat gebeur het en vir teikenlesers (of luisteraars en kykers) nodig, interessant of belangrik is om te weet. Joernaliste wat vir koerante berigte skryf, of vir radio of televisie oor sulke gebeurtenisse verslag doen, word verslaggewers genoem.

- In 'n verslag moet die volgende vrae beantwoord word:
    - **W**ie is die mens(e)?
    - **W**at het gebeur?
    - **W**anneer het dit gebeur?
    - **W**aar het dit gebeur?
    - **W**aarom het dit gebeur?
    - **H**oe het dit gebeur?
- Ons kan dus praat van die **vyf W's** en 'n **H**.
- In 'n verslag kan 'n mens nie alles sê nie. Net die belangrikste insidente en feite moet uitgesoek word.
- Die belangrikste dinge word gewoonlik eerste genoem.
- Dit wat in die verslag staan, moet die waarheid wees.
- Net soos in enige ander skryfstuk, moet die verslag uit paragrawe bestaan wat elkeen 'n hoofgedagte het.
- Die taalgebruik moet korrek en gepas wees en die styl vloeiend – vermy omslagtigheid.
- Die verslag/berig moet 'n treffende, gepaste opskrif hê.

| Wat |
| Wie |
| Waar |
| Wanneer |

Aktiwiteit 9

Kyk na die berig (verslag) oor 'n interessante sportgebeurtenis.

> ### Erchana Murray-Bartlett hardloop 150 marathons in 150 dae
>
> 'n Australiese atleet het haar doel bereik en 'n Guinness-wêreldrekord opgestel vir die meeste opeenvolgende standaardmarathons per dag wat nog ooit deur 'n vrou voltooi is.
>
> Dit het Erchana Murray-Bartlett (32) vyf maande geneem om van Cape York, die mees noordelike punt van Australië, langs die ooskus van dié land af tot in Melbourne in die suide te draf. Sy het Maandag haar reis van oor die 6 300 km voltooi nadat sy op 150 opeenvolgende dae 'n marathon afgelê het.

Erchana Murray-Bartlett

Nadat Murray-Bartlett nie vir die Olimpiese Spele gekwalifiseer het nie, wou sy 'n ander lewenslange droom verwesenlik. Sy wou oor die lengte van Australië hardloop en die rekord verbeter vir die meeste opeenvolgende daaglikse marathons deur 'n vrou. Gedurende hierdie poging het sy ook geld ingesamel vir en bewustheid geskep oor die uitwissing van Australiese dier- en plantspesies.

Erchana moes drie beserings in die eerste drie weke te bowe kom terwyl sy al langs die Australiese kuslyn deur reënwoude, op grondpaaie en snelweë gedraf het. Sy het soms in stortreën en ander dae in versengende hitte van meer as 35° Celsius gedraf.

Die vorige Guinness-wêreldrekord vir die meeste opeenvolgende daaglikse wêreldrekords deur 'n vrou is in Augustus 2022 deur die Britse atleet Kate Jayden opgestel. Sy het 106 opeenvolgende dae 'n marathon per dag voltooi.

Murray-Bartlett het Maandag gesê haar voete het tot 'n halwe skoengrootte groter geswel en haar voete is vol eelte. Sy sukkel ook met pyne in haar knieë, bene en rug.

"Ek voel asof ek vyftig jaar ouer geword het," het sy aan 'n verslaggewer gesê.

Om vir die Guinness World Records in aanmerking te kom, moes Erchana 42,2 km per dag draf.

Sy gaan haar finale afstand Dinsdag by Guinness World Records indien om as die wêreldrekordhouer met 150 marathons in 'n ry aangewys te word.

(Aangepas uit https://weareexplorers.co/erchana-murray-bartlett-finishes-150-marathons/)

SLEUTELWOORDE

bewustheid *(awareness)* – weet van iets

snelweë *(freeways)* – paaie wat so gebou is dat verkeer vinnig daarop kan beweeg

uitwissing *(destruction)* – heeltemal vernietig

versengende hitte *(extreme heat)* – uiterste hitte/besonder warm weer

verslaggewer *(reporter)* – persoon wat in die media verslag doen oor gebeurtenisse

verwesenlik *(to make it happen)* – werklikheid laat word

Skryf een van die volgende:

1. Jy is 'n verslaggewer vir 'n sportwebblad en is gevra om 'n verslag oor 'n sportbyeenkoms te skryf. Kies enige sportgebeurtenis wat jy bygewoon het waarin verskillende lande, provinsies, skole of klubs teen mekaar gekompeteer het, of 'n sportgebeurtenis by jou skool, byvoorbeeld tussen die "huise" of spanne waarin die leerders verdeel word, soos die Groenspan, die Blouspan en die Rooispan.

Of:

2. Jy het 'n sportbyeenkoms bygewoon waar iets ongewoons of baie snaaks gebeur het. Skryf 'n humoristiese berig vir die skooltydskrif waarin jy vertel waar en wanneer dit gebeur het, wat gebeur het en wie daarby betrokke was. Sê ook hoe en waarom dit gebeur het en waarom dit so snaaks was. Kies 'n interessante opskrif vir die sportberig wat jy skryf.

Hoe vorder jy?

Aktiwiteit 10

1. In hierdie hoofstuk het jy 'n aantal tekste gelees oor sport en sportaktiwiteite. By watter van hierdie aktiwiteite pas die volgende stellings? Antwoord in enkele woorde.
   a) Deelnemers aan hierdie sport moet 'n valhelm en handskoene dra.
   b) Namibiërs het aan hierdie aktiwiteit deelgeneem.
   c) In hierdie sportberoep is die persoon self op die speelveld, maar ondersteun geen span nie.
   d) Fikse mense ervaar nie hierdie gesondheidsprobleem nie.
   e) Talle atlete strewe daarna om aan hierdie geleentheid deel te neem.
   f) Dit is 'n plek waar mense gereeld aan oefenprogramme deelneem.
   g) Hierdie sportsoort word in ysige toestande beoefen.
   h) Die standaardafstand vir hierdie wedloop is 42,2 kilometer.

2. Voltooi die sinne op 'n gepaste manier.
   a) Jy sal jou sneeubril moet opsit, anders _____.
   b) Erchana se skoene was ná die wedloop te klein omdat _____.
   c) Erchana het haar finale afstand by Guinness World Records ingedien sodat sy _____.
   d) Rotsklim is 'n uiterste sport, want _____.
   e) Die fietsryer het hard geval; dus _____.
   f) Afdraandskaats is nie 'n bekende sport nie; daarom _____.

3. Kies die korrekte voegwoord tussen hakies.
   a) Mense wat aan sport deelneem, moet baie oefen (sodat/omdat) hulle fiks bly.
   b) (Tensy/Aangesien) Gabi elke aand draf, word sy nie gou moeg nie.

c) John se pa speel gholf; (dus/mits) speel hyself ook van kleins af gholf.
d) (Wanneer/Toe) die vinnigste naelloper in die pylvak gestruikel het, het die ander atlete haar verbygesteek.

4. Vertaal die Engelse woorde tussen hakies in Afrikaans.
   a) Nadat die (*referee*) die rugbyspeler 'n (*red card*) gegee het, moes die speler die veld (*leave*).
   b) (*Mountain bikes*) het gewoonlik breë (*tyres*).
   c) Die (*sports coach*) doen baie om (*athletes*) in sy (*community*) fiks te maak.
   d) Die (*spectators*) het hul (*team*) toegejuig.
   e) Ons het die (*reporter*) se berig oor die (*test match*) gelees.

Hoofstuk 5
Wonderwerkers

In hierdie hoofstuk kyk ons na jong mense wat om die een of ander rede as 'n wonderwerker beskou kan word. Hierdie jong mense het almal iets gemeen – hulle het iets gedoen wat 'n impak op die wêreld of op hul omgewing gemaak het.

Die soort wonderwerkers wat ons gaan bespreek, het gewoonlik 'n doel of 'n projek waaroor hulle passievol is en waaraan hulle hul lewe wy. Hulle algehele toewyding lei dan daartoe dat hulle sukses bereik.

IN HIERDIE HOOFSTUK GAAN JY:

- foto's met inligting daarby lees;
- na 'n artikel luister en vrae daaroor beantwoord;
- tekste lees en begripsvrae daaroor beantwoord;
- aantekeninge en 'n opsomming maak;
- punktuasie ondersoek;
- jou woordeskat uitbrei;
- leer hoe om doeltreffende vrae te stel; en
- 'n onderhoud skryf.

> Luister

In hierdie afdeling gaan julle gesels oor jong mense wat 'n spesiale bydrae op die een of ander gebied gelewer het. Julle gaan kyk na wat die eienskappe van 'n rolmodel is. Daarna gaan julle na inligting oor drie besondere jong mense luister en vrae oor die teks beantwoord.

Aktiwiteit 1

Kyk saam met 'n maat na die foto's en die inligting daarby, en bespreek dan die vrae. Gesels net oor die vrae; moet niks neerskryf nie.

Greta Thunberg

In 2018 het die Sweedse Greta Thunberg op die ouderdom van sestien die beweging Skoolstaking vir die Klimaat begin om optrede teen klimaatsverandering te eis. Greta het elke Vrydag met 'n plakkaat buite die Sweedse parlement geprotesteer. Tieners van oor die hele wêreld het by haar aangesluit. Ten spyte daarvan dat Greta aanlyn afgeknou is weens haar voorkoms en haar diagnose van Asperger-sindroom, maak sy 'n unieke impak. Haar hoop is dat volwassenes die jeug se leiding sal volg en stappe sal doen om die planeet te red. Greta is reeds vier keer vir die Nobelvredesprys genomineer.

Greta Thunberg

Wolfgang Amadeus Mozart

Mozart (1756–1791), 'n invloedryke klassieke komponis, het van jongs af besondere talent getoon. Reeds vaardig as klawerbordspeler en violis, het hy op die ouderdom van vyf begin komponeer. Op sewentienjarige ouderdom was hy 'n hofmusikant in Salzburg, maar het rusteloos geword en na Wene gereis op soek na 'n beter posisie. In sy kort lewe het hy meer as 600 werke gekomponeer, onder andere simfonieë, konserte, kamermusiek, operas en koormusiek.

'n Portret van Mozart

Anne Frank

"O ja, ek wil nie soos die meeste mense vir niks geleef het nie. Ek wil nuttig wees of vreugde gee vir mense wat om my leef en my tog nie ken nie, ek wil voortlewe, ook ná my dood." So skryf Anne Frank in *Die Agterhuis*, een van die mees gelese boeke ter wêreld. In hierdie dagboek vertel die tienderjarige Anne Frank die boeiende verhaal van die Joodse gesin Frank wat tydens die Tweede Wêreldoorlog in Amsterdam vir die Duitse besetters moes wegkruip. Anne se dagboek het behoue gebly ná haar dood op vyftienjarige ouderdom in 'n Duitse konsentrasiekamp.

(Uit: *Die Agterhuis*, Protea Boekhuis, 2008)

Hierdie foto van Anne Frank is in 1942 geneem.

SLEUTELWOORDE

afgeknou *(bullied)* – lelik geterg en seergemaak

behoue gebly *(remained)* – bly bestaan

hofmusikant *(court musician)* – iemand wat aan 'n koninklike hof musiek maak

nuttig *(useful)* – wat iets vir ander beteken

skoolstaking *(school strike)* – weiering om skool toe te gaan

voorkoms *(appearance)* – hoe jy lyk

Hoofstuk 5: Wonderwerkers

Nkosi Johnson

Op tweejarige ouderdom is die MIV-positiewe Nkosi aangeneem. Met die ondersteuning van sy aanneemma, Gail Johnson, het Nkosi 'n aktivis vir mense met MIV/vigs geword. Op twaalfjarige ouderdom het hy opspraak gemaak toe hy die destydse president Mbeki se hantering van die vigs-pandemie in Suid-Afrika by 'n internasionale vigs-konferensie gekritiseer het. Ná Nkosi se dood op twaalfjarige ouderdom het oudpresident Mandela hom 'n "ikoon vir die stryd om te lewe" genoem.

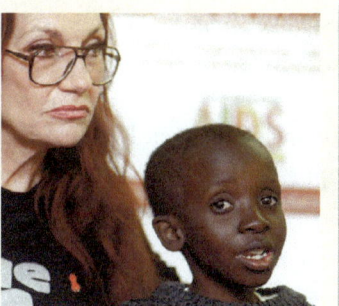

Nkosi Johnson saam met sy aanneemma, Gail

SLEUTELWOORDE

aktivis *(activist)* – iemand wat vir 'n spesifieke saak werk

byl *(axe)* – skerp werktuig *(tool)* om hout mee te kap

kloof *(split)* – sny

toestel *(device)* – stuk gereedskap

Ayla Hutchinson

Nadat die Nieu-Seelandse Ayla Hutchinson gesien het hoe haar ma seerkry terwyl sy hout kap, het sy vir 'n wetenskapprojek 'n toestel ontwerp om stompe hout makliker en veiliger op te kap. Ayla se potystertoestel gebruik 'n ingeboude byllem in 'n veiligheidshok. Die hout word in die hok geplaas terwyl jy dit met 'n hamer slaan, wat die hout in stukke kloof. Hierdie Kindling Cracker word wyd in Nieu-Seeland gebruik, en meer as 22 ton is al in die VSA verkoop. Volgens Ayla gee haar toestel vir jonk en oud die vryheid om hul eie hout te kap.

(Uit: *A Mighty Girl*, 20 Februarie 2022)

Ayla Hutchinson se Kindling Cracker

Bob Marley

Bob Marley (1945–1981) se eerste liedjies is op sewentienjarige ouderdom opgeneem. Hy was 'n Jamaikaanse sanger, liedjieskrywer, musikant en kitaarspeler wie se individuele styl reggae-musiek internasionaal gewild gemaak het. Nadat sy groep, die Wailers, in 1974 ontbind het, het Marley sy musiekloopbaan op sy eie voortgesit. Meer as 75 miljoen eksemplare van sy album *Exodus* (1977) is verkoop, wat hom een van die wêreld se top-musiekverkopers gemaak het. Marley was 'n toegewyde Rastafariër wat sy spiritualiteit in sy musiek uitgedruk het.

Bob Marley

1. Gestel dit was moontlik om een van hierdie ses mense te ontmoet, wie sou jy kies? Waarom?
2. Al hierdie mense kan as rolmodelle beskou word. Vir wie sou elkeen 'n rolmodel kon wees?

Aktiwiteit 2

Luister na die artikel oor 'n Suid-Afrikaanse seiljagvaarder wat geskiedenis gemaak het. Maak aantekeninge van belangrike punte terwyl jy luister.

1. Watter twee dinge het Kirsten se prestasie besonders gemaak?
2. Wat het Kirsten gehelp om positief te bly tydens die vaart?
3. Waarom het 'n ander seiljagvaarder hulp nodig gehad?
4. Verduidelik wat die Golden Globe-wedvaart uniek maak.
5. Wat is Kirsten se raad aan onervare seiljagvaarders?

Kirsten Neuschäfer – koningin van die see

6. Verduidelik waarom Kirsten gedurende die dag probeer slaap het.
7. Waarom sou iemand soos Kirsten in die verlede dalk nie aan so 'n wedvaart kon deelneem nie?
8. Noem een ooreenkoms tussen Kirsten en Richard Kohler se prestasies.
9. Watter positiewe eienskappe van Kirsten noem Richard?

> ## Leesbegrip

In hierdie afdeling gaan jy lees oor Malala Yousafzai, 'n Pakistanse aktivis vir kinderregte, wat in 2014 op 17-jarige ouderdom die medewenner van die Nobelvredesprys was.

SLEUTELWOORDE

deursettingsvermoë *(perseverance)* – vermoë om vol te hou

ooreenkoms *(similarity)* – wat dieselfde is

vernuf *(ingenuity)* – talent, insig

wedvaart *(yacht race)* – resies op see

Aktiwiteit 3

Lees teks 1, 2 en 3. (Die sleutelwoorde vir teks 1 verskyn op bladsy 71.)

Teks 1

'Ek voel geëerd dat ek gekies is'

LONDEN. – "Ek voel geëerd dat ek as 'n Nobelpryswenner aangewys is," het vanjaar se medewenner van die Nobelprys vir vrede, Malala Yousafzai, gister uit Birmingham in Engeland gesê.

Malala (17), wat die vredesprys met Kailash Satyarthi van Indië deel, was in 'n wetenskapklas toe sy die nuus meegedeel is.

Sy is sedert Maart 2013 'n leerder aan Edgbaston High School, 'n private skool in Birmingham.

"Ek was seker dat ek nie gewen het nie, maar toe kom een van my onderwysers skielik na die klaskamer en sê: 'Ek het iets belangriks om jou te vertel'," het Malala gesê.

"Ek was oorbluf toe sy sê: 'Geluk, jy het die Nobelprys vir vrede gewen en jy deel dit met 'n belangrike persoon wat hom ook vir kinderregte beywer'."

Malala het gesê die prys versterk haar drang om haar te beywer vir alle kinders se reg op 'n opvoeding.

Malala se veldtog vir opvoeding vir meisies in Pakistan en die feit dat sy die sluipmoordaanval op haar oorleef het, het haar een van die mees gesogte internasionale beroemdes gemaak.

Sy het reeds talle pryse en toekennings gewen vir haar veldtog vir 'n opvoeding vir meisies en teen die Taliban se bombardering van skole. Sy inspireer miljoene meisies in Pakistan wat graag 'n skoolopvoeding wil hê en hoop op verandering in 'n radikale Islamitiese gemeenskap.

"Sy is fantasties," het een van haar voormalige klasmaats in Pakistan gesê. "Ons wil almal soos sy wees. Haar moed en vertroue is 'n inspirasie," het die klasmaat, wat uit vrees vir die Taliban nie haar naam wou noem nie, bygevoeg.

Dit blyk dat Malala se veldtog vrugte begin afwerp, veral in haar tuisdorp. Amptelike statistiek dui daarop dat veel meer meisies nou skool bywoon in die Swat-vallei. Jamaluddin Khan, 'n joernalis van die Pakistanse koerant *Dawn* wat uit die gebied beriggewing doen, het gesê 140 000 meisies is vanjaar by skole hier ingeskryf, vergeleke met die 99 477 van twee jaar gelede.

"Malala, haar veldtog en die aanval op haar het beslis tot die toename bygedra," het Khan gesê.

Malala, wat ná die Taliban-aanval nie weer na Pakistan kan terugkeer nie, het die Malala-fonds gestig om plaaslike groepe te steun wat hulle vir skoolopvoeding beywer. (Lees meer oor die Malala-fonds by www.malala.org.)

Sy het gesê sy het gister telefonies met Satyarthi, die eerste Indiese wenner van die prys, gepraat en hulle beoog om saam te werk dat elke kind 'n gehalte-skoolopvoeding kan ontvang.

(Uit: *Die Burger*, 11 Oktober 2014)

Malala met haar Nobelpryssertifikaat en -medalje

Hoofstuk 5: Wonderwerkers

1. Beantwoord die vrae wat volg oor teks 1.
   a) Watter woord in paragraaf 1 wys dat Malala Yousafzai die Nobelprys saam met iemand anders gewen het?
   b) Waar was Malala toe sy die nuus gehoor het?
   c) Watter ooreenkoms is daar tussen Malala en Kailash Satyarthi?
   d) Om watter twee redes was Malala wêreldberoemd selfs voordat sy die Nobelprys gewen het?
   e) Waaruit is dit duidelik dat Malala 'n rolmodel vir ander meisies is?
   f) Waarop dui die statistiek oor meisies se skoolbywoning in Malala se tuisdorp?
   g) Noem vyf belangrike feite oor Malala se lewensverhaal wat uit die teks duidelik is. Skryf die feite chronologies neer.

Teks 2

Ban Ki-Moon, sekretaris-generaal van die Verenigde Nasies, het soos volg gereageer op die aankondiging dat Malala Yousafzai die Nobelvredesprys gewen het:

> "Malala Yousafzai is 'n dapper en sagmoedige kampvegter vir vrede wat deur die alledaagse roetine van skool toe gaan 'n universele onderwyser geword het. Sy het gesê 'n pen kan die wêreld verander – en het bewys hoe 'n enkele jong meisie die pad kan aanwys. Sy het met dapperheid en deursettingsvermoë gewys waarvoor terroriste die bangste is: 'n meisie met 'n boek."
>
> (Uit: *Die Burger*, 11 Oktober 2014)

SLEUTELWOORDE

dapper *(brave)* – sonder om bang te wees

deursettingsvermoë *(perseverance)* – vermoë om aan te hou tot jy iets bereik het

kampvegter *(fighter)* – iemand wat werk vir 'n saak wat vir hom of haar belangrik is

sagmoedige *(gentle)* – sagte, nie streng nie

2. Beantwoord die vrae wat volg oor teks 2.
   a) Skryf drie afsonderlike woorde uit Ban Ki-Moon se aanhaling neer wat na Malala se persoonlikheid verwys.
   b) Skryf die ontbrekende woord neer: 'n "Universele onderwyser" is iemand wat vir die hele _____ iets kan leer.
   c) By watter woord later in die aanhaling sluit die woord "pen" in die tweede sin aan?
   d) Skryf die ontbrekende woord neer: As Ban Ki-Moon sê terroriste is bang vir 'n meisie met "'n boek", impliseer hy terroriste is bang vir 'n meisie met 'n _____.

SLEUTELWOORDE

beywer *(work for a cause)* – werk vir 'n saak

geëerd *(honoured)* – vol waardering

gehalte-skoolopvoeding *(quality school education)* – baie goeie opvoeding by 'n skool

medewenner *(joint winner)* – iemand wat saam met iemand anders iets wen

moed *(courage)* – dapperheid

oorbluf *(astounded)* – baie verbaas

sluipmoord *(assassination)* – moord wat in die geheim beplan en uitgevoer word

toekenning *(award)* – spesiale prys vir 'n prestasie

toename *(increase)* – vermeerdering

veldtog *(campaign)* – werk en aksie

vergeleke met *(compared to)* – in vergelyking met

vrugte afwerp *(bear fruit)* – resultate toon

Teks 3

Vorige jong wenners van Nobelpryse

Onder die jongste wenners van Nobelpryse in die verlede was:

- Lawrence Bragg (25) van Australië (1915: fisika)
- Werner Heisenberg (31) van Duitsland (1932: fisika)
- Tsung-Dao Lee (31) van China (1957: fisika)
- Carl D. Anderson (31) van Amerika (1936: fisika)
- Paul A.M. Dirac (31) van Brittanje (1933: fisika)
- Frederick G. Banting (32) van Kanada (1923: geneeskunde)
- Tawakkol Karman (32) van Jemen (2011: vrede)
- Rudolf Mossbauer (32) van Duitsland (1961: fisika)
- Mairead Corrigan (32) van Noord-Ierland (1976: vrede).

(Uit: *Die Burger*, 11 Oktober 2014)

3. Beantwoord die vrae wat volg oor teks 3.
    a) Kyk na die manier waarop die name van die Nobelpryswenners in die lys gerangskik is. Waarvolgens is hulle georden?
    b) Hoeveel jonger is Malala as die vorige jongste Nobelpryswenner?
    c) Op watter ander manier, behalwe haar ouderdom, verskil Malala van die meeste mense op die lys?

> **SLEUTELWOORDE**
>
> **asteroïed** *(asteroid)* – klein hemelliggaam
>
> **ontdekker** *(discoverer)* – iemand wat iets die eerste keer vind

Aktiwiteit 4

Lees die teks en beantwoord die vrae wat volg.

NASA vernoem asteroïed na Malala Yousafzai

Die meeste 17-jarige meisies bestee hul tyd aan hul skoolwerk, hul vriende en hul planne vir die komende naweek. Maar Nobelpryswenner Malala Yousafzai, wat in 2012 deur 'n Taliban-aanvaller in die kop geskiet is, hou haar met 'n veel groter saak besig. Dié Pakistans-gebore tiener beywer haar die afgelope sewe jaar vir vroue en meisies se regte. Dit het daartoe gelei dat 'n astronoom onlangs besluit het om Malala op 'n interessante manier te vereer. Asteroïed 316201 staan nou amptelik bekend as "Malala" in NASA-verslae.

"As die ontdekker van Asteroïed 316201 het ek die reg om dit volgens die reëls van die Internasionale Astronomie-unie 'n naam te gee," het dr. Amy Mainzer, astronoom en hoof-ondersoekbeampte van die Neowise-projek (Near Earth Object Wide-field Infrared Survey Explorer) aan die Malala-fonds geskryf. "My kollega dr. Carrie Nugent het dit onder my aandag gebring dat,

Die Malala-asteroïed

alhoewel asteroïede dikwels name gegee word, baie min se name vroue se bydraes vereer." Volgens Mainzer is dit vir haar 'n "groot plesier" om die asteroïed na Malala te vernoem.

Asteroïed 316201 (ook bekend as 2010 ML48) voltooi elke 5½ jaar 'n wentelbaan om ons son.

Dit is 'n Hoofgordel-asteroïed in die ruimte tussen Mars en Jupiter. Die asteroïed, wat in Junie 2010 ontdek is, is omtrent vier kilometer breed en is 'n donker, inkagtige kleur. Hierdie inligting is verskaf deur Neowise se ruimteteleskoop, wat in 'n wentelbaan naby die aarde is. Neowise ontleed voorwerpe in wentelbane na aan die aarde om vas te stel of dit 'n moontlike gevaar vir die aarde inhou.

"Ek en Carrie het Malala se wonderlike verhaal gelees. Ons voel dat as enigiemand dit verdien om 'n asteroïed na hulle vernoem te kry, is dit Malala. Ons het 'n dringende behoefte aan die breinkrag van skrander mense om te help om die mensdom se probleme op te los. En ons kan dit nie bekostig om die helfte van die bevolking te ignoreer nie," het Mainzer bygevoeg, en sodoende Yousafzai se werk ten bate van opvoeding vir meisies ondersteun.

Die 17-jarige Malala is reeds jare lank 'n aktivis vir meisies regdeur die wêreld. Sy beywer haar vanaf 'n jong ouderdom daarvoor dat alle kinders gelyk behandel word en dat alle kinders gelyke toegang tot opvoeding het.

Die Malala-fonds ondersteun die stryd van meisies vir gelyke opvoeding in verskeie wêrelddele. "Ek weet uit eie ondervinding dat dit vir 'n meisie gevaarlik kan wees om net skool toe te wil gaan. Dit verg moed," het Malala gesê.

Omdat Mainzer Malala se werk ondersteun, is dit vir haar 'n groot eer om die geleentheid te hê om 'n asteroïed na die jongste Nobelpryswenner ooit te vernoem.

(Uit: http://www.bustle.com/articles/76043-nasa-names-asteroid-after-malala...)

1. Hoe verskil Malala van die meeste meisies van haar ouderdom?
2. Waarom het dr. Amy Mainzer die reg om Asteroïed 316201 'n naam te gee?
3. Was dit dr. Mainzer se idee om Asteroïed 316201 na Malala Yousafzai te vernoem? Verduidelik jou antwoord.
4. Dink jy Neowise doen belangrike werk? Waarom sê jy so?
5. Verduidelik dr. Mainzer se houding teenoor Malala.

SLEUTELWOORDE

ten bate van *(in aid of)* – om te help met

toegang *(access)* – die reg om iets te gebruik of te kry

vernoem *(named)* – iemand se naam aan iets of iemand gee

wentelbaan *(orbit)* – pad rondom 'n planeet

› Aantekeninge

Aktiwiteit 5

Die volgende teks is geskryf deur Melanie Verwoerd, wat vanaf 2001 tot 2005 die Suid-Afrikaanse ambassadeur in Ierland was. Sy is ook die skrywer van 'n boek oor oudpresident Nelson Mandela, *Our Madiba: Stories and Reflections from Those Who Met Nelson Mandela*.

Lees die teks en voltooi dan die aantekeninge. (Die sleutelwoorde verskyn op bladsy 75.)

'n Dag saam met Malala Yousafzai

MALALA YOUSAFZAI het in 2014 die jongste mens nóg geword wat die Nobelvredesprys ontvang het. Ek was in 2013 bevoorreg om 'n dag saam met haar in Dublin, Ierland, deur te bring toe sy 'n toekenning van Amnestie Internasionaal ontvang het.

Ek het oor die jare baie belangrike mense ontmoet. Hoewel die meeste van hulle vriendelik was en sommige selfs interessant, het slegs drie my asem weggeslaan – oudpresident Nelson Mandela, emeritus-aartsbiskop Desmond Tutu en Aung San Suu Kyi. In hul geselskap was ek bewus daarvan dat ek in die teenwoordigheid van grootsheid was. Hulle was nederig, het 'n pragtige sin vir humor gehad, en hul liefde vir mense, veral kinders, was duidelik.

Ek het lank gelede aanvaar dit is onwaarskynlik dat ek nog iemand sou ontmoet wat sou kon kers vashou by hierdie drie uitsonderlike mense.

Totdat ek Malala ontmoet het.

Malala Yousafzai het grootgeword in 'n deel van Pakistan wat onder beheer van die Taliban is. Ná hul bewindsaanvaarding is meisies verbied om skool by te woon. Malala het haar op die ouderdom van 12 jaar begin beywer vir die regte van meisies om te kan skoolgaan. Op pad skool toe een oggend in Oktober 2012 het 'n jong man die skoolbus waarin sy was, voorgekeer en in 'n poging om die dapper, uitgesproke meisie stil te maak, haar voor al haar vriende in die kop geskiet.

Wonderbaarlik het sy die aanval oorleef en sy en haar familie het na Birmingham in die Verenigde Koninkryk verhuis. Sy het rekonstruktiewe chirurgie vir die skade aan haar gesig ontvang, maar sy het nog gehoorprobleme.

Terwyl ek op haar gewag het by die lughawe, het ek vermoed ek gaan iemand spesiaals ontmoet, maar ek was nie voorbereid op die impak wat sy op my sou hê nie.

Sy was asemrowend. Van die oomblik toe sy my hand geskud het en met 'n skaam glimlag saggies gesê het: "Ek is so geëerd om u te ontmoet," het ek geweet ek was in die geselskap van grootsheid. Maar soos alle mense wat oor ware grootsheid beskik, was sy onbewus van haar impak en verskriklik nederig. Sy het almal by die lughawe bedank en, net soos met Mandela jare vantevore, het ek gesien hoe mense trane afvee nadat sy hulle gegroet het.

Melanie Verwoerd

Op pad na die byeenkoms daardie dag in Dublin oefen sy haar toespraak.

By die byeenkoms hanteer sy 'n magdom mense wat wil hand skud en 'n foto saam met haar wil hê met die grasie van iemand vier keer haar ouderdom. Soos ek dikwels met Mandela gesien het, voel elke persoon wat sy ontmoet spesiaal omdat sy hulle met soveel respek hanteer.

'n Uur later staan sy op die verhoog en moet hulle vir haar 'n trappie gee om op te staan sodat sy oor die podium kan kyk.

Met 'n gesag wat uit diepe oortuiging gebore is, herinner sy ons "dat daar miljoene kinders oor die wêreld heen is wat nie kan skool toe gaan nie".

Baie mense in die gehoor vee trane af tydens 'n lang staande applous. Daar is nie tyd vir totsiens sê nie, want ons moet terugjaag lughawe toe. Sy moet huis toe vlieg sodat sy nog haar huiswerk kan voltooi en gaan slaap voor skool die volgende oggend.

In 'n wêreld waar daar so min ware morele stemme is, waar daar so min leierskap is en waar daar so baie misverstand en groeiende haat is, is hierdie klein, jong vroutjie 'n morele kompas.

(Verwerk uit: *Die Burger*, 24 Oktober 2014)

Hoofstuk 5: Wonderwerkers

1. Jy gaan 'n praatjie oor Malala Yousafzai in die klas lewer. Maak drie kort aantekeninge onder elke opskrif waarop jy jou praatjie kan baseer. Die eerste aantekening is vir jou gemaak.

   a) Kenmerke wat mense soos oudpresident Nelson Mandela, emeritus-aartsbiskop Tutu en Aung San Suu Kyi deel:
      – nederigheid
      – ....
      – ....

   b) Feite omtrent Malala Yousafzai voordat sy en haar gesin na Engeland verhuis het:
      – ....
      – ....
      – ....

   c) Redes waarom Melanie Verwoerd beïndruk was met Malala Yousafzai:
      – ....
      – ....
      – ....

2. Gebruik die teks oor Melanie Verwoerd se dag saam met Malala Yousafzai en maak 'n opsomming van die redes waarom Malala 'n waardige ontvanger van die Nobelvredesprys is. Jy kan van jou aantekeninge hier bo in jou opsomming gebruik.

> Taal en woordeskat

Taalgereedskap

Punktuasie

Die volgende leestekens verdien aandag.

1. Die **punt** word gebruik:
   - aan die einde van sinne: Malala is die wenner van die Nobelprys.
   - by die meeste afkortings: pres. (president) en d.w.s. (dit wil sê).

2. Ons plaas 'n **komma**:
   - tussen twee werkwoorde: Toe sy die nuus hoor, was sy oorstelp.
   - voor sommige voegwoorde soos "want" en "maar": Sy is talentvol, maar baie nederig.
   - voor en ná die naam van 'n aangesprokene: "Malala, ons is trots op jou."
   - tussen twee of meer byvoeglike naamwoorde: Die klein, tenger meisie praat met 'n sterk stem.

SLEUTELWOORDE

asemrowend *(awesome)* – indrukwekkend

bevoorreg *(privileged)* – het die voorreg gehad

grootsheid *(greatness)* – besondere mense

in die teenwoordigheid van *(in the presence of)* – saam met

kon kers vashou by *(keep up with)* – so goed kon wees soos

misverstand *(misunderstanding)* – wanneer mense mekaar verkeerd verstaan

nederig *(humble)* – wat nie baie van hulself dink nie

oortuiging *(conviction)* – geloof in iets

uitgesproke *(outspoken)* – sê wat jy dink

75

> **AFRIKAANS TWEEDE TAAL: LEERDERSBOEK**

- tussen items in 'n lys: Nobelpryse word onder andere vir vrede**,** fisika**,** geneeskunde en letterkunde toegeken.
- voor en ná ekstra inligting: "Dié meisie**,** nie daardie een nie**,** het die prys gewen."

3. Die **kommapunt** word gebruik:
   - voor voegwoorde soos "dus", "daarom", "trouens" en "intussen": Haar lewe was in gevaar**;** daarom kon sy nie in Pakistan bly nie.
   - wanneer 'n voegwoord weggelaat word: Malala het die Nobelprys gewen**;** sy is 'n besondere mens.

4. Die **dubbelpunt** word gebruik:
   - by die direkte rede: Sy sê**:** "Sy is 'n baie besondere mens."
   - wanneer 'n verdere verduideliking volg: Die volgende tieners gaan die geleentheid bywoon**:** Sally, Tumi, Layla en Werner.
   - ná "soos volg", "volgende", "Let wel" en "NB": Let wel**:** Almal moet daar wees.
   - in digitale tydsaanduidings: Die geleentheid begin om 20**:**15.

5. Die **vraagteken** kom:
   - aan die einde van 'n vraag: "Weet jy wie die prys gewen het**?**"

6. Die **uitroepteken** kom:
   - ná bevele, uitroepe en wense: "Ek wens ek kan haar ontmoet**!**"

7. **Hakies** kan gebruik word:
   - voor en ná ekstra inligting: Malala **(**wat van Pakistan kom**)** woon nou in Birmingham.

8. **Aanhalingstekens** word gebruik:
   - by die direkte rede: Sy sê: **"**Dit is 'n eer om jou te ontmoet.**"**
   - wanneer woorde presies aangehaal word: Die skrywer noem Malala 'n **"**morele kompas**"**.

9. Die **aandagstreep** word gebruik:
   - voor en ná 'n belangrike verduideliking of aanvulling: Die spreker hou op met praat **–** ná 'n oomblik van stilte begin die dawerende toejuiging.

10. Die **beletselteken** (stippels) word gebruik:
    - waar 'n gedagte of aanhaling onvoltooid is: Toe wag ons **…**
    - om 'n lang pouse aan te dui: Die spreker maak klaar **…** Dawerende toejuiging volg.

Aktiwiteit 6

1. Skryf die name van die leestekens hier onder in 'n alfabetiese lys neer. Skryf dan die leesteken langs elke naam.

   uitroepteken   aandagstreep   komma   punt   vraagteken
   aanhalingstekens   dubbelpunt   kommapunt   hakies   beletselteken

2. Skryf die sinne oor met die nodige punktuasie.
   a) Volwassenes moet ons voorbeeld volg sê Greta
   b) Greta wat op sestienjarige ouderdom bekendheid verwerf het is steeds 'n klimaatsaktivis
   c) Mozart 1756–1791 was 'n invloedryke klassieke komponis
   d) Hoe oud was Mozart toe hy sy eerste simfonie gekomponeer het
   e) Anne Frank het gesê Ek wil voortlewe ook ná my dood
   f) Anne is in 1945 in 'n Duitse konsentrasiekamp dood kort voor haar sestiende verjaardag

Hoofstuk 5: Wonderwerkers

g) Die tweejarige MIV-positiewe Nkosi se ma het hom by 'n sorgsentrum gelos

h) Nkosi Johnson die seuntjie wie se gesig almal geken het het sy lewe daaraan gewy om ander te help

i) Ayla het 'n nuwe toestel ontwerp 'n toestel wat houtkap makliker maak

j) My toestel gee vir jonk en oud die vryheid om hul eie hout te kap sê Ayla

k) Natuurlik word Bob Marley as die koning van reggae beskou roep Tom uit

l) Bob Marley was 'n Jamaikaanse sanger liedjieskrywer musikant en kitaarspeler

3. In die volgende sinne is leestekens weggelaat of verkeerd gebruik. Skryf die sinne korrek oor.

   a) Toe Kirsten wen was almal verstom.
   b) Mozart het simfonieë, konserte, en kamermusiek gekomponeer.
   c) Anne het gesê, "Ek wil nie soos die meeste mense vir niks geleef het nie."
   d) Oudpresident Mandela het Nkosi 'n ikoon genoem.
   e) Die spreker sê: "Ons waardeer dit dat julle hier is".
   f) "Wie het die prys gewen"? vra Richard.
   g) Ons almal weet wie hy is, hy is 'n wêreldbekende figuur.
   h) "Wanneer kry ons, ons toetse terug?"
   i) Bob Marley is baie bekend maar nie almal hou van sy musiek nie.
   j) Die konsert begin om 13,00.

4. Hoe verskil die betekenis van die volgende sinne?

   a) "Nee!" skreeu hy.
   b) "Nee?" vra sy.
   c) "Nee …" sê sy.

5. Hoe verander die volgende sinne se betekenis as 'n komma uitgelaat word?

   a) Die minister se groot liefdes is: kook, haar kinders, haar honde en haar man.
   b) "Kom ons eet, Pappa!"

6. Werk saam met 'n maat en dink aan nog een voorbeeld van 'n sin waar punktuasie 'n lewe kan red.

7. Die volgende uittreksel uit 'n koerantberig is baie moeilik om te lees omdat daar geen hoofletters of punktuasie is nie. Herskryf dit met die nodige hoofletters en punktuasie.

PUNKTUASIE RED LEWENS!

mbombela (nelspruit) 'n tienjarige meisie het byna 20 km gedrafstap om haar engelstoets te kon skryf nadat sy haar taxi verpas het

dit het nkosimlondile malinga byna twee uur geneem om van mbombela af by die laerskool witrivier uit te kom

nkosimlondile 'n gr 5 leerder het gesê sy was só bang sy mis haar engelstoets wat sy vrydag moes skryf dat sy omtrent gestres het toe sy haar taxi verpas

normaalweg kom die taxi 0600 en dan is ek voor 0720 by my skool ek is nooit laat vir skool nie ek het begin huil want die engelstoets tel vir ons finale jaarpunt en ek probeer baie hard om hoër punte te kry het nkosimlondile gesê verlede jaar het sy 73% op haar rapport gehad en sy wil dit verbeter tot 90%

ek wil eendag 'n chirurg word het nkosimlondile gesê

(Uit: *Die Burger*, 19 Februarie 2015)

Aktiwiteit 7

1. Watter woord pas nie?
   a) huil, treur, lag, ween, snik
   b) fiets, motor, resiesmotor, vragmotor, ambulans
   c) loop, stap, hardloop, staan, draf
   d) mooi, pragtig, aaklig, wonderlik, manjifiek
   e) leeu, luiperd, renoster, walvis, buffel
   f) apteek, haarkapper, supermark, slaghuis, klerewinkel
   g) gedig, storie, verhaal, sprokie, legende
   h) praat, gesels, babbel, stilbly, klets
   i) huis, tempel, paleis, pondok, woonstel
   j) vies, kwaad, boos, woedend, tevrede

2. Gee een woord vir iemand wat:
   a) boeke skryf
   b) die hoof van 'n skool is
   c) artikels vir 'n koerant skryf
   d) 'n regsgeleerde is wat namens ander mense in die hof optree
   e) aan die hoof van 'n koerant staan
   f) 'n prys wen
   g) by 'n skool klasgee
   h) gedigte skryf
   i) opgelei is om kos voor te berei
   j) by 'n universiteit klasgee

3. Pas elke verklaring aan die regterkant by 'n term aan die linkerkant.

a)	ornitoloog	'n kenner van die sterre
b)	ouetehuis	'n plek waar oudhede uitgestal word
c)	argeoloog	'n hartspesialis
d)	museum	'n kenner van velsiektes
e)	dermatoloog	'n plek waar ou mense woon en versorg word
f)	hospitaal	'n kenner van voëls
g)	aanbiddingsplek	iemand wat nie kan lees en skryf nie
h)	astronoom	'n plek waar siek mense versorg word
i)	ongeletterde	'n kenner van oorblyfsels van vroeëre tye
j)	kardioloog	'n plek waar mense hul godsdiens beoefen

4. Gee jou eie definisie vir elkeen van die volgende. (Gebruik 'n verklarende woordeboek om jou te help.)
   a) tydskrif   b) spyskaart   c) plakkaat
   d) brosjure   e) atlas

> Skryf

In hierdie afdeling gaan jy oefen om doeltreffende vrae te stel en om 'n onderhoud te skryf.

Riglyne vir die skryf van 'n onderhoud

- In 'n onderhoud stel 'n onderhoudvoerder vrae aan iemand (die ondervraagde) met die doel om inligting te kry.
- Onderhoude word oor die radio of televisie uitgesaai en in koerante en tydskrifte en op die internet gepubliseer.
- Die onderhoudvoerder kies vrae wat relevant is en die verlangde inligting sal verskaf.
- Die ondervraagde beantwoord elke vraag so volledig moontlik.
- Aan die begin van 'n onderhoud stel die onderhoudvoerder redelik maklike vrae om die ondervraagde op sy of haar gemak te stel.
- Die eerste vraag fokus reeds die aandag op die onderwerp.
- Die vrae is relevant en word met respek gevra.
- Soos wat die onderhoud vorder, word dieper vrae gestel.
- Oop vrae gee die ondervraagde die geleentheid om uitgebreide antwoorde te gee.
- Die laaste vraag vat die onderhoud saam.

Die struktuur van 'n onderhoud

- 'n Geskrewe onderhoud begin met 'n inleidende paragraaf wat as inleiding tot die gesprek dien.
- Die name van die sprekers verskyn links teen die kantlyn.
- 'n Dubbelpunt verskyn ná die sprekers se name.
- Elke spreekbeurt begin op 'n nuwe reël.
- Daar is 'n reël oop ná elke spreekbeurt.
- Die sprekers se woorde word ingekeep.
- Geen aanhalingstekens word gebruik nie.
- 'n Interessante titel word gebruik.

Aktiwiteit 8

1. Gestel jy kon die geleentheid kry om 'n onderhoud te voer met Malala Yousafzai of een van die ander wonderwerkers van wie jy in hierdie hoofstuk gelees het. Dink aan vyf vrae wat jy aan die persoon sou wou vra.
   Onthou:
   - Besluit in watter volgorde jy die vrae wil stel – begin met makliker vrae en beweeg dan na meer ingewikkelde vrae.
   - Dink mooi hoe jy die vrae kan stel om al die inligting te kry wat jy wil hê.

> **SLEUTELWOORDE**
>
> **onderhoud** *(interview)* – gesprek om inligting van iemand te kry
>
> **onderhoudvoerder** *(interviewer)* – iemand wat vrae stel in 'n onderhoud
>
> **ondervraagde** *(interviewee)* – iemand aan wie vrae gestel word in 'n onderhoud
>
> **riglyne** *(guidelines)* – reëls en wenke
>
> **volgorde** *(order)* – orde waarin goed voorkom

'n Foto van Malala Yousafzai wat in 2023 geneem is. Sy is 'n gegradueerde van die Universiteit van Oxford en het sedertdien al twee boeke geskryf.

2. Jy gaan 'n onderhoud skryf met iemand wat eers nie baie suksesvol was nie, maar later groot sukses behaal het. Kies een van die mense in die teks hier onder en doen navorsing oor hom of haar sodat jy genoeg inligting het om 'n interessante onderhoud te skryf. As jy wil, kan jy ook iemand anders kies wat eers later in hul lewe groot sukses behaal het.

Fokus in jou onderhoud op hoe die persoon nie moed opgegee het nie en dit uiteindelik reggekry het om baie suksesvol te wees. Skryf jou onderhoud vir die skoolkoerant.

Gee veral aandag aan die volgende:

- Stel goeie vrae.
- Gebruik 'n gepaste toon en register.
- Gebruik punktuasie korrek.

SLEUTELWOORDE

afgedank *(dismissed)* – uit diens ontslaan

in die pad gesteek *(dismissed)* – ontslaan

oorspronklike *(original)* – kreatiewe

verbeeldingloos *(without imagination)* – sonder kreatiwiteit

BEROEMDE MISLUKKINGS

THE BEATLES is deur die Decca-opname-ateljee afgekeur omdat hulle gesê het: "Ons hou nie van hoe hulle klink nie – hulle het nie 'n toekoms in die musiekbedryf nie."

STEVE JOBS was platgeslaan en depressief nadat hy op 30-jarige ouderdom afgedank is uit die maatskappy wat hy begin het.

ALBERT EINSTEIN het eers begin praat toe hy amper vier jaar oud was. Sy onderwysers het gesê hy sal "nooit werklik iets beteken nie".

MICHAEL JORDAN het huis toe gegaan, hom in sy kamer toegesluit en bitterlik gehuil nadat hy sy plek in sy hoërskool se basketbalspan verloor het.

OPRAH WINFREY het haar werk as televisieprogramaanbieder verloor omdat daar gesê is sy was "nie geskik vir televisie nie".

WALT DISNEY is deur 'n koerant in die pad gesteek omdat hy "verbeeldingloos" was en "geen oorspronklike idees gehad het nie".

Hoofstuk 5: Wonderwerkers

> Hoe vorder jy?

Aktiwiteit 9

Lees die volgende berig en voer dan die opdrag uit wat daarop volg.

Dié tienjarige is vir ons almal 'n rolmodel

Die storie van Nkosimlondile Malinga, die graad 5-leerder van die Laerskool Witrivier wat 20 km moes drafstap net om 'n Engelstoets betyds te kon aflê, inspireer inderdaad.

Sy het wel gehuil, maar dit blyk dit was omdat sy bang was sy verpas die kans om die Engelstoets af te lê. Sy het gehuil oor 'n kans om haar punte te verbeter. Sy het gehuil oor die feit dat, as sy nie die toets skryf nie, dit haar toekomsdroom om 'n chirurg te word nadelig kon beïnvloed. Haar droom maak dat sy 'n verantwoordelikheidsin openbaar, en drome lei inderdaad tot uitnemendheid.

Hierdie leerder het nie tou opgegooi nie. Nog minder het sy gekies om die skuld op die taxibestuurder te pak. Sy het gewoon vasberade gedoen wat binne haar vermoë was.

Nkosimlondile se verhaal wys die kwessies waaraan skole ernstiger aandag moet gee. Skole moet 'n omgewing en kultuur van harde werk, akademiese prestasie, ontwikkeling van morele karakter en 'n respek vir kennis en vaardighede skep.

Op tienjarige ouderdom besef sy reeds die nut en belangrikheid van harde werk, van die noodsaaklikheid om goeie punte te kry, en sy weet dat sy nou reeds werk aan haar droom om 'n chirurg te wees. Sy dra nou reeds kennis van wat dit is om op te offer, want sy moet vroeg opstaan om gereed te wees vir die taxi wat haar reeds om 06:00 oplaai.

Ons as burgers kan ten tweede leer uit Nkosimlondile se voorbeeld van wat opoffering, deursettingsvermoë, fokus, vasberadenheid, toegewydheid en 'n etiek van uitnemendheid is. Dit het haar amper twee uur gekos om by die skool uit te kom, en sy het steeds kans gesien om haar toets te skryf – ten spyte van haar natgeswete lyf.

Derdens leer haar verhaal ons van selfdissipline. Sy kom nooit laat by die skool aan nie. Dit sê dat sy baie gemotiveerd en vasberade is. Vir 'n tienjarige met soveel lesse vir ons almal, is sy beslis 'n ster, 'n rolmodel, 'n inspirasie en 'n bron van hoop.

Met sulke leerders kan ons verseker wees van 'n nuwe generasie van burgers wat al vroeg in hul lewe die belangrikheid van eienskappe soos toewyding, volharding, respek vir kennis en vaardighede, asook die etiek van uitnemendheid aangeleer het. Met sulke leerders en studente sal drome, hoe groot ook al, in hul lewe as volwassenes gedy en verwesenlik word. Met sulke burgers kan die nuwe Suid-Afrika, die Afrika-vasteland en die wêreldgemeenskap net wen.

(Uit: *Die Burger*, 4 Maart 2015)

SLEUTELWOORDE

chirurg *(surgeon)* – snydokter

op te offer *(to sacrifice)* – prys te gee

toegewydheid *(commitment)* – alles gee vir 'n saak

uitnemendheid *(excellence)* – uitstekende gehalte

vasberade *(determined)* – met vaste wil

verantwoordelikheidsin *(feeling of responsibility)* – gevoel dat jy verantwoordelik is

volharding *(persistence)* – vermoë om aan te hou met iets

Maak 'n lys van die redes waarom die skrywer Nkosimlondile as 'n rolmodel beskou. Skryf elke rede in 'n volsin.

> Hoofstuk 6
Onverklaarbaar

Soms gebeur daar vreemde dinge wat ons nie kan verklaar nie. Of iets vreemds verskyn, en kan deur niemand verduidelik word nie.

Wetenskaplikes en navorsers kan dikwels ook nie antwoorde op hierdie vreemde verskynsels of gebeurtenisse gee nie. Te danke aan die mens se fassinasie met die onverklaarbare sal ons oor hierdie geheimsinnige dinge bly wonder, skryf en praat totdat daar uiteindelik 'n aanvaarbare verklaring daarvoor is.

Omdat die onverklaarbare die meeste mense so fassineer, word dit as tema vir die tekste en aktiwiteite wat volg, gebruik.

IN HIERDIE HOOFSTUK GAAN JY:

- navorsing doen en in die klas daaroor praat;
- na 'n teks luister en vrae daaroor beantwoord;
- 'n artikel lees en vrae daaroor beantwoord;
- meerkeusevrae oor vier paragrawe beantwoord;
- aantekeninge maak;
- 'n teks opsom;
- riglyne en reëls oor voornaamwoorde ondersoek, en aktiwiteite doen om die korrekte gebruik daarvan te oefen; en
- 'n artikel skryf.

Hoofstuk 6: Onverklaarbaar

> ## Luister

In hierdie afdeling gaan julle oor wêrelderfenisterreine praat, na 'n gesprek oor raaiselagtige klipbeelde luister, en die vrae wat volg, beantwoord.

Aktiwiteit 1

Mense het reeds van die vroegste tye af beelde en ander bouwerke opgerig; die oudstes uit klip. Allerhande raaisels omtrent sommige eeue oue plekke is steeds onopgelos omdat bevredigende verklarings daarvoor nog nie gegee kon word nie.

1. Kyk na die foto's hier onder en identifiseer die unieke bouwerke. Almal is Wêrelderfenisterreine – een in Noord-Afrika, een in Suider-Afrika en een in Engeland.
2. Watter organisasie verklaar plekke tot Wêrelderfenisterreine?

A

B

C

3. Soek in groepe van drie inligting oor hierdie drie terreine om in die klas daarvan te vertel. Elke groeplid kies een van die plekke om oor navorsing te doen. Maak seker dat jy kan vertel van 'n raaisel oor die plek wat jy nagevors het wat tot vandag toe nog nie verklaar kan word nie.

Aktiwiteit 2

Luister baie aandagtig na die gesprek tussen David, 'n graad 11-leerder, en 'n argeoloog, Diana de Wet. Sy vertel hom van die geheimsinnige klipbeelde op Paaseiland – een van die mees afgeleë eilande in die wêreld.

Lees die vrae op bladsy 84 voordat jy na die gesprek luister. Jy kan twee keer na die gesprek luister.

Die klipreuse van Paaseiland

AFRIKAANS TWEEDE TAAL: LEERDERSBOEK

Beantwoord hierdie vrae deur die korrekte antwoord (A, B of C) langs die vraagnommer neer te skryf.

1. Die beelde op Paaseiland is raaiselagtig omdat hulle …
   A soos snaakse mense lyk.
   B oorsprong geheimsinnig is.
   C so lank gelede gemaak is.
2. Paaseiland is …
   A meer as 1 600 kilometer van die vasteland af geleë.
   B minder as 4 000 kilometer van die vasteland af geleë.
   C meer as 1 600 kilometer van 'n ander bewoonde eiland af.
3. Daar is argeologiese bewyse dat die mense wat die beelde gemaak het, van …
   A 'n land in Suid-Amerika gekom het.
   B 'n eiland met die naam Polinesië gekom het.
   C 'n klein eilandjie daar naby gekom het.
4. Navorsers …
   A glo dat mense al ongeveer 800 jaar op Paaseiland woon.
   B het bewyse dat mense al 1 800 jaar op Paaseiland woon.
   C verskil van mening oor hoe lank Paaseiland bewoon word.
5. Hoekom is die beelde groter as wat hulle lyk?
   A Stukke van die beelde is vernietig.
   B Dele van die beelde is onder die grond.
   C Die mense het die beelde begrawe.
6. Aan watter land behoort Paaseiland?
   A Nederland
   B Suid-Amerika
   C Chili

> ### SLEUTELWOORDE
>
> **indrukwekkende** *(impressive)* – iets wat só spesiaal is dat jy dit nie vergeet nie
>
> **onverklaarbare/ raaiselagtige gebeurtenis** *(mysterious incident)* – waarvan die betekenis nie verduidelik of verklaar kan word nie
>
> **oorsprong** *(origin/ where it started)* – die punt waar iets begin
>
> **oorspronklike** *(original)* – die eerste
>
> **Paassondag** *(Easter Sunday, a religious day for Christians)* – 'n Christenfeesdag
>
> **verstom** *(amaze)* – verbaas; 'n mens te laat wonder
>
> **vreemde verskynsels** *(strange phenomena)* – eienaardige dinge wat verskyn *(appear)*

> Leesbegrip

In die wêreldgeskiedenis het skepe en skeepvaart 'n groot rol gespeel. 'n Mens kan dus verstaan dat daar baie onverklaarbare gebeurtenisse is wat met skepe te doen het.

Aktiwiteit 3

Lees die verhaal van 'n skip waarvan die verdwyning meer as honderd jaar gelede steeds onverklaarbaar is.

SS Waratah, die verlore skip

In 1909 het die *SS Waratah*, 'n indrukwekkende stoomskip, op sy tweede vaart van Sydney in Australië na Engeland vertrek. Baie van die passasiers was gesinne, insluitend baie kinders. Op 29 Julie het die skip met al 211 passasiers en bemanningslede spoorloos verdwyn op die roete tussen Durban en Kaapstad.

Hoofstuk 6: Onverklaarbaar

Die geheim van die *Waratah* se onbekende lot fassineer mense tot vandag toe. Daar is baie teorieë oor wat met die skip gebeur het.

Eers is gedink dat die skip in 'n storm beland en sonder stuur rondgedryf het. Lang, gevaarlike en uitgebreide soektogte deur verskeie skepe soos die *SS Sabine* en die *SS Wakefield* wat die seewater gefynkam het, het niks opgelewer nie. In daardie tyd het skepe nog geen radio's gehad nie.

Ander teorieë is dat 'n reuse-fratsgolf die ongeluk veroorsaak het, of dat daar dalk 'n ontploffing aan boord was. Baie mense meen dat die skip se swaartepunt op die verkeerde plek (aan die voorkant) was en dat dit die skip laat sink het.

Die *SS Waratah*

Daar was natuurlik ook die bygelowiges, soos 'n passasier wat in Durban afgeklim en vertel het dat hy drie keer 'n man met snaakse klere aan en 'n lang, bebloede swaard in sy regterhand op die boot gesien het. Die wese het glo geskree: *"Waratah! Waratah!"* Dit was volgens hom 'n voorbode van die ramp wat sou gebeur.

Familielede van passasiers het verdere soektogte befonds en selfs spiritiste se hulp is ingeroep om met gestorwe passasiers kontak te maak. Een so 'n persoon het beweer dat sy met drie passasiers gepraat het wat gesê het dat die skip binne drie minute in die see "ingeduik" het omdat dit te swaar was aan die voorkant.

'n Filmmaker, Emlyn Brown, en Clive Cussler, 'n skrywer en mariene argeoloog, het teen die einde van die twintigste eeu, ná onderwater-soektogte, gedink hulle het die "verlore skip" opgespoor, maar die teorie is verkeerd bewys. Wat hulle gesien het, was die wrak van 'n ander vaartuig wat tydens die Tweede Wêreldoorlog in die omgewing waar die *Waratah* verdwyn het, gesink het.

Miskien sal die skip tog uiteindelik gevind word. Dalk het dit in die rigting van die Suidpool gedryf om in die Antarktiese ys vasgevang te word. Niemand weet egter nie, en die verdwyning van die *Waratah* bly een van die mees tergende geheime in die geskiedenis van skeepvaart.

(Vertaal en verwerk uit verskeie bronne)

1. Hoe weet jy dat die *Waratah* nie 'n ou skip was nie?
2. Gee 'n bewys dat die volgende stelling waar is:
   Die skip het langs die kus van Suid-Afrika verdwyn.
3. Watter toestande op die see kon moontlik die ramp veroorsaak het?
4. 'n Fout met die konstruksie van die skip kon dalk die rede gewees het vir die skip se verdwyning. Verduidelik watter fout dit moontlik kon wees.
5. Hoekom was dit aan die begin van die twintigste eeu moeiliker vir 'n skip om in 'n noodgeval hulp te kry?
6. 'n Passasier wat in Durban afgeklim het, het beweer dat hy 'n voorbode van die ramp op die skip gesien het. Wat was sy storie?
7. Wat het twee mense op 'n keer laat glo dat hulle die wrak van die *Waratah* gevind het? Hoekom was hul teorie verkeerd?
8. Wat impliseer die woorde "teorie" en "teorieë" (paragraaf 1, 3 en 6) oor die skrywer se houding teenoor wat met die *Waratah* gebeur het?

AFRIKAANS TWEEDE TAAL: LEERDERSBOEK

SLEUTELWOORDE

bonatuurlike *(supernatural)* – nie van die gewone wêreld nie

bygelowiges *(superstitious people)* – mense wat aan bonatuurlike dinge glo as tekens van goeie of slegte dinge wat gaan gebeur

fratsgolf *(freak wave)* – 'n gevaarlike reusegolf wat onverwags kom

gefynkam *(searched everywhere, very thoroughly)* – op elke moontlike plek gesoek

lot *(fate)* – dinge wat gebeur waaroor jy nie beheer *(control)* het nie

mite *(myth)* – 'n storie wat nie op feite gebaseer is nie

spiritiste *(people who believe in contact with the spirits of the dead)* – persone wat glo hulle kan die geeste van gestorwe mense kontak

swaartepunt *(centre of gravity)* – die punt/plek waar die gewig van 'n voorwerp balanseer

tergende *(very challenging; difficult to solve)* – uiters moeilik om op te los

voorbode *(premonition)* – 'n voorteken wat iemand sien, hoor of voel voordat iets werklik gebeur

Aktiwiteit 4

Lees die volgende vier paragrawe oor raaiselagtige verdwynings van skepe en vliegtuie. Mense wonder al baie jare lank hieroor, maar die oorsake hiervan kon nog nooit verklaar word nie.

Skryf dan vir elkeen van die tien sinne of frases boaan bladsy 88 die korrekte letter (A, B, C of D) neer om aan te dui op watter een van die vier paragrawe jy jou antwoord baseer.

A Geheimsinnige gebied in die oseaan

Die Bermuda-driehoek is 'n gebied van meer as 1 300 000 vierkante kilometer op aarde waar 'n aantal onverklaarbare rampe gebeur het. Daar hang al jare lank 'n geheimsinnige wolk oor hierdie plek. 'n Boek oor die verdwynings het reeds in die negentiende eeu verskyn, en ongeveer 30 miljoen kopieë daarvan is verkoop – 'n bewys dat sulke onverstaanbare gebeurtenisse mense altyd baie interesseer, en hulle laat wonder oor die moontlike oorsake daarvan.

B Bonatuurlike verklarings

Hierdie gebied in die westelike deel van die Noord-Atlantiese Oseaan is die grafkelder van talle skepe en vliegtuie wat spoorloos daar verdwyn het. Sommige mense glo dat geheimsinnige, bonatuurlike dinge die verdwynings veroorsaak het. Daar is onder andere gedink dat die "verlore eiland Atlantis" veroorsaak het dat skepe in die Bermuda-driehoek gesink en vliegtuie daar neergestort het. Hierdie eiland, en die verhaal dat die see dit ingesluk het, is 'n mite.

C Wetenskaplike bevindings oor skepe wat verdwyn het

Wetenskaplikes stem nie saam met bonatuurlike verklarings vir hierdie gebeurtenisse nie en is gedurig besig om die oorsaak daarvan te probeer vind. 'n Studie wat gemaak is van die landskap onder die water in die Bermuda-driehoek, het gevind dat daar 'n baie groot kanaal is wat byna soos 'n reuserivier is. Dit veroorsaak 'n geweldige sterk seestroom wat 'n gesinkte skip waarskynlik sou kon wegvoer. Dit kan moontlik die rede wees waarom oorblyfsels van dié skepe nog nooit gevind is nie. Hierdie gedeelte van die oseaan is ook bekend vir reuse-fratsbranders wat skielik verskyn en skepe insluk. Dit gebeur baie vinnig. Die bemanning van die skepe wat verdwyn het, kon dalk nie betyds reageer of noodseine uitstuur nie, veral nie vroeër jare toe moderne tegnologie nog nie bestaan het nie. Hierdie gebeurtenisse is dus moontlik verklaarbaar. Wetenskaplikes glo dat die menslike brein self bonatuurlike redes soek en skep.

D Moontlike oorsake vir die verdwyning van vliegtuie

'n Bekende voorbeeld van vliegtuie wat geheimsinnig in die Bermuda-driehoek verdwyn het, was Eskader 19 in 1945. Hierdie vliegtuie – vyf bomwerpers van die VSA se vloot – was op 'n roetine-oefenvlug en het nooit teruggekeer nie. Die oorsaak hiervoor was aan die begin heeltemal onverklaarbaar. Ná vele ondersoeke is later tot die gevolgtrekking gekom dat die eskaderleier die vliegtuie verkeerd gelei het. Almal het gesien hulle was in 'n westelike rigting op pad en het nie ooswaarts oor die see gevlieg nie. Miskien was 'n tekort aan brandstof ook die oorsaak vir die verdwyning van die vliegtuie, en het die bonatuurlike glad nie 'n rol gespeel nie. Tog kan die verdwynings in die Bermuda-driehoek nie heeltemal oortuigend verklaar word nie, en probeer navorsers steeds om die oorsake daarvan met sekerheid vas te stel.

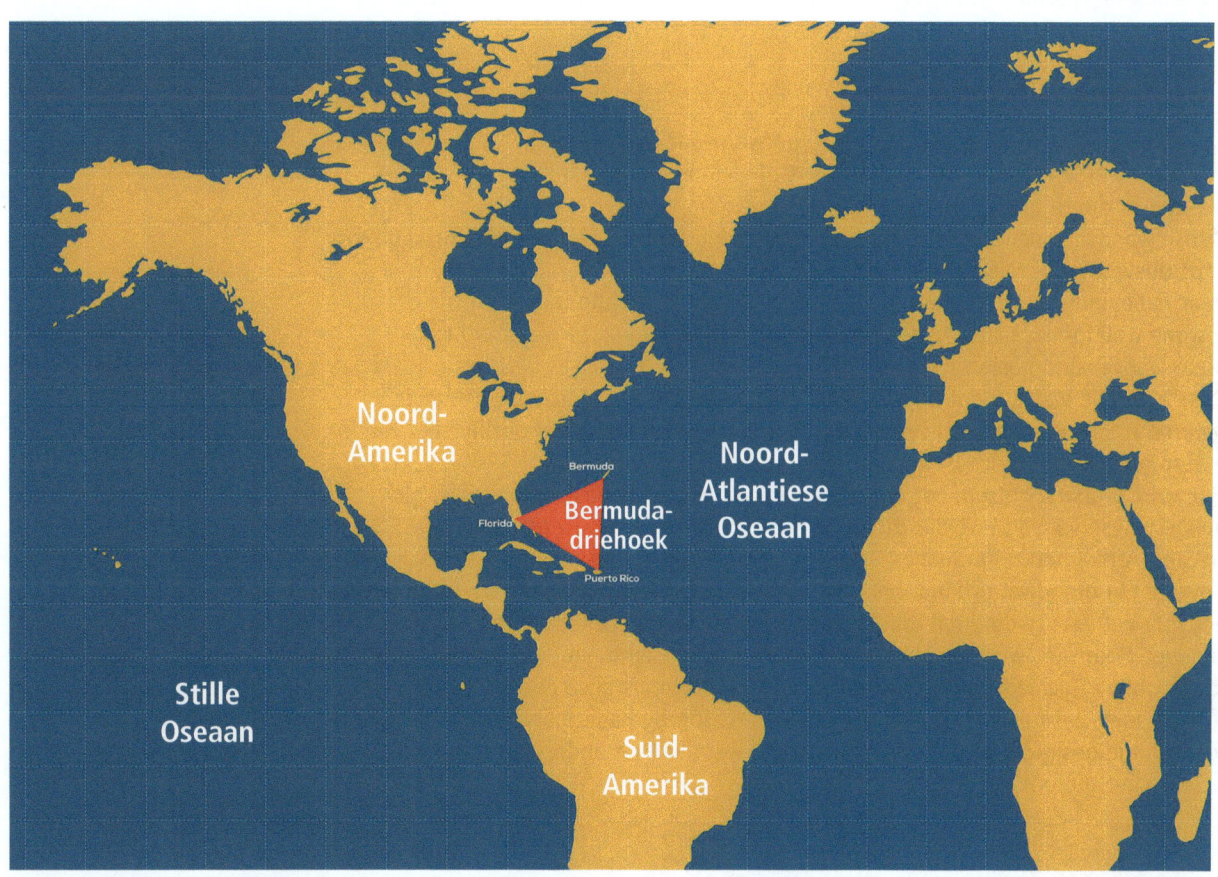

1. Skeepsbemannings het lank gelede nie die tegnologie gehad om doeltreffende noodseine uit te stuur nie.
2. Miljoene mense stel baie belang in geheimsinnige gebeurtenisse en geniet dit om daaroor te lees.
3. Sterk seestrome kon dalk veroorsaak het dat skepe verdwyn.
4. Vyf vliegtuie het in die vorige eeu almal saam spoorloos verdwyn.
5. Eienskappe van fratsbranders.
6. 'n Mitologiese eiland wat raaiselagtige ongelukke veroorsaak het.
7. Die rede waarom sommige mense bonatuurlike oorsake soek vir gebeurtenisse.
8. 'n Menslike fout wat moontlik die oorsaak van die oorlogsvliegtuie se verdwyning was.
9. Die paragraaf waarin die skrywer een besonder beskrywende woord gebruik om die plek waar vliegtuie en skepe onder die water lê, te beskryf.
10. Die paragraaf waarin genoem word dat 'n sterk seestroom moontlik gesinkte skepe weggevoer het.

Aantekeninge

Aktiwiteit 5

Lees die teks oor vreemde vlieënde voorwerpe en beantwoord dan die vrae daaroor.

Vreemde vlieënde voorwerpe (VVV's)

Die afkorting VVV verwys basies na enige voorwerp wat iemand in die lug gesien het en nie kon identifiseer nie. Die heelal is eindeloos en die aarde is net 'n klein spikkeltjie in die ruimte.

Mense wonder al eeue lank of daar lewe op ander planete bestaan. Wetenskaplikes kon tot dusver nie bewys dat dit so is nie.

Daar is bevind dat die meeste VVV's in werklikheid weerballonne, vliegtuie of ongewone wolkformasies is. Maar soms kan selfs die weermag of weerburo nie verklaar wat iemand gesien het nie.

Daar is mense wat glo dat ruimtewesens die aarde besoek en dat die vreemde voorwerpe ruimtevaartuie van verre planete is. Daar is byvoorbeeld oorblyfsels van 'n voorwerp naby die dorp Roswell in die VSA gevind.

Hoewel navorsing getoon het dat dit waarskynlik 'n spioenasieballon was, glo sommige mense vandag nog dat dit 'n ruimteskip met ruimtewesens daarin was.

In Suid-Afrika het 'n Karooboer, Danie van Graan, op 'n dag na sy skape gaan kyk. Toe hy teen 'n grondwal uitklim, het hy skielik 'n vreemde blink voorwerp in die veld gesien. Hy het eers gedink dat dit die woonwa van die prospekteerders op soek na uraan was. Maar die "woonwa" het 'n sisgeluid gemaak, en hy het vier maer wesens in die "woonwa" gesien. Van Graan het aan *UFO Encounters* gesê dat die wesens skuins oë, lang gesigte en skerp kenne gehad het. Toe hy nader gaan, het 'n skerp lig hom in die gesig getref, en skielik was alles weg. 'n Paar ander mense in die omgewing het glo ook die VVV gesien of gehoor.

SLEUTELWOORDE

bemanning *(crew)* – die mense wat op 'n skip (of vliegtuig) werk

heelal *(universe)* – die aarde en die lugruim met al die hemelliggame

ruimte *(space)* – die lugruim buite die aarde se atmosfeer

ruimtewesens *(extra-terrestrial beings)* – lewende wesens wat nie van die aarde is nie, maar van 'n ander hemelliggaam kom

Hoofstuk 6: Onverklaarbaar

Die Amerikaanse ruimte-agentskap, NASA, het op 4 Februarie 2008 die Beatles se liedjie "Across the universe" met 'n radioboodskap die ruimte in gestuur. Hulle hoop dat ruimtewesens dit sal hoor.

Die beroemde fisikus Stephen Hawking het geglo dat ruimtewesens wel bestaan. Hy het egter gemeen dat aardbewoners baie versigtig moet wees om met sulke wesens kontak te maak omdat hulle gevaarlik kan wees.

(Saamgestel uit: *Onverklaarbaar*, Jaco Jacobs, LAPA Uitgewers, 2013)

SLEUTELWOORDE

spikkeltjie *(speck)* – baie klein kolletjie

voorwerp *(object)* – 'n ding (iets wat nie lewendig is nie)

weermag *(defence force)* – 'n land se soldate

woonwa *(caravan)* – 'n wa op wiele wat deur 'n voertuig gesleep word en waarin 'n mens kan slaap/woon

1. Voltooi die aantekeninge oor die teks. Die eerste een is vir jou gedoen.
   a) Definisie van 'n VVV:
      Enige voorwerp wat mense in die lug sien wat nie geïdentifiseer kan word nie.
   b) Redes waarom mense wonder of daar lewende wesens op ander planete is:
      ....
      ....
   c) Verklaarbare voorwerpe wat mense soms vir VVV's aansien: ....
      ....
      ....
   d) Plekke waar VVV's moontlik gesien is, asook wat daar gesien is: ....
      ....
      ....
      ....
   e) NASA se ruimteboodskap: ....
      ....
      ....
   f) Stephen Hawking se mening en waarskuwing: ....
      ....
      ....

2. Skryf 'n opsomming oor vreemde vlieënde voorwerpe. Jy kan die aantekeninge wat jy vir vraag 1 gemaak het, hiervoor gebruik. Probeer egter om sover moontlik jou eie woorde te gebruik.

Taal en woordeskat

Taalgereedskap

Voornaamwoorde

Daar is verskillende soorte voornaamwoorde. Die soort voornaamwoord (vnw.) word bepaal deur die gebruik daarvan in die sin.

Persoonlike voornaamwoorde

- **Persoonlike voornaamwoorde** word in die plek van 'n eienaam of soortnaam gebruik sodat die eienaam of soortnaam nie onnodig en hinderlik in sinne herhaal word nie.

  – Marc (**eienaam**) het vir Lizette (**eienaam**) gevra of Lizette (**eienaam**) saam met Marc (**eienaam**) na 'n praatjie oor VVV's wil gaan luister.

  Marc het vir Lizette gevra of sy (**voornaamwoord**) saam met hom (**voornaamwoord**) na 'n praatjie oor VVV's wil gaan luister.

  – Die vrou (**soortnaam**) het die motor (**soortnaam**) laat was voordat die vrou (**soortnaam**) die motor (**soortnaam**) na die motorhandelaar geneem het.

  Die vrou het die motor laat was voordat sy (**voornaamwoord**) dit (**voornaamwoord**) na die motorhandelaar geneem het.

- Persoonlike voornaamwoorde kan die **onderwerp** (*subject*) of **voorwerp** (*object*) in 'n sin wees.

- Die onderwerp- en voorwerpvorm van die volgende voornaamwoorde verskil:

  – Ek (**onderwerp**) is senuweeagtig; dus help John my (**voorwerp**).

  – Jy (**onderwerp**) moet dit eers bewys voordat iemand jou (**voorwerp**) sal glo.

  – Hy (**onderwerp**) is in die huis. Ons het hom (**voorwerp**) gesien.

  – Sy (**onderwerp**) is in die huis. Ons het haar (**voorwerp**) gesien.

- Die **onderwerpvorm** en **voorwerpvorm** van die volgende voornaamwoorde verskil nie:

  – Julle is in die huis. Ons het julle gesien.

  – Hulle is in die huis. Ons het hulle gesien.

  – U (**formele vorm van "jy" en "julle"**) is in die huis. Ons het u (**formele vorm van "jou" en "julle"**) gesien.

- **Onthou:** Die voornaamwoord **u** word gebruik vir vreemdelinge en mense in hoë posisies wat jy nie op hulle naam noem nie. Dit kan in die enkelvoud of meervoud gebruik word.

- Vir **lewelose voorwerpe** kan ons ook die manlike voornaamwoord hom as 'n voorwerp gebruik:

  – Mense glo die spookmotor ry regtig daar, want hulle het hom (of dit) gesien.

  – Waar is die skip? Hy (of Dit) vaar baie vinnig.

  – Ek soek my selfoon. Hy (of Dit) was in my sak.

SLEUTELWOORDE

persoonlike voornaamwoord
(personal pronoun)

voornaamwoord
(pronoun)

- Ek self (*I myself*) het dit gehoor (nie "Ek myself" nie).
- Saam met 'n mens (*one*) gebruik ons die woorde jy en jou:
  - 'n Mens moet jou nie laat bang praat nie.
  - 'n Mens moenie alles glo wat jy hoor nie.

Aktiwiteit 6

1. Skryf die vyf paragrawe oor en vervang die eiename en soortname tussen hakies met die korrekte persoonlike voornaamwoorde.

   a) 'n Ou vrou het die storie van die aapmens vir Phindile en Sharon vertel. (Die storie) was so interessant dat (Phindile en Sharon) die storie vir Simon vertel het. (Simon) het weer vir Anna vertel, en (Anna) het (die storie) vir my en Latiefa vertel. (Ek en Latiefa) was geïnteresseerd daarin.

   b) "Tess, weet (Tess) dat party mense glo dat daar 'n monster in die Loch Ness-meer in Skotland is? (Die monster) is deur 'n aantal mense gesien. (Die mense) sweer daar is 'n monster. (Jy en jou klasmaats) moet julle onderwyser vra om die video vir die graad 11-klas ook te wys."

   c) "Mevrou Paulse, kan ek asseblief 'n woordeboek leen? Die woordeboek wat ek gebruik, is in Jane se sak, en (Jane) is nie nou hier nie. Ek kan (Jane) dus nie vra om vir (ek) die woordeboek te leen nie."

   d) "Goeiemôre, Nkosi en Waldo. Ek is bly (Nkosi en Waldo) stel belang in die praatjie oor onverklaarbare verskynsels. Daniël en sy neef het snaakse foto's geneem wat (Daniël en sy neef) môre gaan bring. Daniël het vir (Daniël) 'n nuwe kamera gekoop en (Daniël) het foto's van spoke geneem."

   e) 'n Mens kan nie altyd alles glo wat ('n mens) lees nie.

Besitlike voornaamwoorde

- Besitlike voornaamwoorde doen presies wat hul naam sê – hulle dui aan wie die besitter is:
  - Die bak is myne, joue/joune, hare/syne, u s'n (een persoon/dier/ding se besitting).
  - Die bak is ons s'n/julle s'n/hulle s'n/u s'n (meer as een se besitting).
- Let veral op na die **manlike** en **vroulike** vorme wat soms verwar word:
  - Abe is 'n **man**. Hy is sterk. Dit is Abe se motor. Dit is sy motor. Die motor is syne. Dit is Abe s'n.
  - Monica is 'n **vrou**. Sy is jonk. Dit is Monica se handsak. Dis haar handsak. Die handsak is hare. Dit is Monica s'n.

> **SLEUTELWOORD**
>
> besitlike voornaamwoord (*possessive pronoun*)

– Maxie is 'n **kat**. Hy/Sy is 'n Persiese kat. Dit is Maxie se kosbak. Dit is syne/hare. Dit is Maxie s'n.

2. Voltooi die volgende sinne met gepaste besitlike voornaamwoorde.

   a) Liza sê dit is _____ eie werk, maar ek weet dit is nie _____ nie.

   b) Johnny het alles voor _____ oë sien gebeur en hy sê al die goed is _____, want dit behoort aan hom en _____ naam is daarop geskryf.

   c) Julle moet _____ eie padkos saambring vir die uitstappie na die grotte, want die ander leerders sê niemand gaan van _____ eetgoed kry nie.

   d) Meneer De Wet, is dit _____ eie kamera met foto's van die ruimtetuig?

   e) Dit is _____, want ons het die ding saam gekoop om saam te gebruik.

   f) Die selfoon is _____. Dit behoort aan my.

   g) Is hierdie rekenaar _____, Ronald? Het jy dit by _____ ma gekry?

3. Gee die Afrikaans vir die Engelse voornaamwoorde tussen hakies.

   a) (*Fathima's*) vriendin het vir (*her*) oom gevra of (*she*) (*his*) boek oor die onverklaarbare gebeurtenisse kon leen.

   b) Steve en Sandra, (*your*) kos is op die tafel, maar (*yours*) is in die yskas, Nadia.

   c) Tom, luister na (*your*) kinders wanneer (*they*) (*you*) van die monster vertel.

   d) Dit is nie (*mine*) nie; dit is (*his*). Ons weet almal dit is nie (*hers*) nie.

   e) (*One*) moenie (*one's*) goed op verlate plekke los wat (*one*) glad nie ken nie.

   f) (*His*) foto bewys dat daar 'n soort aapmens is wat die Jeti genoem word.

   g) (*I myself*) het met die mense gepraat. Ek weet dit is (*theirs*). (*Ours*) is by die huis by al (*our*) ander goed.

   h) (*My mother and I*) weet dit is nie waar nie, en ons glo (*them*) nie.

   i) Daardie (*school's*) leerders het nie almal (*their*) boeke by hulle gehad nie.

   j) Die (*teacher's*) motor het voor 'n spookhuis gestaan.

Vraende voornaamwoorde

- Vraende voornaamwoorde word aan die begin van sommige vrae gebruik.
- Die antwoord op die vraende voornaamwoord moet 'n selfstandige naamwoord of 'n ander voornaamwoord wees.

   – Wie het die VVV gesien?

   – Wie se fiets is dit?

   – Wie s'n is dit?

   – Op wie is Gary verlief?

   – Wat hoor jy?

   – Watter man lees die artikel oor unieke bouwerke?

4. Vul gepaste vraende voornaamwoorde in.

   a) _____ seevaarder het eerste op Paaseiland geland?

> **SLEUTELWOORD**
>
> vraende voornaamwoord
> (*interrogative pronoun*)

b) _____ sal julle alles by Stonehenge sien?
c) _____ is die man wat sê daar is lewende wesens in die ruimte?
d) _____ snaakse lig het in die lug gehang?
e) _____ ouma het altyd vir julle die stories van die waterslang vertel?

Betreklike voornaamwoorde

- Betreklike voornaamwoorde verwys na iemand of iets wat vroeër in die sin genoem word (mens, dier of ding, of 'n ander voornaamwoord).
- Ons gebruik die betreklike voornaamwoord (vnw.) wat vir mense, diere, plante en lewelose voorwerpe (dinge).
- Vir mense gebruik ons wie + 'n voorsetsel soos op, met, in, aan of van om die betreklike voornaamwoord te vorm.
- Vir diere, plante en lewelose dinge gebruik ons woorde soos waarop, waarmee, waarin, waaraan of waarvan as betreklike voornaamwoord.
- Kyk na die onderstaande sinne wat hierdie taalgebruik wys:
    - Die draak wat in die berge woon, kom gereeld see toe. (dier)
    - Die seun wat van die draak gedroom het, is nou snags bang. (mens)
    - Daar is nou altyd 'n lamp wat snags in sy kamer brand. (lewelose ding)
    - Die meisie van wie hy hou, is aangetrek soos 'n ruimtewese. (mens)
    - Die beelde waarvan sy praat, was by Groot-Zimbabwe. (ding)
    - Die mense oor wie sy praat, ken die storie van die waterslang. (mens)
    - Die onderwerp waaroor sy navorsing doen, is meerminne. (ding)
    - Die kind met wie Jimmy gesels, sê hy sien kabouters in die bos. (mens)
    - Die bal waarmee julle speel, glim in die donker. (ding)
    - Die vrou aan wie ek die e-pos stuur, is vriendelik. (mens)
    - Die handvatsel waaraan ek vashou, is sterk. (ding)
    - Die ruimtetuig waarin die wesens ry, is silwerkleurig en die vensters waardeur hulle kyk, is klein en rond. (dinge)
    - Die man op wie Shireen verlief is, is 'n towenaar. (mens)
    - Die perd waarop Jacob ry, is in 'n ruimtefilm gebruik. (dier)
- Betreklike voornaamwoorde word dikwels gebruik om sinne te verbind:
    - Donna is 'n meisie. Donna stel belang in vreemde verskynsels.
      Donna is 'n meisie wat in vreemde verskynsels belangstel.
    - Dit is 'n gebou. In die gebou gebeur onverklaarbare dinge.
      Dit is 'n gebou waarin onverklaarbare dinge gebeur.
    - Clive is 'n persoon. 'n Mens kan baie by hom leer.
      Clive is 'n persoon by wie 'n mens baie kan leer.

> **SLEUTELWOORDE**
>
> **betreklike voornaamwoord** *(relative pronoun)*
>
> **lewelose voorwerpe** *(lifelesss objects)* – dinge wat nie lewe nie

– Dit is 'n kamera. Hy neem goeie foto's met die kamera.
   Dit is 'n kamera waarmee hy goeie foto's neem.

5. Kies die korrekte betreklike voornaamwoord tussen hakies.
   a) Die vliegtuig (wat/wie) spoorloos verdwyn het, is nooit gevind nie.
   b) Almal (wat/wie) aan die soektog deelgeneem het, vind dit onverklaarbaar.
   c) Nocawe, (aan wie/waaraan) ek die brief geskryf het, het my geantwoord.
   d) Die gebeurtenis (oor wie/waaroor) almal praat, is baie vreemd.
   e) Christine, (waarop/op wie) ek vertrou, sal my help om die geheim op te los.
   f) Die meer (in wie/waarin) die monster dalk is, is in Skotland.
   g) Charles, (wie/wat) 'n argeoloog is, was al op Paaseiland.
   h) Die vrou (waarmee/met wie) Denzil getrou het, sê sy praat met geeste.
   i) Die skip (van wie/waarvan) daar 'n foto is, is die *Waratah*.

6. Verbind die volgende sinne met betreklike voornaamwoorde. (Kyk weer op bladsy 93 as jy sukkel.)
   a) Zelda is 'n navorser. Sy doen navorsing oor bonatuurlike verskynsels.
   b) Dit is die snaakse gebeurtenis. Ons het van die gebeurtenis gehoor.
   c) Tandor is 'n spookperd. Die vreemde wese ry snags op die perd.
   d) Hier is die Groot Piramide. Die boek gaan oor die Groot Piramide.
   e) Nathi is die leerder. Ek het met hom gepraat oor VVV's.
   f) Dit is die pad. Die spookmeisie het in die pad gestaan.

Wederkerende voornaamwoorde

- In sinne waar die onderwerp en die voorwerp van die sin dieselfde persoon is, maar die voorwerp ook 'n ander persoon kan wees, gebruik ons die woord "self" vir duidelikheid *(clarity)*.
   – Die klein kindjie kan homself al was. ('n Mens kan ook iemand anders was.)

- In sinne waar die onderwerp en die voorwerp van die sin altyd dieselfde persoon is:
   – Ek skaam my (nie "myself" nie). Jy verbeel jou. Sy vererg haar. ('n Mens kan nie iemand anders skaam, verbeel of vererg nie; dus is die woord "self" onnodig.)

7. In hierdie sinne is die voornaamwoorde verkeerd gebruik. Herskryf die sinne en verbeter die foute. Onderstreep elke verbetering.
   a) David, wie eerste hier was, het die spore in die sand gesien.
   b) Aan wat het jy geraak toe jy jou hand gebrand het?
   c) Die meisie waarop Thabo verlief is, sê daar is meerminne in die see.
   d) Ek vererg myself altyd as mense sulke ongelooflike stories glo.
   e) Die mes met wat hy sny, is stomp.
   f) Die seun waarvan jy my vertel het, het iets gesien wie soos 'n draak lyk.
   g) 'n Mens moet hom nie ontstel as hy weet dit kan nie waar wees nie.

Hoofstuk 6: Onverklaarbaar

> Skryf

'n Artikel verskil van ander soorte skryfstukke en het sy eie kenmerke soos styl, toon en vorm wat afhang van die onderwerp, die teikenlesers, die skrywer se eie siening en die publikasie waarin die artikel sal verskyn.

Riglyne vir die skryf van artikels

Die skryfstukke in koerante en tydskrifte bestaan hoofsaaklik uit artikels oor allerhande onderwerpe.

- Die **titel** van die artikel moet 'n aanduiding gee van waaroor dit gaan om belangstelling by die leser te wek.
- 'n Artikel moet met 'n interessante **inleiding** begin om die leser te motiveer om verder te lees. Dit moet verkieslik kort wees en die onderwerp bekendstel.
- Die **styl** (manier waarop geskryf word) en **toon** (ernstig, humoristies, ensovoorts) van 'n artikel word deur die onderwerp bepaal.
- Gewoonlik word **inligting** in 'n artikel gegee. Die inligting moet **interessant** wees om die artikel te laat slaag.
- Artikels wat oor 'n plek gaan, bevat **beskrywende dele**.
- Korrekte **taal**, **spelling** en **leestekens** moet gebruik word.
- Die artikel moet met 'n **slotparagraaf** afgesluit word wat by die inleiding aansluit of die hoofgedagte van die artikel in een kernsin saamvat.

Hier volg 'n artikel oor 'n legendariese verlore eiland. Lees dit en let op na die manier waarop die inligting verskaf word. (Die sleutelwoorde verskyn op bladsy 97.)

> **SLEUTELWOORDE**
>
> **aanduiding**
> *(indication)* – wat vir jou iets wys *(which points out something)*
>
> **inleiding**
> *(introduction)* – die beginreëls van 'n teks

'n Grafiese kunstenaar se voorstelling van die verlore eiland Atlantis

Die geheimsinnige eiland Atlantis

Die Griekse geleerde Plato het eeue gelede geskryf oor 'n eiland met die naam Atlantis wat ongeveer 9600 v.C. in die see verdwyn het. Deesdae glo die meeste kenners dat dit nooit bestaan het nie. Tog is daar mense wat glo dat daar regtig so 'n plek was en dat dit moontlik êrens in die Atlantiese Oseaan geleë was.

> Francis Bacon en Isaac Newton het deur die eeue heen probeer vasstel of Atlantis regtig bestaan het, maar vandag meen die meeste wetenskaplikes dat Plato slegs 'n storie geskryf het en dat daar nooit so 'n plek was nie.

Volgens Plato was dit 'n groot eiland wat aan die seegod Poseidon behoort het. Die eilandbewoners het glo 'n magtige vloot gehad en groot dele van Europa en Asië verower. Plato sê ook die eiland was wes van die hedendaagse Straat van Gibraltar, die seestraat tussen Spanje en Marokko, geleë.

Atlantis was 'n gevorderde beskawing met goeie ingenieurs en bouers. In die middel van die eiland was 'n kasteel wat Poseidon vir sy vrou laat bou het, en rondom die kasteel was die grond in vyf reusesirkels gerangskik wat deur water geskei en met kanale verbind was.

Plato het ook geskryf dat daar warm of koue water uit die fonteine van die stad kon kom en dat die geboue met edelstene bedek was.

Atlantis het egter "binne 'n enkele dag en nag" in die see verdwyn. Bekende wetenskaplikes, soos Francis Bacon en Isaac Newton, het oor die eeue heen probeer vasstel of Atlantis regtig bestaan het, maar vandag meen die meeste wetenskaplikes dat daar nooit so 'n plek was nie en dat Plato moontlik slegs 'n storie geskryf het.

Plato

Deesdae bestaan daar fantastiese verhale oor die verlore eiland Atlantis. *Man from Atlantis* was 'n TV-reeks oor 'n supersterk man wat onder water kan asemhaal – die laaste oorlewende van Atlantis. In die animasiefliek *Atlantis: The Lost Empire* soek 'n span navorsers na die verlore stad, en in Jules Verne se klassieke boek *Twenty Thousand Leagues under the Sea* gebruik kaptein Nemo sy duikboot, *Nautilus*, om die verlore eiland te besoek.

Jules Verne

In 2011 het 'n groep navorsers onder leiding van professor Richard Freund verklaar dat die oorblyfsels van 'n stad wat hulle gevind het, moontlik Atlantis is. Ander navorsers het egter gesê dit kan nie wees nie en dat dié vonds iets anders was. Selfs in die een-en-twintigste eeu wonder mense steeds oor Plato se geheimsinnige Atlantis.

(Verwerk uit: *Onverklaarbaar*, Jaco Jacobs, LAPA Uitgewers, 2013)

Francis Bacon

Isaac Newton

Hoofstuk 6: Onverklaarbaar

SLEUTELWOORDE

draak *(dragon)* – denkbeeldige dier wat in stories voorkom, gewoonlik vlerke het en vuur kan spoeg

feetjie *(fairy)* – klein denkbeeldige wesentjie in kinderverhale, met vlerkies en bonatuurlike gawes (meervoud: feë)

kabouter *(goblin/imaginary dwarflike creature in stories)* – baie klein denkbeeldige mannetjie in kinderverhale

kenners *(experts)* – mense wat 'n onderwerp baie goed ken

magtige *(powerful)* – wat mag het

oorlewende *(survivor)* – wat bly leef

slot *(ending)* – einde

vloot *(fleet)* – aantal skepe wat saam vaar

vonds *(finding; discovery)* – iets wat gevind is; ontdekking

Aktiwiteit 7

1. Bestudeer die artikel op bladsy 96 en sê of die volgende stellings waar of onwaar is. Gee by elke antwoord 'n kort rede waarom jy so sê.
    a) Die titel sê vir die leser waaroor die artikel gaan.
    b) Daar word nie inligting oor 'n spesifieke plek gegee nie.
    c) Die onderwerp word in die inleiding bekendgestel.
    d) Die inleiding en slot sluit by mekaar aan.
    e) Daar is geen beskrywing van hoe Atlantis gelyk het nie.
    f) Die inligting oor Atlantis is interessant.
    g) Die inhoud van die artikel bestaan uit paragrawe wat logies op mekaar volg.

2. Kies een van die volgende onderwerpe en skryf 'n artikel vir 'n bekende tydskrif.
    a) Jy het 'n vreemde ondervinding gehad wat nie verklaar kan word nie. Vertel wat gebeur het. Kies 'n gepaste titel wat aandui waaroor dit gaan.
    b) Skryf 'n artikel oor 'n onopgeloste geheim. Kies 'n gepaste titel.
    c) Skryf 'n artikel oor een van die volgende:
        - spoke
        - monsters
        - feë en kabouters
        - drake
        - meerminne

Hoe vorder jy?

Aktiwiteit 8

1. Kopieer die blokkiesraaisel en vul dit in om jou woordeskat te toets. Al die woorde verskyn in hierdie hoofstuk.

Leidrade	
Dwars	**Af**
1 Die punt waar iets begin	2 'n Baie klein kolletjie
4 Wetenskaplike met spesiale kennis van fisika	3 Iets wat nie verstaan kan word nie
5 Heeltemal wegraak	4 'n Plek baie deeglik deursoek
7 Vaartuig wat onder water beweeg	6 Iets wat ontdek of gevind is
8 Al die mense wat op 'n skip werk	

2. Skryf die voornaamwoorde neer wat in die volgende paragrawe uitgelaat is.

   Draca is 'n draak a) _____ 'n karakter in 'n kinderfliek is. Eendag het b) _____ 'n ander draak, Bono, ontmoet en Draca en c) _____ nuwe vriend het saam deur die land gereis. Maar al die kinders met d) _____ hulle wou vriende maak, was bang vir drake. Daar was egter 'n klein meisietjie e) _____ van f) _____ gehou het.

3. Gee die Afrikaanse voornaamwoorde vir die Engelse woorde tussen hakies.

John en Janet sê die boeke oor vreemde verskynsels is nie a) (*theirs*) nie. Dit is b) (*their father's*), en die video c) (*which*) d) (*they*) het, behoort aan Mandla. Die boek e) (*in which*) hy geskryf het, is ook f) (*his*). Jack en Peter, g) (*you*) moet h) (*you*) boeke gaan soek. Meneer Abrahams, kan i) (*you*) die twee seuns asseblief help j) (*with it*)? k) (*They*) moet leer dat l) (*one*) m) (*one's*) besittings goed moet oppas.

4. Verbind die sinne met betreklike voornaamwoorde.

a) Die vliegtuig het verdwyn. Ons praat oor die vliegtuig.

b) Tina is die vrou. Ons het met die vrou oor meerminne gepraat.

Hoofstuk 7
Ons gee om

Die pragtige omgewing waarin ons lewe, word deur mense en hul aktiwiteite bedreig. Hulpbronne word dikwels misbruik in plaas daarvan om dit te beskerm. Om seker te maak dat die omgewing vir die nageslag behoue bly, moet ons elkeen meer bewus word van die probleme en ernstige behoeftes in ons omgewing, dit met respek ondersoek en dit verbeter.

Omdat ons die geslag is wat nou en in die onmiddellike toekoms na die omgewing met sy kosbare diere- en planteryk moet omsien, fokus ons in hierdie hoofstuk op probleme in die omgewing en op mense wat hulle lewe daaraan wy om die wêreld 'n beter plek te maak.

IN HIERDIE HOOFSTUK GAAN JY:

- in groepe standpunt inneem en redes vir jou standpunt verduidelik;
- vrae oor 'n reeks seëls beantwoord;
- na 'n teks luister en vrae daaroor beantwoord;
- visuele en geskrewe tekste lees en begripsvrae daaroor beantwoord;
- aantekeninge en 'n opsomming maak;
- die selfstandige naamwoord ondersoek;
- jou woordeskat uitbrei; en
- 'n koerantberig skryf.

Hoofstuk 7: Ons gee om

> Luister

In hierdie afdeling gaan julle jul mening gee en redes bespreek waarom julle ten gunste van of teen 'n stelling is. Julle gaan ondersoek waarom 'n sekere groep diere op 'n reeks seëls verskyn. Daarna gaan julle na 'n teks luister en vrae daaroor beantwoord.

Aktiwiteit 1

Kyk na die volgende stelling en voer dan die opdrag uit.

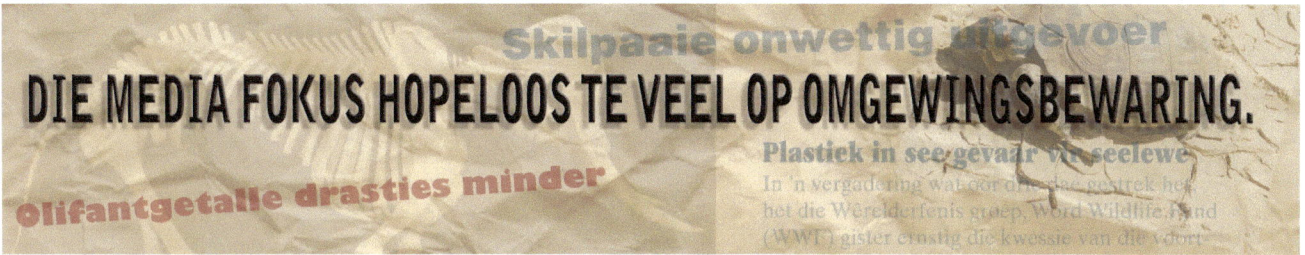

Verdeel in groepe van vier tot ses leerders. Die een helfte van die groepe moet aan redes dink waarom die stelling hier bo waar is; die ander helfte van die groepe moet redes gee waarom die stelling nie waar is nie. (Dit maak nie saak wat jul eie mening oor die stelling is nie.) Elke groep moet hul redes goed motiveer.

Daarna kies elke groep iemand wat terugvoering aan die klas gaan gee. Hierdie woordvoerder moet die groep se redes duidelik en logies oordra.

Nadat al die groepe terugvoering gegee het, bespreek julle die stelling kortliks as klas.

Aktiwiteit 2

Kyk saam met 'n maat na die reeks seëls op die volgende bladsy en beantwoord dan die vrae. Gesels net oor die vrae; julle hoef niks neer te skryf nie. Maak seker dat julle 'n tweetalige woordeboek byderhand het.

1. Wat is die Afrikaanse naam van die soort dier of voël op elke seël? (Gebruik die letters A tot F om na die verskillende seëls te verwys.)
2. Wat het al ses die diere en voëls met mekaar gemeen?
3. Verduidelik kortliks waarom elkeen bedreig is.
4. Kyk na die ontwerp van elke seël. Watter patroon sien jy raak?
5. Wat dink jy van die kleure wat op die seëls gebruik is?
6. Lewer kommentaar oor die agtergrond waarteen die seëls verskyn.
7. Wat is die naam van die kunstenaar wat die seëls ontwerp het?
8. Wanneer is die seëls vrygestel?
9. Gee die Afrikaans vir *Standard* en *South Africa*.
10. Wat is die doel van die reeks seëls?

SLEUTELWOORDE

bedreig *(threatened)* – in gevaar

gemeen *(in common)* – wat dieselfde is

omgewingsbewaring *(environmental conservation)* – beskerming van die natuurlike omgewing

ontwerp *(design)* – manier waarop iets gevorm is

standpunt inneem *(take a stand)* – besluit hoe jy oor iets voel

terugvoering *(feedback)* – vertel wat bespreek/besluit is

woordvoerder *(spokesperson)* – persoon wat namens ander praat

AFRIKAANS TWEEDE TAAL: LEERDERSBOEK

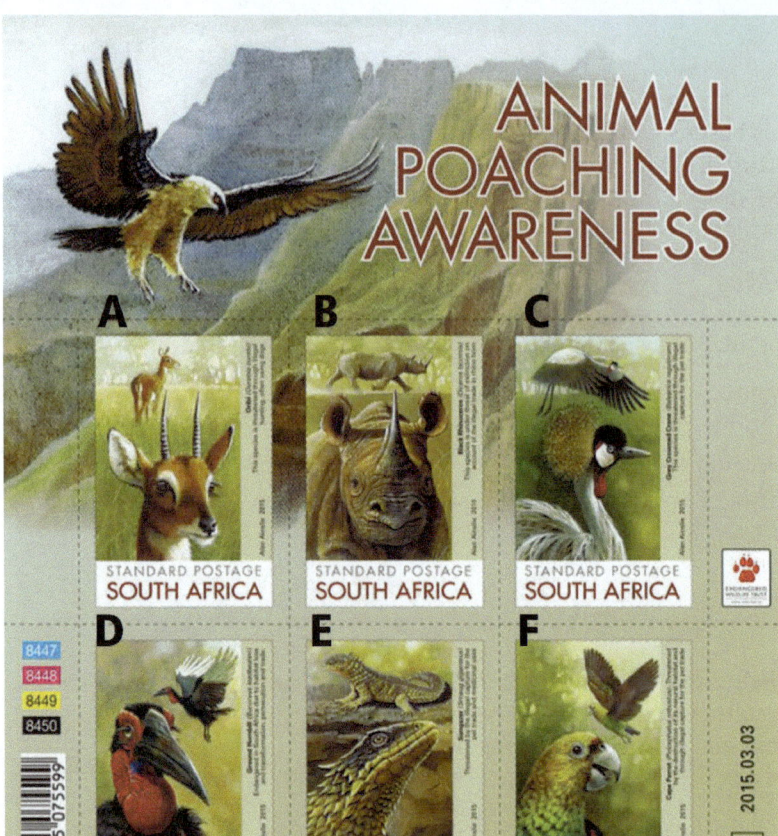

Aktiwiteit 3

Luister na die artikel oor die wêreldberoemde primatoloog dr. Jane Goodall en haar Roots & Shoots-program. Maak aantekeninge terwyl jy luister en beantwoord dan die vrae wat volg.

1. Beskryf dr. Goodall se werk in een woord.
2. Dr. Goodall het lank navorsing in Afrika gedoen.
    a) Oor watter soort dier het sy veral navorsing gedoen?
    b) In watter land het sy hierdie navorsing gedoen?
3. Hoe het dr. Goodall se werk ongeveer 25 jaar voor die onderhoud verander?
4. Hoekom het die groep tieners dr. Goodall besoek?
5. Skryf die ontbrekende woorde neer.
    Dr. Goodall was beïndruk met die groep tieners se a) _____, hul b) _____ en hul begeerte om 'n c) _____ vir die probleme te vind.
6. Wat was die gevolg van die tieners se besoek aan dr. Goodall?
7. Is die volgende stelling waar of onwaar? Gee 'n rede vir jou antwoord.
    Roots & Shoots is 'n jeugorganisasie slegs in Tanzanië en Suid-Afrika.

Roots & Shoots

SLEUTELWOORDE

navorsing *(research)* – studie van 'n spesifieke onderwerp

primatoloog *(primatologist)* – kenner van primate *(primates)*

Hoofstuk 7: Ons gee om

8. Noem een ding waarvan Roots & Shoots mense bewus wil maak.
9. Wat doen Roots & Shoots om te keer dat mense wat naby sjimpansees bly, die diere jag?
10. Waarom gee Roots & Shoots vir dr. Goodall hoop vir die toekoms?

> Leesbegrip

In hierdie afdeling gaan jy visuele en geskrewe tekste oor die omgewing lees.

Aktiwiteit 4

Die volgende opdragte is op teks 1 tot 3 hier onder en op die volgende bladsy gebaseer. Lees eers die tekste en beantwoord dan die vrae wat volg.

Beantwoord die volgende vrae oor teks 1.

1. Op watter manier is die statistieke oor al die verskillende diere dieselfde?
2. Dink jy die teks het 'n goeie opskrif? Verduidelik.
3. Kies die korrekte antwoord.
   Hierdie statistieke het betrekking op (Suid-Afrika/Afrika/die hele wêreld).

Beantwoord die volgende vrae oor teks 2.

4. Wat is die doel van hierdie teks?
5. Dink jy dit is 'n doeltreffende teks? Waarom sê jy so?
6. Kies die korrekte antwoord.
   Hierdie statistieke het betrekking op (Suid-Afrika/Afrika/die hele wêreld).

Beantwoord die volgende vrae oor teks 3.

7. Hoe laat die statistieke in hierdie teks jou voel? Waarom?
8. Kies die korrekte antwoord.
   Hierdie statistieke het betrekking op (Suid-Afrika/Afrika/die hele wêreld).

Die volgende vraag handel oor al drie tekste.

9. Beeld die tekste slegs slegte nuus uit? Verduidelik jou antwoord.

> **SLEUTELWOORD**
>
> **het betrekking op**
> *(refers to)* – gaan oor

Teks 1

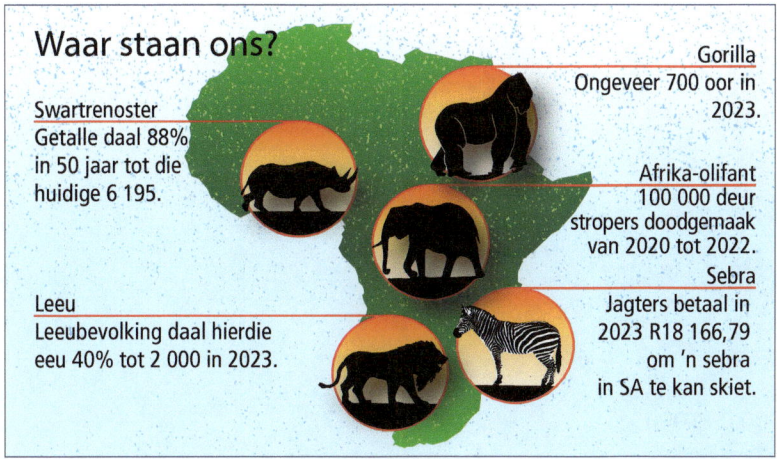

Teks 2

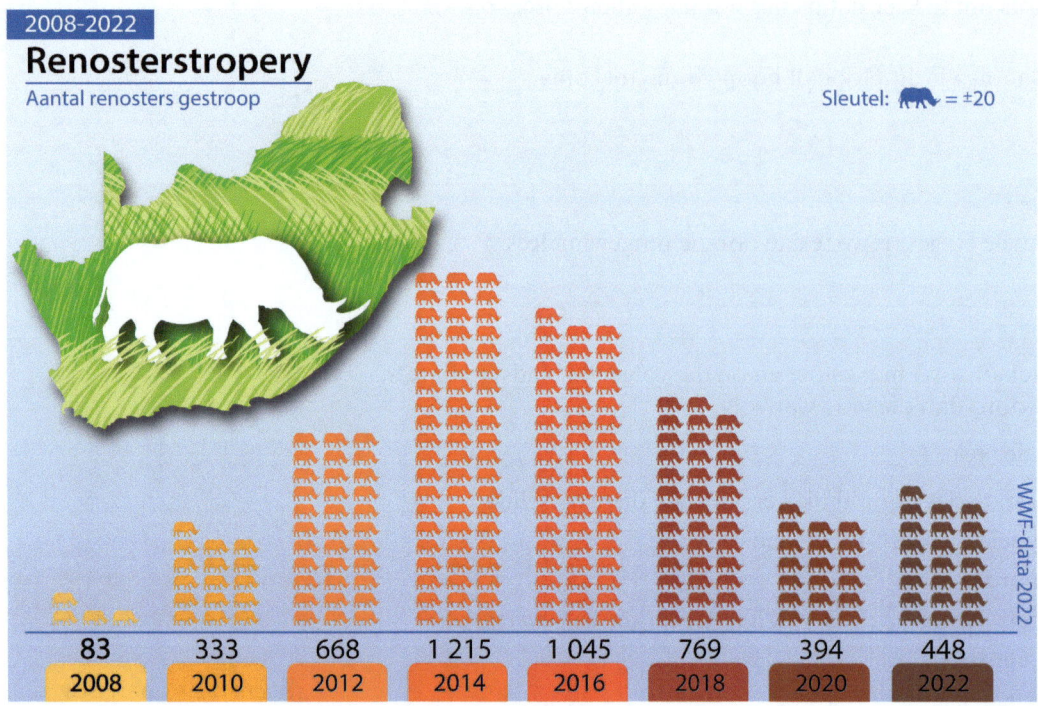

Teks 3

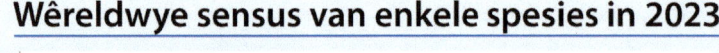

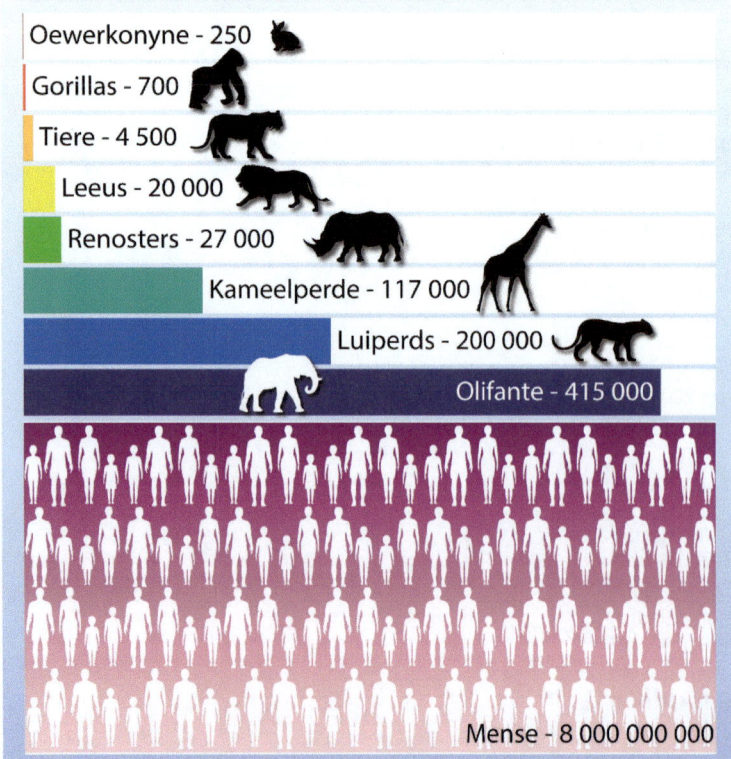

SLEUTELWOORD
stropery *(poaching)* – doodmaak van diere om geld te maak

Aktiwiteit 5

In 2014 het dr. Jane Goodall as gas van die Universiteit van Kaapstad 'n openbare lesing gelewer. Lees Elsabé Brits se berig oor dr. Goodall se lesing en beantwoord dan die vrae wat volg.

Goodall glo steeds jy kán 'n verskil maak

1. Sy doen wat sy doen omdat sy "hardnekkig gebore" is – sy gee nié op nié.
2. Dr. Jane Goodall, wat in April 80 jaar oud word, het gister op 'n nuuskonferensie as gas van die Universiteit van Kaapstad gesê haar boodskap is: "Jy kán 'n verskil maak."
3. Dié vermaarde primatoloog, wat sedert 1960 die wêreld se mening oor sjimpansees en later ander diere se kognisie en ook emosionele lewe verander het, bly steeds in Dar es Salaam, Tanzanië. Sy lewer vandag 'n toespraak by die Universiteit van Kaapstad as deel van 'n wêreldtoer vir haar verjaardag.

Dr. Jane Goodall en haar "metgesel", die sjimpansee-speelding Mr H

4. Op 'n vraag oor hoekom sy steeds doen wat sy doen, het sy gesê 'n mens kan jou lewe op een van twee maniere leef: "Óf jy kan iets sien wat verkeerd is, wegdraai en sê: 'Dit het niks met my te doen nie,' óf jy kan sê: 'Gaan, loop, vlieg na die duiwel, ek gaan daarteen baklei.'
5. "Ons moet besef ons is nie die enigste wesens op die planeet wat emosies het nie. Ons moet nie net leef om geld te maak nie … en ás jy baie geld maak – deel dit met ander." Sy tik teen haar grys hare en sê: "Daar moet 'n skakel wees tussen hierdie slim brein," en sy raak aan haar borskas, "en hierdie hart."
6. Dit was Rusty, haar hond uit haar kinderjare, wat haar laat besef het dat diere emosies het. En haar ma – die persoon wat sy bewonder saam met alle ander mense wat "moeilike omstandighede en gestremdhede oorkom" – wat haar aangespoor het om haar droom te volg en na die Gombe Stream Nasionale Park te gaan. Haar navorsing daar duur al 54 jaar.
7. "Maar ek voel vandag skaam … oor wat die mensdom aan die aarde gedoen het sedert ek 13 jaar oud was. Dit is so oud soos my jongste kleinkind. Baie jong mense voel dat hulle nie 'n toekoms het nie, ons het hul toekoms in gevaar gestel. Daarom het ek die Roots & Shoots-program begin wat respek vir alle lewe by kinders en tieners kweek."
8. Sy meen die mensdom kan homself uitwis, omdat hy nie soos sjimpansees "stadig aanwas nie, maar eerder soos rotte, en dat ons hulpbronne gebruik asof daar nie 'n einde aan is nie".
9. Goodall sê die idee om renosterhoring en ivoor waarop beslag gelê is, te verkoop, is "'n misdaad, want solank daar 'n aanvraag is, sál die diere doodgemaak word".
10. Aan haar sy is Mr H – 'n sjimpansee-speelding wat al 26 jaar oud is. "Hy help my om te glo daar is altyd 'n pad vorentoe."
11. Wat is op haar emmerskoplys? "Om die wêreld 'n beter plek te maak."

(Uit: *Die Burger*, 6 Februarie 2014)

SLEUTELWOORDE

aangespoor *(encouraged)* – aangemoedig

aanvraag *(demand)* – mense wat dit wil koop

aanwas *(multiply)* – meer word

emmerskoplys *(bucket list)* – dinge wat jy wil doen voor jy doodgaan

gestremdhede *(disabilities)* – liggaamlike probleme

hardnekkig *(stubborn)* – wat nie na ander wil luister nie

hulpbronne *(resources)* – dinge in die natuur wat ons gebruik

kognisie *(cognition)* – hoe die brein werk

mensdom *(humankind)* – al die mense op aarde

metgesel *(companion)* – iets of iemand wat saam met jou is

uitwis *(destroy)* – vernietig

vermaarde *(famous)* – beroemde, gerespekteerde

vier *(celebrate)* – feestelik herdenk

wesens *(beings)* – dinge wat lewe

1. Watter woorde in paragraaf 1 verduidelik wat "hardnekkig gebore" beteken? Haal die woorde aan.
2. Wie is die "jy" wat 'n verskil kan maak? Kies die korrekte antwoord.
   A Elke mens
   B Die mense wat na dr. Goodall se toespraak luister
3. Met watter soort diere werk 'n primatoloog?
4. Kies woorde uit die kassie om die volgende sin te voltooi.

   praat, emosies, luister, dink

   Dr. Goodall het die wêreld laat besef dat sjimpansees kan a) _____ en b) _____ kan ervaar.
5. Op watter manier vier dr. Goodall haar verjaardag?
6. In paragraaf 4 beskryf dr. Goodall twee maniere waarop mense kan reageer as hulle sien iets is verkeerd. Wat doen mense wat nié soos dr. Goodall reageer nie?
7. Watter raad het dr. Goodall vir mense met baie geld?
8. Dr. Goodall noem twee individue wat 'n belangrike rol in haar lewe gespeel het toe sy jonk was.
   a) Wie is die twee?
   b) Wat het hulle vir dr. Goodall geleer?
9. Wat is die doel van die Roots & Shoots-program?
10. Op watter manier is mense meer soos rotte as soos sjimpansees, volgens dr. Goodall?
11. Wie is Mr H en wat beteken hy vir dr. Goodall?
12. Noem twee redes waarom die teks 'n doeltreffende titel het. Verwys na paragraaf 2 en paragraaf 11.

Hoofstuk 7: Ons gee om

› Aantekeninge

Lees weer die riglyne vir die maak van aantekeninge op bladsy 8 voordat jy die volgende opdragte uitvoer.

Aktiwiteit 6

Die volgende teks handel oor vyf matrikulante wat Antarktika toe gereis het om die uitwerking van klimaatsverandering waar te neem.

SA matrieks se onvergeetlike reis na Antarktika

Die avonturier Riaan Manser het saam met 'n groepie matrikulante na Antarktika gereis, waar hulle eerstehands tonele van 'n smeltende yswêreld gesien het. Vir sy projek Matrics in Antarctica het Riaan vyf matrieks uit honderde inskrywings gekies.

Die tieners moes 'n opstel skryf oor klimaatsverandering en daarna ook vir onderhoude gaan. Die uitverkore vyf se ywerige belangstelling in klimaatsverandering en hul omgewingsaktivisme het die deurslag gegee.

Riaan wou 'n groepie jong, omgewingsbewuste Suid-Afrikaners Antarktika toe neem om vir hulle 'n groter prentjie te gee oor die bedreiging wat Moeder Natuur weens klimaatsverandering in die gesig staar. Die groep het vyf dae lank die ysige weer getrotseer.

"Soggens was dit so -7 °C. Die dae het by 0 °C gedraai, maar as die wind gewaai het, kon dit maklik -15 °C word," vertel hy. Al was dit beslis kouer as enige Suid-Afrikaanse winter, was Riaan geskok om te sien wat klimaatsverandering die ysvasteland reeds aandoen.

"Gewoonlik sneeu dit hierdie tyd van die jaar, maar dit het nie een keer gesneeu terwyl ons daar was nie," vertel die avonturier wat Antarktika al twee keer tevore besoek het. "Jy sien eerstehands hoe die ys smelt en daar was plek-plek water waar daar gewoonlik ys is."

Cobus Burger (18) vertel dat hy op hul plaas naby Brandvlei in die Noord-Kaap ook al gesien het wat klimaatsverandering aan hul skaapboerdery doen. "Dit het veertien jaar laas behoorlik op ons plaas gereën. Dit reën so af en toe 'n bietjie, maar dit is nooit genoeg dat die veld kan groei nie." Wat hom veral bybly van die besoek aan Antarktika is die tonele van 'n smeltende yswêreld. "Jy kan dit dadelik opmerk. Dit is eintlik baie hartseer om te sien," sê Cobus.

Op Antarktika het die span 'n vlug oor die bergreekse van die vasteland onderneem en kilometers ver op die ys gestap.

"Ek is nie 'n verskriklike sportiewe mens nie en ons het baie gestap en dikwels oor berge en dale," vertel Thea Earnest (18) van Durban. Wat sy daar gesien en beleef het, het haar met nuwe insig laat terugkeer. "Ek dink ons as 18-jariges moenie bang wees om met mense te praat oor klimaatsverandering nie. Ons moet met volwassenes kan praat en sê hulle moet ophou plastieksakke gebruik omdat dit die oseaan besoedel. Ons moet self optree en ons strande skoonmaak," sê sy.

Ook vir Kelby Barker (18) van Makhanda lê die kwessie van klimaatsverandering na aan die hart. "Ek wou self gaan sien wat die nagevolge daarvan is," sê sy oor die

---

SLEUTELWOORDE

avonturier *(adventurer)* – iemand wat graag avonture onderneem

bedreiging *(threat)* – gevaar

eerstehands *(first-hand)* – persoonlik

klimaatsverandering *(climate change)* – veranderinge wat in die klimaat plaasvind

kwellende *(disturbing)* – wat jou baie hinder

omgewingsaktivisme *(environmental activism)* – aktiewe betrokkenheid om 'n bydrae tot die omgewing te maak

omgewingsbewuste *(environmentally conscious)* – wat omgee wat in die omgewing gebeur

uitverkore *(chosen)* – wat gekies is

ekspedisie na Antarktika. Sy vertel van 'n gesprek wat die span met Russiese wetenskaplikes gehad het wat op Antarktika werk. Hulle het vertel dat hulle die afgelope jaar 10 cm minder sneeu as die vorige jaar daar gemeet het. "Dit wys dat dit jaarliks ál minder in Antarktika sneeu," sê Kelby bekommerd.

Ayakha Melithafa (18) van Eersterivier in die Wes-Kaap vertel dat hulle groep se ontmoeting met die Russiese wetenskaplikes veral 'n indruk op haar gemaak het. Dit was vir haar interessant om ander wetenskaplikes te ontmoet en hulle perspektief te hoor.

Adelie-pikkewyne op Horseshoe-eiland, Antarktika

Die snerpende koue kon Boiketlo Lamula (17) van Heidelberg, Gauteng, nie keer om daar haar viool wat sy spesiaal saamgeneem het, uit te haal en te begin speel nie. "My vingers het amper afgevries, maar ek dink nie iemand het al ooit in Antarktika tussen die ysberge viool gespeel nie," sê sy.

Volgens Thea Earnest (18) van Durban het die tieners daar in die vreemde, anderste wêreld pynlik bewus geword van die kwellende kwessies wat die aarde bedreig.

Dit was vir Riaan 'n belewenis om dit alles saam met die jongklomp te ervaar. "Almal was baie gretig om te leer en dit het hulle uitkyk op die lewe verander," sê hy.

Riaan se doel met die ekspedisie was om vir die jong Suid-Afrikaners te wys dat jy die daad by die woord moet voeg. "Gaan na jou plaaslike winkel toe en praat met die eienaar. Hoor oor moontlikhede om plastieksakke daaruit te verwyder. As jy dit kan regkry, is daar honderde plastieksakke wat nie meer in sirkulasie sal wees nie," is sy raad. "Daar is 'n oseaan tussen sê en doen," het Riaan dit die matrieks tydens die ekspedisie op die hart gedruk.

Riaan voel hy het sy doel met die ekspedisie bereik. "Ek kon sien die jong harte klop warm vir die omgewing, selfs daar in die koue van Antarktika waar die ys aan die smelt is en sneeu al skaarser word. Hulle kan nou met eerstehandse kennis vir mense vertel wat besig is om met ons planeet te gebeur."

(Uit: *Huisgenoot*, 18 Februarie 2021)

1. Jy gaan 'n praatjie oor die matrieks se ekspedisie na Antarktika in die klas lewer. Maak kort aantekeninge onder elke opskrif waarop jy jou praatjie kan baseer.
    a) Wat die ekspedisie behels het
    b) Hoe die deelnemers gekies is
    c) Riaan Manser se doel met die ekspedisie
    d) Bewyse van klimaatsverandering wat in die teks genoem word
    e) Indrukke wat die besoek aan Antarktika op die matrikulante gemaak het

Hoofstuk 7: Ons gee om

2. Gebruik die teks oor die matrieks se reis na Antarktika en maak 'n lys van die redes waarom die ekspedisie as 'n sukses beskou kan word. Skryf elke rede in 'n volsin.

> Taal en woordeskat

Taalgereedskap

Selfstandige naamwoorde

In die tekste oor Jane Goodall en die matrieks se besoek aan Antarktika word daar baie woorde gebruik wat die naam van 'n persoon, dier of voorwerp is. Die meeste van hierdie selfstandige naamwoorde het meervoude en verkleinwoorde. In die geval van mense en diere het dit soms ook manlike en vroulike vorme.

Meervoude

Die woorde in rooi in die volgende sinne is in die meervoud:

- Dit was Rusty, haar hond uit haar kinderjare, wat haar laat besef het dat diere emosies het.
- Roots & Shoots werk in gemeenskappe wat naby areas woon waar sjimpansees voorkom.

Meervoude word op die volgende maniere gevorm:

- deur [-e by te voeg]: present – presente; mens – mense
- deur 'n vokaal weg te laat en [-e by te voeg]: aap – ape; jaar – jare
- deur 'n konsonant te verdubbel en [-e by te voeg]: blom – blomme; model – modelle
- deur [-s by te voeg]: ouma – oumas; beker – bekers
- deur [-'s by te voeg] in woorde wat op **i**, **o** en **u** en 'n beklemtoonde **a** eindig:
- ma – ma's; foto – foto's; taxi – taxi's (maar: baba – babas; oupa – oupas)
- 'n letter val weg en [-e word bygevoeg]: dag – dae; vlag – vlae
- 'n vokaal verander en [-e word bygevoeg]: stad – stede; lid – lede
- 'n letter val weg en ['n kappie en -e word bygevoeg]: brug – brûe; rug – rûe
- 'n letter val weg en [-ë word bygevoeg]: vlieg – vlieë; oorlog – oorloë
- deur [-ë by te voeg]: knie – knieë; teorie – teorieë
- deur [-ns by te voeg]: lewe – lewens; hawe – hawens

presente

- deur -te by te voeg : lig – ligte; teks – tekste
- deur -ers by te voeg : kind – kinders; kalf – kalwers
- deur **ding** na **goed** te verander: speelding – speelgoed; eetding – eetgoed

Die meervoud van letters van die alfabet en afkortings word met 'n afkappingsteken geskryf:

- a – a's; p – p's; ID – ID's

Sommige vreemde woorde het twee meervoudsvorme:

musikus – musici, musikusse

politikus – politici, politikusse

sentrum – sentra, sentrums

stadium – stadia, stadiums

musici

Sommige selfstandige naamwoorde het twee meervoude met verskillende betekenisse:

gas:
– Vier gaste kom eet by ons.
– Daar is verskillende gasse in die atmosfeer.

bas:
– Die bome het growwe baste.
– In die koor is daar tien basse.

man:
– Daar is twee mans en drie vroue in die span.
– Die dapper manne het die stryd gewen.

motor:
– Daar is baie motors op die paaie.
– Die vliegtuig het vier motore.

doel:
– Sy het drie doele in die netbalwedstryd aangeteken.
– Hulle bespreek hul doelwitte vir die nuwe jaar.

Sommige selfstandige naamwoorde het geen meervoud nie:

Dit is almal se hoop dat bewaring meer aandag gaan kry.

Sy streef daarna om respek en bewondering vir alle lewe te kweek.

Die enkelvoud word in die volgende gevalle gebruik:

70 meter/kilometer, maar verskeie meters/kilometers

5 jaar, maar baie jare

10 uur, maar verskeie ure

Let op na die spelling van die volgende meervoude:

pad – paaie

glas – glase

gat – gate

glase

Verkleining

Die woorde in rooi in die volgende sinne is verkleinwoorde:

- In hierdie troppie sjimpansees is daar drie kleintjies.
- Die Roots & Shoots-program plant 'n klein saadjie by mense wat groei en reik na die son.

Verkleinwoorde word op die volgende maniere gevorm:

- deur -tjie by te voeg : dier – diertjie; vrou – vroutjie
- deur -ie by te voeg : glas – glasie; boek – boekie
- deur -pie by te voeg : boom – boompie; stroom – stroompie
- deur -jie by te voeg : brood – broodjie; stad – stadjie
- deur 'n **konsonant** te **verdubbel** en -etjie by te voeg : blom – blommetjie; pen – pennetjie
- deur -'tjie by te voeg in woorde wat op **i**, **o** en **u** en 'n beklemtoonde **a**
- eindig: ma – ma'tjie; foto – foto'tjie; taxi – taxi'tjie (maar: baba – babatjie; oupa – oupatjie)
- deur 'n **g weg te laat** en -kie by te voeg in woorde wat op **-ing eindig** en uit
- **meer as een lettergreep** bestaan: ketting – kettinkie; piering – pierinkie

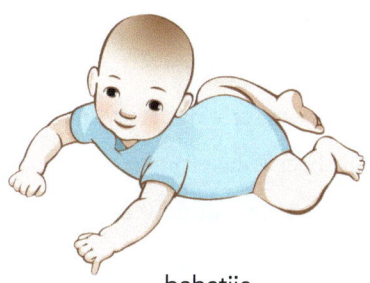
babatjie

Die verkleinwoord van letters van die alfabet en afkortings word met 'n afkappingsteken geskryf:

- a – a'tjie; l – l'etjie; 4x4 – 4x4'tjie

Die volgende diere het spesifieke woorde vir kleintjies:

bees – kalf

bok – kalf (groot bok soos 'n koedoe)

bok – lam (kleiner bok soos 'n springbok)

hoender – kuiken

leeu – welpie

perd – vulletjie

skaap – lam

walvis – kalf

hoender   kuiken

Maak seker dat jy die volgende verkleinwoorde kan spel:

pad – paadjie

glas – glasie

gat – gaatjie

AFRIKAANS TWEEDE TAAL: LEERDERSBOEK

Geslag

Let op na die woorde in rooi:

- Daar is meisies en seuns in ons skool se Roots & Shoots-tak.
- Daar is twee renosters in die kamp: 'n bul en 'n koei.

Let op na die volgende geslagsvorme:

Mense – algemeen

akteur – aktrise
bibliotekaris – bibliotekaresse
sekretaris – sekretaresse
koning – koningin
slaaf – slavin
monnik – non
prins – prinses
onderwyser – onderwyseres
gasheer – gasvrou
wewenaar – weduwee
bruidegom – bruid
strooijonker – strooimeisie

Mense in die gesin en familie

broer – suster
kleinseun – kleindogter
man – vrou
neef – niggie
oom – tannie/tante
oupa – ouma
seun – dogter
skoonpa – skoonma
stiefpa – stiefma
swaer – skoonsuster

Hoofstuk 7: Ons gee om

Wilde diere en voëls

bobbejaanmannetjie – bobbejaanwyfie

koedoebul – koedoekoei

olifantbul – olifantkoei

springbokram – springbokooi

volstruismannetjie – volstruiswyfie

Huisdiere en plaasdiere

bees: bul – koei

bok: ram – ooi

donkie: hings – merrie

hoender: haan – hen

hond: reun – teef

kalf: bulkalf – verskalf

perd: hings – merrie

skaap: ram – ooi

volstruiswyfie
volstruismannetjie

Versamelname

'n Versamelnaam is **een woord vir 'n groep** selfstandige naamwoorde van dieselfde soort.

'n span atlete/spelers   'n string krale/pêrels

'n bos blomme   'n skare mense

'n trop bokke/olifante   'n bende misdadigers

'n tros druiwe   'n paneel sprekers

'n bundel gedigte   'n skool visse

'n werpsel hondjies/katjies   'n swerm voëls/bye

Aktiwiteit 7

1. Gee die meervoud van die woorde tussen hakies in die volgende paragraaf.

> 'n Spesie bestaan uit a) (individu) – as jy b) (olifant) of c) (renoster) doodmaak, maak jy individue dood. Dis individuele pyn ... d) (Dier) voel verlies, want hulle smee langtermynbande met mekaar ... In Gombe het ek gesien watter innige bande e) (sjimpansee) met mekaar smee, hoe hulle mekaar ondersteun, met mekaar speel en hul f) (baba) beskerm.
>
> (Uit: *Die Burger*, 18 Februarie 2014)

2. Gee die verkleinwoord van hierdie woorde uit die hoofstuk.
   a) olifant
   b) renoster
   c) dier
   d) sjimpansee
   e) baba
   f) horing

3. Gee die teenoorgestelde geslag van die vetgedrukte woorde.

   Die a) **koning** was die b) **gasheer** by die geleentheid. c) **Hy** het d) **sy** e) **sekretaris** gevra om al die f) **aktrises** en g) **onderwyseresse** wat daar was, aan die h) **prins** voor te stel.

4. Skryf die tabel in jou boek oor en vul dit in.

Soort	Manlik	Vroulik	Kleintjie
a)	man	b)	c)
d)	e)	merrie	f)
g)	bul	h)	i)
j)	k)	l)	kuiken
skaap	m)	n)	o)

Aktiwiteit 8

1. Teken 'n tabel soos die een hier onder in jou boek. Skryf dan die name van die vyf diere wat die Groot Vyf genoem word, in die tweede kolom. Vul die ander kolomme in.

	Diere	Manlik	Vroulik	Kleintjie

2. Gee een woord vir elkeen van die volgende:
   a) Diere soos olifante wat hul kleintjies voed met melk wat deur melkkliere afgeskei word
   b) Koudbloedige, kruipende diere soos slange en krokodille wat eiers lê en waarvan die lyf met skubbe bedek is
   c) Diere soos muise en rotte wat hul kos met twee paar lang snytande knaag
   d) Diere soos die tarantula wat agt pote het en insekte in 'n web of spinnerak vang
   e) Warmbloedige diere met twee bene en twee vlerke wat eiers lê en met vere bedek is
3. Gee een woord vir elk van die volgende:
   a) Iemand wat die omgewing bewaar
   b) Iemand wat lief is vir die natuur
   c) Iemand wat lief is vir diere
   d) Iemand wat 'n kenner van diere is
   e) Iemand wat 'n kenner van plante is
4. Slaan die betekenis van die volgende woorde in 'n woordeboek na en maak dan 'n sin met elke woord.
   a) aardverwarming
   b) suurreën
   c) besoedeling
5. Voltooi die volgende definisies of sinne:
   a) Die omgewing is _____.
   b) 'n Bedreigde dier is 'n dier wat _____.
   c) Die afkorting WWF staan vir _____.

⟩ Skryf

In hierdie afdeling gaan jy oefen om 'n goeie koerantberig te skryf.

Aktiwiteit 9

Lees die riglyne vir die skryf van 'n koerantberig en voer dan die opdrag uit.

Riglyne vir die skryf van 'n koerantberig

- Die opskrif moet:
  - in die teenwoordige tyd wees;
  - 'n werkwoord bevat;
  - kort en bondig wees; en
  - die leser se aandag trek.

- Die verslaggewer se naam en van verskyn onder die opskrif.
- Die naam van die dorp/stad van waar die berig kom, kom in hoofletters aan die begin van die eerste paragraaf. Direk daarna kom 'n punt en 'n aandagstreep, en die eerste sin direk daarna.
Byvoorbeeld:

> ### Minister prys Jane Goodall se lewenswerk
>
> Erna Malan
>
> JOHANNESBURG. – Dit is in 'n groot mate te danke aan dr. Jane Goodall dat daar vandag nog sjimpansees in Afrika is.

- Die eerste paragraaf:
  - bestaan uit net een sin waarin soveel moontlik van die volgende vrae beantwoord word: Wie? Wat? Wanneer? Waar? Waarom? Hoe?
  - is soos 'n kort opsomming van die berig.
  - moet die lesers se belangstelling prikkel sodat hulle verder wil lees.
- Die paragrawe ná die eerste paragraaf gee besonderhede oor wat in die eerste paragraaf genoem word en brei daaroor uit.
- Die laaste paragraaf sluit die berig netjies af.
- Die paragrawe moet logies op mekaar volg.
- Laat 'n reël oop ná elke paragraaf.
- Skryf kort sinne en kort paragrawe.
- Noem die name van die mense oor wie jy skryf spesifiek. Vermy woorde soos "sy", "hy" en "hulle".
- Skryf in die derde persoon – moenie die woord "ek" gebruik nie (behalwe as iemand se woorde aangehaal word).
- Gebruik die direkte rede vir 'n betrokkene of 'n ooggetuie se kommentaar.
- Jy kan jou berig in twee kolomme skryf.
- Hou die hele tyd jou teikengroep in gedagte.

Lees die volgende uitsprake oor omgewingsbewaring.

"Die omgewing is ons toekoms!"

"Dit is ons plig om die omgewing te bewaar!"

"Te veel geld word aan omgewingsbewaring bestee!"

"Meer skole en hospitale is belangriker vir die mense van Afrika as om diere en plante te bewaar!"

"Dit is tyd dat die selfsugtige mensdom onselfsugtig word!"

"Natuurreservate se grond moet liewer gebruik word om huise vir arm mense te bou!"

Skryf 'n berig vir die skoolkoerant waarin jy jou houding teenoor omgewingsbewaring bespreek.

Kies 'n goeie titel vir jou berig.

Jou berig moet ongeveer 120 tot 160 woorde lank wees.

Jy kan van die idees hier bo gebruik, maar moet ook jou eie idees byvoeg. Dit is belangrik dat jy jou mening goed verduidelik.

Onthou:
- Beplan jou koerantberig deeglik.
- Laat jou berig logies ontwikkel.
- Gee aandag aan goeie paragraafbou.
- Gebruik punktuasie doeltreffend.
- Gebruik die woordeskat wat jy in die hoofstuk geleer het.
- Gee aandag aan goeie sinsbou.

SLEUTELWOORDE

houding *(attitude)* – hoe jy oor iets voel

omgewing *(environment)* – die natuurlike wêreld van die land, lug en see

selfsugtige *(selfish)* – wat net aan homself dink

Hoe vorder jy?

Aktiwiteit 10

1. Bespreek die implikasie van die vrou se woorde.

2. Wat sê *Homo sapiens* (die man aan die regterkant) vir die ander primate? Som die boodskap van hierdie hoofstuk in een sin in sy woorde op.

Die storie van my lewe

› Hoofstuk 8
Skryf 'n storie

Geen lewe is sonder 'n storie nie. Almal se stories word net nie geskryf nie …

In hierdie hoofstuk kyk ons na die lewe van uitsonderlike mense wat groot hoogtes bereik het. Hulle stories word geskryf en gelees omdat die publiek daarin belangstel.

Dikwels word die biografiese inligting (lewensverhale) van beroemde mense ook verfilm. Miljoene mense oor die wêreld heen het na teaters gestroom om die film oor oudpresident Nelson Mandela – waarskynlik die mees gerespekteerde en beroemde Suid-Afrikaner van alle tye – te sien.

IN HIERDIE HOOFSTUK GAAN JY:

- na foto's van beroemde, inspirerende mense kyk en mondelings vrae daaroor beantwoord;
- na 'n toespraak luister om jou luisterbegrip te toets;
- na biografiese inligting luister en leesbegripsvrae daaroor beantwoord;
- aantekeninge oor 'n bekende aktrise maak;
- reëls leer oor die gebruik van byvoeglike naamwoorde en bywoorde, en oefeninge daaroor doen;
- jou woordeskat uitbrei; en
- 'n verhalende opstel skryf.

> Luister

In hierdie afdeling gaan julle na die foto's van vier merkwaardige mense kyk en vrae wat daarmee verband hou, mondelings beantwoord. Daarna sal julle na 'n toespraak luister om luisterbegrip te oefen.

Wenk: 'n **Biografie** is die lewensverhaal van 'n persoon wat deur iemand anders geskryf word. Wanneer iemand sy of haar eie lewensverhaal skryf, noem ons dit 'n **outobiografie**.

A
B
C
D

Aktiwiteit 1

Kyk na die foto's van vier merkwaardige Suid-Afrikaners, beantwoord die vrae en praat daaroor in die klas. Moenie die antwoorde op die vrae neerskryf nie.

1. Watter beroemde mense se foto's verskyn hier?
2. Hoekom is elkeen beroemd?
3. Wie is volgens jou die mees uitstaande van hierdie mense? Hoekom dink jy so?
4. Watter eienskappe, dink jy, het hierdie mense gemeen wat hulle in staat gestel het om soveel sukses te behaal en ander te motiveer?

SLEUTELWOORDE

beroemd *(famous)* – baie bekend

merkwaardige *(remarkable)* – wat raakgesien word omdat dit spesiaal is

Hoofstuk 8: Skryf 'n storie

5. Dink jy mense het sulke rolmodelle in hul eie lewens nodig? Verduidelik hoekom jy so dink.
6. Dink aan ander persone wat vir jou rolmodelle is, en hoekom jy hulle bewonder.
7. Noem 'n paar mense van oor die hele wêreld wat ikoniese status bereik het, sodat hulle selfs ná hul dood "voortleef", byvoorbeeld die danser en sanger Michael Jackson, wat steeds beskou word as die "koning van pop", en die hartchirurg dr. Chris Barnard, wat in Kaapstad die eerste hartoorplanting gedoen het.

Wenk: Mense word **ikone** as hulle baie hoog geag word en só beroemd is dat die meeste mense hulle herken.

Michael Jackson

Aktiwiteit 2

Toe Pretty Yende vir 'n groot skare leerders in die Kunstekaap-teater in Kaapstad gesing het, het sy voor die uitvoering met hulle oor haar lewe gepraat.

Luister na haar toespraak en beantwoord dan die vrae deur 'n regmerkie in die toepaslike blokkie te maak om aan te dui of die stellings waar of onwaar is.

Lees eers die vrae deur voordat jy na die toespraak luister. Jy kan twee keer na die toespraak luister voordat jy die vrae beantwoord.

Pretty Yende

		Waar	Onwaar
1.	Pretty Yende het van kleins af geweet sy wil in operas sing.	☐	☐
2.	Toe sy 'n tiener was, het Pretty begin sanglesse neem.	☐	☐
3.	Pretty se ouers het haar aangespoor om sang haar loopbaan te maak.	☐	☐
4.	Daar was baie deelnemers aan die sangkompetisie in Wene.	☐	☐
5.	Pretty het verwag dat sy die kompetisie in Wene sou wen.	☐	☐
6.	Pretty Yende praat vlot Italiaans, Duits en Frans.	☐	☐

SLEUTELWOORDE

Duits (*German*) – die taal van Duitsland

Frans (*French*) – die taal van Frankryk

oorwinning (*victory*) – jy behaal dit wanneer jy wen

opera (*opera*) – 'n drama met sang en musiek wat op 'n verhoog opgevoer word

rekeningkunde (*accounting*) – vak waarin jy leer om rekeninge/boek te hou van geldtransaksies

rekenmeester (*accountant*) – persoon wat rekeninge in verband met geldtransaksies hou

verantwoordelikheid (*responsibility*) – die plig (*duty*) om te sorg dat iets (reg) gedoen word

vermoë (*ability*) – dit wat jy kan doen

verwagtings (*expectations*) – dinge wat 'n mens verwag sal gebeur

vlot (*fluently*) – glad en maklik of vloeiend; sonder moeilikhede

weggewys (*did not accept*) – nog nie aanvaar nie

Leesbegrip

Die Springbokrugbyspeler Siya Kolisi het as kaptein van die Springbokke nie net 'n inspirasie op die rugbyveld geword nie, maar ook op ander terreine. Siya is betrokke by baie projekte om meer geleenthede vir jong mense te skep en hulle te inspireer om die beste van hul lewe te maak.

Aktiwiteit 3

Lees die teks oor Siya Kolisi. Beantwoord dan die vrae wat volg skriftelik.

Siya (Siyamthanda) Kolisi is op 16 Junie 1991 in Zwide-township, Gqeberha, gebore, en hy het daar by sy ouma grootgeword. Ná haar dood het dit baie swaar gegaan met hom. Siya moes in groot armoede lewe en het te doen gekry met geweld en dwelms in die gemeenskap rondom hom. Terwyl hy daar in die laerskool was, het hy soveel uitgeblink in rugby dat sportafrigters hom raakgesien het. Hy is 'n beurs aangebied deur Grey Juniorskool in Gqeberha, waar hy leer Engels praat het, en hy het sy skoolopleiding aan Grey Hoërskool voltooi. Siya is vir die SA-skolespan gekies. Die skool het in 2022 die skool se hoofrugbyveld na hom genoem.

Ná matriek het die Westelike Provinsie-rugbyunie vir hom 'n kontrak aangebied. In 2012 het Siya Kolisi die eerste keer vir die Stormers gespeel. Die span het daardie jaar hul eerste Curriebekertitel in elf jaar gewen. In 2013 het hy die eerste keer vir die Springbokke gespeel. Hy was in 2014 die onderkaptein van die span, en is in 2018 tot Springbokkaptein verkies. Dit was 'n historiese oomblik in Suid-Afrikaanse rugby, want Siya Kolisi was die eerste swart Suid-Afrikaner om Springbokkaptein te word. Ongeveer sestien maande later het hy die Springbokspan gelei toe hulle in 2019 in Japan die derde keer die Rugbywêreldbeker verower het. Hy is ook in ander lande vereer. In Frankryk het hy 'n belangrike toekenning, die Vredes- en sportkampioen van die jaar, ontvang.

Siya en Rachel, sy vrou met wie hy in 2016 getroud is, het in 2020 die Kolisi-stigting begin. Hy het besef dat sy verantwoordelikheid teenoor Suid-Afrika nie op die rugbyveld eindig nie, en dat 'n mens nie net op talent kan staatmaak in die lewe nie. Dit was tydens die wêreldwye Covid-pandemie, toe daar 'n gebrek aan kos en noodsaaklike lewensmiddele in die land was. Baie mense het nie werk gehad nie. Nadat die pandemie begin afneem het en toestande begin verbeter het, het die stigting voortgegaan met hul werk in Suid-Afrika. Hulle fokus ook sterk op opvoeding en sport in alle gebiede van Suid-Afrika waar mense vroeër benadeel is.

'n Biografie oor Kolisi se lewe het in 2022 verskyn, en die televisiedokumentêr *Rise: The Siya Kolisi Story* is die eerste keer in 2023 gebeeldsend. In hierdie rolprent gee Siya vir mense 'n eerlike blik op sy suksesverhaal. Dit is oor drie jaar verfilm en Siya was deel van die vervaardigingspan. Daarin vertel hy sy storie van die stofstrate van die township, waar hy grootgeword het en sy liefde vir rugby ontdek het, tot beroemdheid en stampvol rugbystadions. Hy wil mense aanmoedig en inspireer. "My verhaal gaan nie oor selfbejammering omdat ek so swaargekry het as kind nie. Ek wil mense besiel om nie skaam te wees oor hul omstandighede nie en ook nie daardeur beperk te voel nie," het Siya by die voorskou van die film gesê. Al die inkomste uit die film gaan aan die Kolisi-stigting.

Siya Kolisi se suksesverhaal het daartoe bygedra dat Suid-Afrikaners hoopvol bly, want ons land se toekoms berus op hoop. Hy verjaar op 16 Junie, Jeugdag in Suid-Afrika, en sy droom is om meer geleenthede vir ons jeug te verskaf.

(Verwerk uit verskillende bronne, o.a. https://maroelamedia.co.za/nuus/sa-nuus/video-siya-vertel-oor-lewensreis-van-stofpaaie-tot-stampvol-rugbystadions/)

SLEUTELWOORDE

benadeel *(be disadvantaged/less privileged)* – minder voorregte as ander hê

geleenthede *(opportunities)* – kanse om iets te doen

stigting *(foundation)* – 'n organisasie wat vir 'n spesifieke doel gebruik word

uitblink *(to stand out/shine/excel)* – besonder goed presteer; beter as ander vaar

uitsonderlike *(exceptional/outstanding)* – buitengewone

1. Watter rede word in die teks genoem wat wys dat Siya Kolisi as kind baie swaargekry het?
2. Toe hy in die laerskool was, het daar 'n positiewe verandering in Siya se lewe gekom. Wat het gebeur, en hoekom het dit gebeur?
3. Watter sportprestasie het Siya behaal terwyl hy in die hoërskool was?
4. Wat het Siya gedoen nadat hy die skool verlaat het?
5. Waarom was 2013 vir Siya 'n uitsonderlike jaar?
6. Hoe oud was Siya Kolisi toe hy as Springbokkaptein verkies is?
7. Hoekom was dit 'n historiese oomblik vir Suid-Afrika toe Siya kaptein van die Springbokrugbyspan geword het?
8. Wat is die doel van die Kolisi-stigting?
9. Antwoord "Waar" of "Onwaar" op die volgende twee stellings en haal woorde uit die teks aan om jou antwoord op elkeen te bewys.
    a) Volgens Siya is 'n Springbokkaptein se plig om so goed as moontlik vir Suid-Afrika rugby te speel.
    b) Siya het baie geld verdien met die film wat oor sy lewe gemaak is.
10. Jeugdag is 'n vakansiedag in Suid-Afrika. Dit is ook die dag van die jaar waarop Siya Kolisi verjaar. Hoekom is dit toepaslik as 'n mens aan Siya se ideale en doelstellings dink?

Aktiwiteit 4

Emeritus-aartsbiskop Desmond Tutu het hom onderskei as kerkleier en blymoedige kampvegter vir menseregte en wêreldvrede. Lees sy biografie op die volgende bladsy en beantwoord daarna die vrae wat volg. (Die sleutelwoorde verskyn alfabeties op bladsy 124 en 125.)

Emeritus-aartsbiskop Desmond Tutu – een van Suid-Afrika se grootste geeste

Desmond Tutu is op Klerksdorp in die Noordwes-provinsie gebore. Sy pa was 'n skoolhoof en sy ma 'n huiswerker.

In sy jong lewe het die gesin baie verhuis. Hy het dit nie maklik gehad nie en moes op een stadium die wasgoed wat sy ma vir ander mense gewas het om geld te verdien, gaan haal. As seun het hy baie belangstellings gehad en selfs 'n toekenning vir kookkuns gekry. Om sakgeld te verdien, was hy soms 'n gholfjoggie. Hy het ook kilometers ver gestap om lemoene en grondboontjies te koop wat hy dan weer verkoop het.

Emeritus-aartsbiskop Tutu

Tydens sy hoërskooljare was hy 'n jaar lank siek aan tuberkulose, maar sy skoolhoof het sy vermoëns raakgesien en hy kon sy matriekeksamen slaag. Omdat hy nie 'n beurs kon kry om medies te gaan studeer nie, het hy die onderwys as beroep gekies. Hy is in 1954 met Leah Shenxane getroud. Ná drie jaar as onderwyser het hy besluit om 'n priester te word. Hy was 'n briljante student en is verskeie beurse aangebied, onder andere deur die Wêreldraad van Kerke. Die Tutu-gesin is Engeland toe, waar hy sy studie in teologie voortgesit het. Daar het hy hom uitgeleef en selfs krieket gespeel. Hy het sy graad in die Royal Albert Hall van die destydse Koninginmoeder ontvang en het daarna in verskillende gemeentes in Engeland as priester gedien.

In 1975 is Tutu weer terug na Suid-Afrika, waar hy as die eerste swart Anglikaanse aartsbiskop van Johannesburg aangestel is. Hy het hom in dié tyd sterk begin uitspreek vir politieke verandering in Suid-Afrika en teen die diskriminasie deur die regering op grond van ras.

As algemene sekretaris van die Suid-Afrikaanse Raad van Kerke het hy altyd sy roeping as priester eerste gestel, hoewel hy aangehou het om teen verkeerde dinge in Suid-Afrika te skryf en te praat. Hy het egter altyd geweld op alle terreine teengestaan en is in 1984 bekroon met die Nobelvredesprys, een van die mees gesogte pryse in die wêreld.

In 1986 is Tutu as die eerste swart aartsbiskop van Kaapstad georden, 'n posisie wat hy tien jaar beklee het.

Ná die einde van apartheid in Suid-Afrika is hy aangestel as voorsitter van die Waarheid-en-versoeningskommissie. Dit was 'n soort hof wat die wandade van die verlede moes hanteer. Slagoffers van die apartheidsbeleid kon praat oor hul ervarings, en mense kon misdade wat hulle gepleeg het, bely. Die Desmond Tutu Vredestigting het 'n groot rol gespeel in Suid-Afrika en het Tutu in staat gestel om versoening en vrede in die land, maar ook elders in die wêreld, te bevorder.

In 2010 het hy amptelik uitgetree as openbare figuur, maar hy het hom sy lewe lank sterk uitgespreek oor dinge wat hy as verkeerd beskou het. Hy is gerespekteer vir sy kennis, sy wysheid en sy onpartydige standpunte oor dinge, veral oor versoening tussen mense. Sy opgewektheid en humorsin was eienskappe wat mense

SLEUTELWOORDE

aartsbiskop *(archbishop)* – hoofbiskop van 'n Anglikaanse kerk

amptelik *(official)* – iets doen as amptenaar in 'n posisie

emeritus *(emeritus/resting/retired)* – titel vir 'n afgetrede predikant of professor

gemeente *(congregation)* – gesamentlike lede van 'n kerk

gesin *(family living in a house)* – die mense wat saam in 'n huis woon

gesogte *(sought-after)* – gewilde; wat mense graag wil hê

gholfjoggie *(golf caddy)* – persoon wat 'n gholfspeler se sak met stokke dra

kampvegter *(fighter for a cause)* – iemand wat vir 'n saak veg waaroor hy of sy sterk voel

onpartydige *(impartial)* – wat nie kant kies nie

openbare figuur *(public figure)* – persoon wie se lewe aan die publiek bekend is

Hoofstuk 8: Skryf 'n storie

baie geniet het. Soms het hy selfs stories aan kinders in hospitale voorgelees of Kersvader gespeel by 'n hospitaal.

Desmond Tutu het Suid-Afrikaners laat glo dat verskille tussen mense nie bedoel is om hulle van mekaar te skei nie, maar dat mense verskil sodat ons kan verstaan dat ons mekaar nodig het. Hy is in Oktober 2021 op die ouderdom van negentig jaar in Kaapstad oorlede.

(Verwerk uit: https://www.sahistory.org.za/people/archbishop-emeritus-desmond-mpilo-tutu)

SLEUTELWOORDE

opgewektheid *(cheerfulness)* – vrolikheid; blymoedigheid

roeping *(calling)* – die werk wat iemand glo God hom of haar geroep het om te doen

verhuis *(to move house)* – van een huis na 'n ander trek

Waarheid-en-versoenings-kommissie *(Truth and Reconciliation Commission)*

1. Toe emeritus-aartsbiskop Tutu 'n kind was, het sy gesin op verskillende plekke gewoon. Haal die sin aan wat dit sê.
2. Wat impliseer dat Tutu se gesin nie baie geld gehad het toe hy 'n jong seun was nie? (Noem twee feite.)
3. Gee die ontbrekende woord.
   Tutu wou ná matriek 'n _____ word.
4. Hoekom het hy toe 'n ander beroep gekies?
5. Wat het Tutu in staat gestel om in Engeland te studeer?
6. Watter drie hoë kerklike posisies het Tutu in Suid-Afrika beklee?
7. Noem een saak waarteen emeritus-aartsbiskop Tutu tydens die apartheidsjare geprotesteer het.
8. Gee die ontbrekende woord wat die teenoorgestelde beteken as "vrede".
   Tutu wou nie hê mense moes _____ gebruik om apartheid te laat ophou nie, want hy wou vrede hê.
9. Emeritus-aartsbiskop Tutu was 'n uitsonderlike persoon in die oë van die wêreld. Gee twee bewyse vir die stelling.
10. Watter posisie het Tutu ná die afskaffing van apartheid beklee om mense mekaar te laat vergewe?
11. Tutu het na verskillende standpunte gekyk en dan besluit watter een hy steun. Watter woord in die teks verwys na hierdie eienskap van hom?
12. Noem twee ander eienskappe van emeritus-aartsbiskop Tutu wat mense van hom laat hou het.

Aantekeninge

Aktiwiteit 5

Jy moet in die klas oor 'n Suid-Afrikaner praat wat groot sukses behaal het as aktrise en baie bekend is in die land – Sandra Prinsloo. Lees die teks en maak kort aantekeninge onder elke opskrif, waarop jy jou praatjie kan baseer. Dit hoef nie volsinne te wees nie.

Sandra Prinsloo is een van Suid-Afrika se heel bekendste aktrises. Haar verhoog- en filmloopbaan in sowel Engelse as Afrikaanse produksies strek al oor meer as vyf dekades. Gedurende hierdie tyd het sy leidende en veeleisende rolle gespeel in die toneelstukke van sowel internasionale dramaturge as Suid-Afrikaanse toneelskrywers, wat nie net in Suid-Afrika aangebied is nie, maar ook op wêreldbekende verhoë soos Broadway in New York en in Londen. Die toneelstuk *Miss Julie*, waarin Sandra teenoor die akteur John Kani gespeel het, is op die Edinburgh Fees in Skotland opgevoer.

Sandra het deur die jare talle teatertoekennings ontvang, onder andere verskeie kere die Computicket-toekenning vir beste aktrise op die Suid-Afrikaanse verhoog, asook die toekenning van die Suid-Afrikaanse Akademie vir Wetenskap en Kuns vir lewenslange bydrae tot teater in Suid-Afrika.

Die Orde van Ikhamanga (silwer), wat die Staatspresident elke jaar op Vryheidsdag aan uitmuntende presteerders in kuns, kultuur, letterkunde, joernalistiek en sport toeken, was 'n baie groot eer. Sandra het dit in 2014 vir haar toneelspel ontvang. Ikhamanga is die Xhosa-woord vir die kraanvoëlblom (strelitzia).

Sandra Prinsloo en John Kani

'n Toneel uit *Master Class*

Deur die jare het Sandra talle filmrolle vertolk, byvoorbeeld in *Tigers Don't Cry* teenoor die bekende rolprentster Anthony Quinn, en in *The Gods Must Be Crazy* van die filmmaker Jamie Uys – 'n rolprent wat wêreldwyd vertoon is. Sy was ook betrokke by die Blue Mountain Club in Soweto, wat aan haar 'n toekenning gegee het vir haar bydrae tot die swart filmbedryf in Suider-Afrika.

Sandra was jare gelede deel van die oorspronklike span akteurs in Suid-Afrika se eerste TV-sepie, *Egoli*, en sy is 'n baie bekende gesig op televisie. Sy het ook al haar eie TV-reekse aangebied, soos die program *Sandra op 'n drafstap*, waarin sy onderhoude met bekende persone in Suid-Afrika voer.

Die toneelstuk *Master Class*, waarin Sandra in 2023 die rol van die beroemde operasangeres Maria Callas gespeel het, het meer as 'n maand lank elke aand vol sale getrek. Daardie jaar was die honderdste herdenking van hierdie temperamentele sangeres se geboorte. Die stuk is gebaseer op 'n reeks

SLEUTELWOORDE

bydrae *(contribution)* – iets wat gegee/gedoen word

dramaturg *(playwright)* – iemand wat toneelstukke skryf

herdenking *(anniversary)* – iets wat jou 'n belangrike persoon of gebeurtenis laat onthou

meesterklas *(master class)* – 'n klas, veral in musiek, wat deur 'n kenner vir besonder begaafde studente aangebied word

onderhoud *(interview)* – 'n gesprek of bespreking met iemand oor 'n saak

oorspronklike *(original)* – toe iets begin het; die eerste

presteerders *(achievers)* – mense wat iets baie goed doen

uitmuntende *(excellent)* – uitstekend; baie goed

veeleisende *(demanding)* – moeilik om te doen

verhoog *(stage)* – platform voor in 'n saal

meesterklasse wat Maria Callas in 1971 en 1972 aan studente gegee het nadat haar sangloopbaan reeds geëindig het.

Volgens Sandra leer 'n akteur met elke toneelstuk nuwe dinge en gaan jy na nuwe plekke. Elke toneelstuk vra iets anders van 'n akteur. Dis soos om 'n berg te klim. Jy raak nooit moeg daarvan nie.

(Teks verwerk uit verskillende bronne, o.a. https://en.wikipedia.org/wiki/Sandra_Prinsloo en https://www.tvsa.co.za/shows/viewshow.aspx?showid=134, 31 Mei 2015)

1. Een belangrike rede waarom Sandra Prinsloo so 'n bekende persoon is:
   ....
2. Lande van die wêreld waar Sandra tydens haar loopbaan opgetree het:
   ....
3. Twee prestasies waarvoor Sandra in Suid-Afrika vereer is:
   ....
4. Belangrike eerbewys wat Suid-Afrika se staatspresident aan Sandra toegeken het:
   ....
5. Sandra se bydrae tot televisieprogramme:
   ....
6. 'n Rede waarom die toneelstuk *Master Class* in 2023 opgevoer is:
   ....
7. Redes waarom akteurs altyd nuwe toneelstukke wil aanpak:
   ....
   ....

Taal en woordeskat

Taalgereedskap

Byvoeglike naamwoorde

Byvoeglike naamwoorde (b.nw.) of adjektiewe (adj.) is **beskrywende** woorde. Hulle gee inligting oor die selfstandige naamwoord (s.nw.) of voornaamwoord (vnw.) waarmee hulle saam in 'n sin gebruik word. Byvoeglike naamwoorde kan voor of ná die selfstandige naamwoorde in die sin staan.

- Die byvoeglike naamwoorde is rooi gemerk in die volgende sinne en staan almal **voor die selfstandige naamwoord**, wat groen gemerk is.

  Siya Kolisi het ná sy moeilike kinderjare 'n beroemde heldefiguur geword in Suid-Afrika. Op skool het hy 'n wonderlike kans gekry om sy talente te ontwikkel en hy het daarna aangehou om 'n positiewe rol in die gemeenskap en die hele Suid-Afrika te speel.

- Aan alle byvoeglike naamwoorde wat **meer as een lettergreep** het en **voor die selfstandige naamwoord** staan, word 'n **-e** gevoeg. (Ons sê die woord word verbuig.)
- Byvoeglike naamwoorde wat uit een lettergreep bestaan, kry geen -e voor die selfstandige naamwoord nie.
  Die mooi sangeres sing in die beroemde teater in Milaan. Sy sing graag vir groot gehore.

• In die volgende sinne staan die byvoeglike naamwoorde ná die selfstandige naamwoord of voornaamwoord in die sin:
  Siya Kolisi is fiks en suksesvol. Sy bewonderaars wat hom sien speel, is geesdriftig en die atmosfeer om die rugbyveld is aangenaam en lewendig.

  - Aan byvoeglike naamwoorde wat ná die selfstandige naamwoord staan, word nie 'n -e gevoeg nie.

• Byvoeglike naamwoorde kan ook van **eiename** gevorm word, byvoorbeeld:
  Pretty Yende sing baie in Europese en Amerikaanse operahuise.

• Let op hoe die byvoeglike naamwoord verbuig word voor die selfstandige naamwoord in **woorde wat met d, g en f eindig**:

  - Emeritus-aartsbiskop Tutu was 'n ou man, maar sy gees was nooit oud nie.
  - Hy was optimisties en hy het jong mense 'n boodskap van hoop gegee. In sy hart was hy jonk.
  - Dit was 'n lang toespraak. Die toespraak was lank.
  - Tutu en sy vrou, Leah, het baie goeie dinge gedoen. Hul dade was goed.
  - Dooie mense bly soms ikone. Elvis Presley is 'n ikoon, al is hy dood.
  - Daar is net dowwe ligte in die saal. Die ligte in die saal is dof.
  - Dit is sagte musiek. Die musiek is sag.
  - Pretty sing hoë en lae note. Die note is hoog en laag.

Elvis Presley

Aktiwiteit 6

1. Skryf die byvoeglike naamwoorde in elkeen van die onderstaande sinne neer.
    a) Hy stel belang in die uitvoerende kunste, maar is ook 'n goeie skrywer.
    b) Al was dinge soms nie maklik nie, was almal optimisties.
    c) Die veld waarop die spelers rugby speel, is modderig.
    d) Snaakse dinge gebeur met almal, en opgewekte mense laat jou lag.
    e) Die toneelstuk waarvoor Sandra die toekenning gekry het, is baie goed.

2. Gee die regte vorm van die byvoeglike naamwoorde tussen hakies.
    a) Die (waaghalsig) avonturier het (gevaarlik) dinge gedoen in sy lewe.
    b) Die (nuut) rolprent wat in Kaapstad gemaak is, het 'n (boeiend) einde.
    c) Daardie (ikoon) skrywer is 'n (gaaf) persoon met 'n (sag) hart.
    d) Die (belangrik) voorval word in die (interessant) biografie beskryf.
    e) In die (oud) boek is foto's van die (sleg) paaie op die plaas.

f) Emeritus-aartsbiskop Tutu het in sy (lank) lewe baie eretoekennings ontvang.
g) Die (aangenaam) byeenkoms is deur (legende) kunstenaars bygewoon.
h) Sy het 'n (ernstig) besering opgedoen terwyl sy op die (grof) vloer gedans het.
i) Die film speel af op 'n (verlaat) plek tussen (dig) bosse.

Beklemtoning van byvoeglike naamwoorde

- Soms word 'n **-e** aan 'n byvoeglike naamwoord gevoeg om die woord te **beklemtoon**:
    - Daardie mooie aktrise is glad nie hoogmoedig nie.
    - Die luie man doen niks nie en wil heeldag slaap.
    - Daardie klomp stoute kinders het gedurende die uitvoering geraas.
    - In die lange, donkere nag het die bekommerde mense niks geslaap nie.

Vergelyking van byvoeglike naamwoorde

Byvoeglike naamwoorde het drie vorme wat gebruik word wanneer hulle vergelyk word.

- Die drie vorme word **trappe van vergelyking** genoem:

    - **Stellende trap:** Die biografie oor die akteur is 'n dik boek.
      Vergrotende trap: Die biografie is dikker as die woordeboek wat ek gebruik.
      Oortreffende trap: Die biografie is die dikste boek op my rak.

    - **Stellende trap:** Die beroemde sanger het laat gekom.
      Vergrotende trap: Die ou akteur het later gekom as die sanger.
      Oortreffende trap: Die biskop het die laatste van almal gekom.

    - **Stellende trap:** In die biografie lees ons dat hy moedeloos was.
      Vergrotende trap: Hy was moedeloser as sy suster.
      Oortreffende trap: Sy ma was die moedeloosste van almal.

Uit die voorbeelde is dit duidelik dat …

- **-er** aan die **vergrotende trap** gevoeg word;
- **-ste** aan die **oortreffende trap** gevoeg word;
- as daar 'n **kort vokaal voor die konsonant** in die woord is, soos in dik, die konsonant in die vergrotende trap **verdubbel**: dikker;
- 'n **lang vokaal** met **een vokaalletter** in die vergrotende trap geskryf word as die lettergreep **op 'n vokaal eindig**, soos in later (nie "laater" nie); en
- 'n woord wat met 'n **-s eindig**, met **twee s'e in die middel** geskryf word in die oortreffende trap, soos in moeloosste.

- Die trappe van vergelyking van **lang byvoeglike naamwoorde wat op -e eindig**, word met meer en mees gevorm:
    - tevrede – meer tevrede – die mees tevrede
    - opgewonde – meer opgewonde – die mees opgewonde

kort   korter   kortste

AFRIKAANS TWEEDE TAAL: LEERDERSBOEK

Nog voorbeelde van trappe van vergelyking

Stellende trap	Vergrotende trap	Oortreffende trap
dun	dunner	die dunste
goed	beter	die beste
maer	maerder	die maerste
jonk	jonger	die jongste
boos	boser	die boosste
kwaad	kwater	die kwaadste
kwaai	kwaaier	die kwaaiste
oud	ouer	die oudste
verleë	meer verleë	die mees verleë

Aktiwiteit 7

1. Teken 'n tabel met drie kolomme soos hier bo en skryf die vyftien woorde in die kassie hier onder in die eerste kolom. Skryf dan hul trappe van vergelyking in die ander twee kolomme.

   > nat, droog, laag, dwaas, verlate, ver, doof, nou, stout, kwaad, vroeg, stil, wyd, jonk, koud

2. Gee die korrekte trappe van vergelyking vir die woorde tussen hakies.

   a) 'n (Kwaai) hond as daardie bulhond het ek nog nie gesien nie.
   b) Die lang biografie is nie die (goed) boek vir die klas om te lees nie.
   c) Daardie plaas tussen die berge is (verlate) as die plaas naby die see.
   d) Ons woon (ver) van die winkels af as hulle.
   e) Dit is die (kort) van die twee lewensverhale.

Intensiewe vorme

Wanneer iets baie krom is, sê ons dit is hoepelkrom en wanneer dit baie duur is, is dit peperduur. Dit is voorbeelde van intensiewe vorme. Hier is nog voorbeelde:

blitsvinnig	kliphard	vuurwarm	broodnodig	spekvet
brandmaer	goudgeel	hemelsbreed	spierwit	piepklein
bloedjonk	stokoud	stokalleen	doodtevrede	skatryk
wildvreemd	morsdood	smoordronk	smullekker	dolverlief

Bywoorde

- 'n Bywoord gee meer inligting oor 'n byvoeglike naamwoord of 'n ander bywoord. Dit beantwoord die vrae **Waar**, **Wanneer**, **Hoe** en **In watter mate** (Hoeveel of Hoe gereeld).

- **Soorte bywoorde**
    - Bywoord van plek (waar?):
      Ons woon daar/hier. Hulle staan voor/buite/binne.

    - Bywoord van tyd (wanneer?):
      Ons gaan môre. Sy het gister gekom.

    - Bywoord van wyse/manier (hoe?):
      Siya Kolisi speel goed rugby en sy span luister aandagtig as hy praat.

    - Bywoord van graad:
      Die lewensverhaal is baie lank. Die siek vrou is verstommend dapper.

- Die trappe van vergelyking en intensiewe vorme van bywoorde word op dieselfde manier as dié van die byvoeglike naamwoord gevorm.

Aktiwiteit 8

Identifiseer al die bywoorde in die sinne en sê watter soort bywoord elkeen is.

1. Die biografie is nooit gepubliseer nie.
2. Ons lees stadig aan haar lewensverhaal.
3. Die agent het agter in die bank gestaan.
4. Die biskop het taamlik hard gepraat.
5. Almal het gister na die YouTube-video van Sandra Prinsloo se toneelstuk gekyk.

Aktiwiteit 9

Toets jou woordeskat.

1. Kies die verklaring wat by elke woord in die linkerkantste kolom pas.

Woord	Verklaring
a) vlot	vrolik, nie treurig nie
b) brandarm	kyk na
c) opgewek	ballet, sang en toneelspel
d) dophou	baie min geld hê
e) uitvoerende kunste	maklik en vinnig, sonder moeilikhede

2. Vertaal die skuinsgedrukte Engelse woorde in die sinne in Afrikaans.
    - a) *Accounting* was een van Pretty Yende se *school subjects*.
    - b) Sy praat goed *German* en *French*.
    - c) Die Nobelprys vir vrede is al aan 'n paar Suid-Afrikaners *awarded*.
    - d) Tutu is *impartial* in sy *opinions* oor wat mense doen en sê.
    - e) Die agent het hoë *expectations* van die aktrise gekoester.

AFRIKAANS TWEEDE TAAL: LEERDERSBOEK

Skryf

As 'n mens die lewensgeskiedenis van 'n beroemde mens lees, sien jy dat hierdie mense hard gewerk het om so suksesvol te wees.

Gary Player, een van die grootste sporthelde wat Suid-Afrika ooit opgelewer het, het gesê:

"The more I practice, the luckier I get."

Ons is nie almal van nature skrywers nie, maar almal moet die een of ander tyd skriftelik kommunikeer. Die skryfvaardigheid is net soos enige ander vaardigheid. 'n Swemmer swem, 'n sanger sing en 'n skrywer skryf. Dit moet geoefen word.

Gary Player

Aktiwiteit 10

Jy het in hierdie hoofstuk na 'n toespraak geluister waarin Pretty Yende oor haar lewe en loopbaan praat, 'n artikel oor Siya Kolisi en die biografie van emeritus-aartsbiskop Tutu gelees, en aantekeninge oor Sandra Prinsloo gemaak.

Skryf nou die lewensverhaal van 'n spesiale persoon wat 'n rolmodel vir ander mense geword het. Dit kan iemand wees wat nog lewe of reeds dood is. Dit hoef nie 'n ware verhaal te wees nie en hoef ook nie oor 'n beroemde mens te gaan nie.

- Kies jou eie gepaste titel, byvoorbeeld:
    - Die fantastiese verhaal van Diana Davids. (Gebruik 'n naam van jou keuse.)
    - Die besielende lewe van Elwyn van Eeden. (Kies self 'n naam.)
    - Ek sal Nocawe nooit vergeet nie. (Gebruik enige naam.)
- Volg hierdie stappe in die skryfproses:

Riglyne vir die skryf van 'n verhalende opstel

Stap 1: Beplanning
- Dink na oor die onderwerp en maak **aantekeninge**: skryf idees neer (woorde of frases) wat in jou gedagtes opkom.
- Moenie nou bekommerd wees oor korrekte spelling en leestekens nie. As jy begin skryf (die derde stap), kan jy daaraan aandag gee.

Stap 2: Ordening
- Besluit watter idees jy wil insluit en rangskik hulle in 'n **kopkaart** met die tema of onderwerp in die middel.
- As jy nie 'n kopkaart maak nie, kan jy die idees in volgorde onder mekaar neerskryf en **nommer**. Die inleiding sal nommer 1 wees en die slot laaste, byvoorbeeld 6.

Stap 3: Eerste geskrewe weergawe
- 'n Verhalende opstel soos hierdie word meestal in die **verlede tyd** geskryf.
- Jou **inleiding** is belangrik en jy moet goed daaroor dink. Dit moet die onderwerp bekendstel en die leser aanspoor om verder te lees.
- Gebruik **volsinne** en rangskik die sinne in **paragrawe**.
- Elke paragraaf het 'n **hoofgedagte** wat dikwels die eerste sin van die paragraaf is.
- Gee aandag aan **korrekte en gepaste taalgebruik**, **spelling** en **leestekens**.
- Gebruik 'n woordeboek as jy onseker is oor spelling en om woordbetekenisse na te slaan.
- Eindig met 'n **treffende slotparagraaf**.

Stap 4: Redigering en proeflees
- Hierdie stap in die skryfproses is baie belangrik. Lees jou skryfstuk **baie noukeurig** deur en let op na die volgende:
  - Spelling: Pas die **spelreëls** wat jy geleer het toe en kontroleer of jy hoofletters gebruik het waar nodig.
  - Leestekens: Gebruik jy **kommas** waar dit nodig is, en 'n **punt**, **vraagteken** of **uitroepteken** aan die einde van sinne?
  - Woordorde: Maak seker dat jy telkens die **korrekte woordorde** gebruik, byvoorbeeld ná voegwoorde soos "dat" en "omdat".
- Kyk of jy nie enige woorde met **meer gepaste woorde** moet vervang nie.
- Let ook op na die korrekte gebruik van die **ontkennende vorm**, byvoorbeeld die dubbele "nie" in Afrikaans.
- Maak alle foute wat jy raaksien, reg.

Stap 5: Finale, netjiese weergawe
- Skryf die opstel netjies oor en lewer die finale weergawe in. Dit moet nagesien word sodat jy kan sien of daar nog foute is en daaruit kan leer. Daar kan dan ook kommentaar gelewer word oor ander aspekte soos styl, wat jou sal help.

Hoe vorder jy?

Aktiwiteit 11

Lees die teks oor een van Suid-Afrika se musieklegendes en voer dan die opdragte uit.

Johnny Clegg was 'n a) (Suid-Afrika) sanger en danser wie se b) (fantasties) musiek 'n mengsel is van c) (Westers) popmusiek en Afrika-Zulu-ritmes. In die d) (vroeg) jare was dit 'n e) (nuut) soort musiek in hierdie f) (wyd) land. Hy het ook bekend gestaan as die Wit Zulu. Sy g) (lank) reis in die musiekwêreld het oor meer as dertig jaar gestrek.

Johnny Clegg het gehore wêreldwyd betower. Hy het 'n aantal h) (internasionaal) toekennings verower en geveg vir menseregte in Suid-Afrika tydens die apartheidsjare. Hy het hom ook uitgespreek teen i) (verkeerd) dinge in die wêreld.

In Junie 2015 het koningin Elizabeth II van Brittanje die Order of the British Empire (OBE) aan Johnny Clegg toegeken. Die Britse j) (hoog) kommissaris het gesê dit is erkenning vir sy k) (uniek) dienste aan die kunste, mense wat swaarkry en kinders, en vir sy pogings om demokrasie in Suid-Afrika te bevorder.

Johnny Clegg

Johnny Clegg was een van die l) (bekend) musieksterre wat Suid-Afrika opgelewer het. Hy het mense oor drie dekades deur musiek verenig. Hy is in 2019 oorlede, maar sy bewonderaars sal hom nooit vergeet nie.

1. Gee die regte vorm van al die genommerde byvoeglike naamwoorde tussen hakies.
2. Gee die intensiewe vorm van "nuut" en "wit".
3. Gee die Afrikaanse vertaling vir die Engelse woorde tussen hakies.
   a) Emeritus-aartsbiskop Tutu het later afgetree en hy wou nie meer 'n (*public*) figuur wees nie.
   b) Gary Player glo dat 'n mens baie moet oefen as jy sukses wil (*achieve*).
   c) Pretty Yende wou ná matriek 'n (*career*) in musiek volg. Almal het hoë (*expectations*) van haar gekoester.
   d) Sandra Prinsloo tree al dekades lank op die (*stage*) op en sy het baie (*awards*) ontvang.
   e) Die (*famous*) man het baie bewonderaars.
4. Noem die bywoord in elke sin en sê watter soort bywoord dit is.
   a) Hierdie mense het Johnny Clegg se musiek baie geniet.
   b) Pretty Yende het vanaand pragtig gesing.
   c) Die biskop het interessant gepraat.
   d) Die kinders sit agter in die saal op stoele.

> Hoofstuk 9
Goeie nuus

Ons hoor dikwels hoe mense die versugting uitspreek om meer "goeie nuus" te hoor. Die media berig elke dag oor honderde dinge, maar ongelukkig word die goeie nuus gereeld deur die slegte nuus oorskadu. Gelukkig is daar darem ook goeie nuus, en in hierdie hoofstuk gaan ons dié goeie nuus ondersoek, daaroor lees, praat en skryf.

IN HIERDIE HOOFSTUK GAAN JY:

- oor voorbeelde van goeie nuus gesels;
- bespreek waarom 'n mens minder goeie nuus as slegte nuus hoor;
- na 'n teks luister en vrae daaroor beantwoord;
- visuele en geskrewe tekste lees en begripsvrae daaroor beantwoord;
- aantekeninge en 'n opsomming maak;
- die ontkennende vorm en letterlike en figuurlike taal ondersoek;
- jou woordeskat uitbrei; en
- 'n resensie skryf.

> Luister

In hierdie afdeling gaan julle voorbeelde van goeie nuus bespreek. Julle gaan ook ondersoek waarom ons veel meer slegte nuus as goeie nuus hoor. Daarna gaan julle na 'n teks luister en vrae daaroor beantwoord.

Aktiwiteit 1

Kyk saam met 'n maat na die brokkies inligting en gesels dan oor die vrae wat volg.

Kinders lees vir diere

Vir 'n kind wat leer lees, kan dit oorweldigend wees om voor ander mense te lees. Onderwysers by 'n laerskool in Elsiesrivier het 'n plan gemaak en neem hul leerders na 'n diereskuiling waar hulle kan oefen om vir die diere te lees.

Die katte by die diereskuiling kry elke twee weke geleentheid om te luister hoe die kinders hardop lees. Die streeltjies wat die katte kry, is 'n bonus vir hulle.

Om hardop te lees het verskeie voordele – dit verbeter kinders se konsentrasievermoë, bou hul selfvertroue en leer hulle hoe om woorde reg uit te spreek.

(Uit: *Good News South Africa*)

SLEUTELWOORDE

diereskuiling *(animal shelter)* – plek waar huislose diere versorg word

voordele *(advantages)* – positiewe gevolge

R10-sop help armes

Toe Sikelelwa en Mbulelo Nofemela hul Ribs etc.-restaurant in die Oos-Kaap oopgemaak het, was die idee van filantropie en om terug te gee die eerste item op hul spyskaart. Benewens ribbetjies, wat hulle hoofdis is, het die Nofemelas besluit om 'n R10-sop-opsie op die spyskaart te plaas. Dit kan óf gekoop word deur iemand met min beskikbare geld, óf as 'n ekstra deur meer gegoede klante wat dit dan vir die restaurant moontlik maak om sop aan behoeftige mense uit te deel.

(Uit: *Good News South Africa*)

> **SLEUTELWOORDE**
>
> **agterstand** *(backlog)* – iets wat agtergeraak het
>
> **behoeftige** *(needy)* – arm

Dié masjien sal 'n huis in 'n dag kan bou

'n 3D-drukker wat 'n huis binne agt uur kan bou, is in Johannesburg bekendgestel. Die tegnologie gaan ingespan word om die agterstand met laekostebehuising te help oplos. Die 3D-drukker gebruik 'n spesifieke soort sement wat vinniger droog word as gewone sement. Die masjien kan bykans enige struktuur druk. Vir enige bykomende elemente, soos 'n bank of pot vir die tuin, word die ontwerp eenvoudig in die masjien gelaai, wat dit dan uit die sement druk.

(Uit: *Netwerk24*, 28 Januarie 2023)

1. Van watter goeie ding vertel elke brokkie inligting ons?
2. Sê nou maar daar is tien nuus-items oor die TV-nuus en een van hierdie brokkies nuus is een van die tien nuus-items. Hoeveelste, dink julle, sal hierdie brokkie op die lys wees? Waarom?
3. Waarom is daar soveel "slegte" nuus in die koerante en op televisie?
4. Dink julle meer goeie nuus moet gepubliseer word? Waarom sê julle so?

Aktiwiteit 2

Luister na die onderhoud oor hoe rotte gebruik word om tuberkulose (TB) in mense op te spoor. Maak aantekeninge terwyl jy luister. Beantwoord dan die volgende vrae.

1. Aan wie is die vrae oor rotte en TB gevra?
2. In watter twee lande word rotte gebruik om TB op te spoor?
3. Skryf die ontbrekende woorde neer.

   Hierdie spesifieke soort rot word gebruik om TB op te spoor, want hy kan besonder goed a) _____, hy kom b) _____ voor, hy is c) _____ en hy is maklik om te d) _____.

4. Is die volgende stellings waar of onwaar? Gee elke keer 'n rede vir jou antwoord.
   a) Rotte kan nie lank gebruik word nadat hulle opgelei is nie.
   b) Rotte help mediese werkers om TB-pasiënte beter op te spoor.
   c) Rotte kan net in hospitale en klinieke gebruik word om TB op te spoor.
5. Skryf die ontbrekende woord neer:
   Mense wil uitvind of rotte ander siektes soos _____ kan ruik.
6. Onder watter groep mense in Suid-Afrika sal rotte volgens Christiaan goed gebruik kan word om TB te diagnoseer?
7. Kies die korrekte woord:
   Wanneer die rotte in gemeenskappe gewys word, is mense (verstom/geskok/ontsteld) oor wat die rotte kan doen.
8. Waarom geniet Christiaan sy werk?
9. Hierdie rotte word "helderotte" genoem. Hoekom?

Rotte help om TB te diagnoseer

SLEUTELWOORDE

helderotte *(hero rats)* – rotte wat soos helde is

onderhoud *(interview)* – vrae wat gestel word om inligting te kry

op te spoor *(to detect)* – om te vind

opgelei *(trained)* – geleer

Leesbegrip

Aktiwiteit 3

Lees die berig oor Tafelberg. Beantwoord daarna die vrae wat volg.

Tafelberg kraai weer koning as voorste toeriste-attraksie

Kaapstad se ikoniese Tafelberg het weer sy kroon as "Afrika se voorste toeriste-attraksie" by die gesogte World Travel Awards (WTA) suksesvol verdedig.

Dié landmerk dra nou die vierde agtereenvolgende jaar dié kroon danksy die publiek se stemme.

Hoofstuk 9: Goeie nuus

"Ons is baie opgewonde oor die nuus dat ons ons titel behou het," sê Wahida Parker, hoof van die Tafelberg-sweefspoormaatskappy.

"Ons het 'n paar baie waardige mededingers gehad, veral van ons tuisdorp-helde soos Robbeneiland en die V&A Waterfront.

"Die meeste van die benoemdes in ons kategorie was van Kaapstad, wat weer wys watter wonderlike en suksesvolle mengsel van besienswaardighede ons in die Moederstad het," sê Parker.

Tafelberg en die sweefspoor is intussen genomineer vir die volgende fase van die jaarlikse kompetisie, waar attraksies nou met ander wêreldwyd meeding in plaas van net plaaslik.

Tafelberg en die sweefspoor is in twee kategorieë benoem, sê Parker. "Die sweefspoor ding mee met ander wêreldwyd in die kategorie vir die wêreld se toonaangewendste sweefspoorrit.

"Die kompetisie vir Tafelberg is egter besonder fel – dit sluit onder meer in die Burj Khalifa in Dubai, die VSA se Grand Canyon, die Groot Muur van China, die Machu Picchu-ruïnes in Peru en die berg Kilimandjaro in Tanzanië."

(Uit: *Netwerk24*, 17 Oktober 2022)

> **SLEUTELWOORD**
>
> **sweefspoor** *(cable car)* – karretjie waarmee 'n mens teen Tafelberg op en af kan gaan

Besoekers ry met die sweefspoor tot op Tafelberg.

1. Die uitdrukking "kraai koning" (opskrif) beteken:
   - A is die beste.
   - B is in beheer.
   - C is wêreldbekend.
2. Watter woord in paragraaf 1 sluit direk by die opskrif aan?
   - A ikoniese
   - B kroon
   - C gesogte
3. Wat bevestig dat Kaapstad vol uitstekende besienswaardighede is?
4. Hoe verskil die kompetisie se tweede fase van die eerste fase?
5. Na watter plek wat in die berig genoem word, sal jy graag wil gaan? Verduidelik waarom.

Aktiwiteit 4

Toe die nuwe lys van sewe natuurwonders van die wêreld in 2011 aangekondig is, was dit vir Suid-Afrika baie goeie nuus dat Tafelberg een van hierdie wonders is. Kyk na die spotprent deur Fred Mouton en beantwoord dan die vrae wat daarop volg.

(Uit: *Die Burger*, 15 November 2011)

1. Wat is die doel van die roset teen die berg?
2. Met wie "praat" die berg?
3. Wat impliseer die woord "maar" in die berg se woorde?
4. Die muis links onder dink: "Die drie bedreigings".
    a) Wat is die drie bedreigings?
    b) Hoe pas hierdie bedreigings by die berg se woorde?
5. Wat, dink jy, is die doel van die spotprent?

SLEUTELWOORD

bedreigings *(threats)*
– gevare

Aktiwiteit 5

Lees die volgende teks en voer die opdrag uit.

> Die Departement van Kuns en Kultuur wil inligting insamel oor die soort nuus waarin tieners belangstel en waar hulle nuus in die hande kry.
>
> Amanda Nel is op 18 Augustus 2010 gebore. Sy woon by haar pa in Populierstraat 17, Noordhoek, 7979. Haar huistelefoonnommer is 021 789 5052 en haar selfoonnommer is 074 334 5212. Amanda se e-posadres is amanda.nel@gmail.com. Elke naweek gaan Amanda na haar ma in Wynberg. Haar ma se adres is Aliwalweg 21, Wynberg, 7800. Haar e-posadres is michelle.nel@yahoo.com en haar foonnommer is 084 113 495.
>
> Amanda is in graad 11 aan die Hoërskool Noordhoek. Haar skool se adres is Hoofweg 10, Noordhoek, 7979. Die skool se e-posadres is hsnoordhoek@hsn.com en die telefoonnommer is 021 789 2376.
>
> Amanda lees van kleins af graag koerant. Sy hou van plaaslike en internasionale nuus. Toe sy klein was, is die koerant elke dag by hulle huis afgelewer. Dit was dus altyd beskikbaar. Haar ma kry nog elke dag die koerant, maar omdat Amanda nie by haar ma bly nie, lees sy gedurende die week verskeie koerante aanlyn. Haar pa verkies om na die radionuus te luister.
>
> Amanda stel baie belang in musiek en in troeteldiere en soek altyd nuus en inligting daaroor. Daar is 'n goeie tydskrif oor troeteldiere wat sy elke maand koop, maar sy gebruik meestal die internet vir inligting en nuus oor musiek. Haar broer is dol oor sport en kyk naweke gereeld na die nuus en sportprogramme op TV om te hoor hoe sy gunstelingspanne vaar.
>
> Amanda se goeie vriendin Louise, wat graag 'n joernalis wil word, lees selfs oorsese koerante op haar selfoon, maar Amanda verkies haar tablet of rekenaar se groter skerm.
>
> Volgens Amanda hou haar belangstelling in die nuus haar in voeling met wat in die wêreld aangaan en laat dit haar soos 'n wêreldburger voel.

Verbeel jou jy is Amanda. Kopieer die vorm op bladsy 142 en vul dit in.

WENKE VIR DIE INVUL VAN DIE VORM

- Vul presies die regte inligting op die vorm in.
- Maak seker jou spelling is akkuraat.
- Skryf adresse en datums net soos dit in die teks geskryf is.

Opname

Tieners en nuus

Vul asseblief die vorm in.

Naam: _____

Naam van skool: _____ Graad: _____

Persoonlike besonderhede:

Geboortedatum: _____ Ouderdom: _____

Adres: _____

Selfoonnommer: _____

E-posadres: _____

Maak 'n regmerkie by die gepaste opsie(s) en vul die nodige inligting in.

Ek stel belang in nuus oor:

plaaslike en internasionale gebeure ☐

musiek ☐

sport ☐

ander _____

Ek lees graag koerant: Ja ☐   Nee ☐

Indien ja: gedrukte koerante ☐ aanlyn koerante ☐

Ander maniere waarop ek nuus en inligting kry:

radio ☐   rekenaar ☐

selfoon ☐   televisie ☐

tydskrifte ☐   ander _____

Redes waarom ek in nuus belangstel: _____
_____

Hoofstuk 9: Goeie nuus

> # Aantekeninge

Aktiwiteit 6

Lees die volgende teks oor die geskiedenis van koerante en voer dan die opdragte uit.

'n Kort geskiedenis van koerante

Die idee om nuus en inligting te deel, het lank voor daar enigiets soos die moderne koerant was, begin. Voordat die drukpers in die sewentiende eeu uitgevind is, moes die publiek tevrede wees met inligting wat amptelik verskaf is of hulle moes na oorvertelde nuus en skinderstories luister.

'n Vroeë voorbeeld van nuus wat amptelik versprei is, dateer uit 59 v.C. in Rome. Daar was 'n daaglikse gaset (koerant), die *Acta diurna* ("daaglikse dade"), wat toe in Rome gepubliseer is. Die keiser, Julius Caesar, het dit ingestel om sosiale, politieke en militêre nuus, en nuus oor hofsake, openbare aanstellings, teregstellings, geboortes, huwelike en sterftes te versprei. Die *Acta diurna* is met die hand geskryf en op prominente plekke in Rome vertoon. 'n Soortgelyke metode is vanaf die sesde tot die twintigste eeu in China gevolg.

Gedurende die Middeleeue is handgeskrewe nuusbriewe met politieke en kommersiële inligting versprei onder die klein klompie mense wat kon lees. Daar was ook nuusboeke of pamflette met inligting oor belangrike gebeure soos oorloë.

Vroeg in die sewentiende eeu het nuus wat op plate met los letters geset is, in Duitsland, Italië en Nederland verskyn. Die Nederlandse "corantos" (koerante) het reeds in 1620 nuus-items uit die buiteland gepubliseer. Die eerste Engelse "corant" het in 1621 in Londen verskyn. Verskeie Europese lande het vroeg in die sewentiende eeu basiese koerante gepubliseer. In daardie tyd is pamflette met sosiale nuus in Japan gepubliseer.

Kort nadat die eerste "corantos" plaaslike en buitelandse nuus begin publiseer het, het sensuur verskyn. Die eerste Engelse uitgewer, Thomas Archer, is in die tronk gegooi. Regerings het besluit watter nuus gepubliseer mag word. Slegs onbelangrike plaaslike nuus is toegelaat. Ernstige politieke kommentaar is verbied. Buitelandse nuus is net toegelaat as dit die regering se beleid ondersteun het. Sensuur het oor die Atlantiese Oseaan na die Amerikaanse kolonies versprei.

Die eerste koerant in Brits-Noord-Amerika is in 1690 onmiddellik deur die goewerneur van Massachusetts verbied. Amptelike nuus in die Verenigde State is deur proklamasies en in pamflette versprei. Die *New England Courant* (1721) was die begin van 'n onafhanklike pers in die Verenigde State. Die First Amendment van die Amerikaanse grondwet het in 1791 vryheid van die pers in die Verenigde State verseker. Die *Freedom Journal* (1827) was die eerste Amerikaanse koerant wat deur Afro-Amerikaners beheer is. Dié koerant het die beweging teen slawerny ondersteun.

Die voorblad van Thomas Carolus se koerant, *Relation*, wat in 1609 in Duitsland gepubliseer is. Dit was die heel eerste gedrukte koerant.

'n Uitgawe van die *New England Courant*

AFRIKAANS TWEEDE TAAL: LEERDERSBOEK

Gedurende die negentiende eeu het koerante begin verander. 'n Koerant in Frankryk het vervolgverhale begin publiseer en ook die prys van die koerant verlaag. In hierdie tyd het koerante ook nuus vinniger begin insamel en hulle kon vinniger gedruk word. Koerante het met mekaar begin kompeteer. Sensasionele berigte en illustrasies is gebruik om lesers te lok.

Gedurende die eerste helfte van die twintigste eeu het die aantal koerante in Engeland, Europa en Amerika drasties vermeerder. Die kompetisie om die meeste lesers te kry, was sterker as ooit. Koerante het strokiesprente, blokkiesraaisels en ander vermaak gepubliseer om hul sirkulasie te verhoog.

Die een-en-twintigste eeu het weer veranderinge gebring. Die groeiende gewildheid van die internet as 'n bron van nuus en inligting het baie koerante laat sukkel om genoeg geld te maak. Die gevolg is dat amper al die wêreld se grootste koerante aanlyn uitgawes begin publiseer het, wat dikwels gratis beskikbaar is.

Die wêreld bly honger vir inligting. Deesdae word dit net op ander maniere beskikbaar gestel.

'n Koerant word op 'n rolpers gedruk.

SLEUTELWOORDE

aanlyn uitgawes *(online editions)* – wat op die internet gepubliseer word

amptelik *(officially)* – offisieel

dateer uit *(dates from)* – kom uit

drukpers *(printing press)* – toestel waarop boeke, koerante, tydskrifte, ensovoorts, gedruk word

pers *(press)* – gedrukte media soos koerante

plaaslike *(local)* – van 'n spesifieke plek

sensuur *(censorship)* – wanneer die regering besluit wat 'n mens mag lees/sien en wat nie

strokiesprente *(cartoon strips)* – stories wat met prente vertel word

uitgewer *(publisher)* – iemand wat boeke publiseer

verbied *(forbidden)* – dit mag nie gebeur nie

vermaak *(entertainment)* – wat mense geniet

vervolgverhale *(serials)* – stories wat in dele gepubliseer word

1. Jy gaan 'n praatjie oor die geskiedenis van koerante in die klas lewer. Maak drie kort aantekeninge onder elke opskrif waarop jy jou praatjie kan baseer. Die eerste aantekening is vir jou gemaak.

    a) Feite oor die *Acta diurna*: 1) In 59 v.C. gepubliseer.

    ....

    ....

Hoofstuk 9: Goeie nuus

b) Gevolge van sensuur: ....
....

c) Veranderinge in koerante in die negentiende eeu: ....
....

2. Gebruik die teks oor die geskiedenis van koerante en skryf 'n puntsgewyse opsomming oor hoe koerante deur die eeue verander het. Jy kan van jou aantekeninge hier bo in die opsomming gebruik.

   Skryf elke punt in 'n volsin.

> Taal en woordeskat

Taalgereedskap

Die ontkennende (negatiewe) vorm

Kyk na die sinne uit die teks oor rotte en TB waarna julle geluister het:

- "Die rotte werk vinnig en is nie duur om te leer nie."
- "Ons het nog nie getoets of die rotte ander siektes kan ruik nie."
- "Dit is mense by wie TB nie in hospitale en klinieke opgespoor is nie."

Al die sinne hier bo is in die **ontkennende vorm** (negatief). Die woord "nie" word **twee keer** in elkeen gebruik. Die tweede "nie" kom heel **aan die einde** van die sin.

Kyk ook na die volgende sinne:

- Die tieners lees.   Die tieners lees nie.
- Die tieners lees die koerant.   Die tieners lees nie die koerant nie.

Ons let dus op:

- **Kort sinne** sonder 'n voorwerp in die teenwoordige tyd het slegs een "nie".
- In die meeste ander sinne is daar 'n **dubbele ontkenning**.

Woorde wat in die ontkennende vorm verander

- Ek het dit êrens gehoor.   Ek het dit nêrens gehoor nie.
- Iets is daaroor geskryf.   Niks is daaroor geskryf nie.
- Iemand het dit gesien.   Niemand het dit gesien nie.
- Lees jy nog die koerant?   Lees jy nie meer die koerant nie?
- Het die nuus al begin?   Het die nuus nog nie begin nie?
- Het jy al ooit hiervan gehoor?   Het jy nog nooit hiervan gehoor nie?
- Almal het dit gehoor.   Niemand het dit gehoor nie.
                                        Nie almal het dit gehoor nie.
- Ons het alles gelees.   Ons het niks gelees nie.
                                        Ons het nie alles gelees nie.
- Ons kyk óf soggens óf saans   Ons kyk nóg soggens nóg saans
  na die nuus.   na die nuus.

> **SLEUTELWOORD**
>
> **voorwerp** *(object)* – wat die handeling in 'n sin ondergaan

145

AFRIKAANS TWEEDE TAAL: LEERDERSBOEK

Bevele en versoeke in die ontkennende vorm

- Vertel vir my die nuus.   Moenie vir my die nuus vertel nie.
- Lees asseblief wat gebeur het.   Moet asseblief nie lees wat gebeur het nie.

Aktiwiteit 7

1. Skryf die volgende sinne in die ontkennende vorm.
    a) Daar is genoeg goeie nuus in die koerant.
    b) Weet iemand wat gebeur het?
    c) Almal het die berig gelees.
    d) Daar was iets hieroor in die nuus.
    e) Jy kan alles glo wat jy lees.
    f) Sy het al daardie nuus gehoor.
    g) Daar is êrens inligting oor hierdie onderwerp.
    h) Baie mense lees nog die gedrukte koerant.
    i) Koop hierdie koerant.
    j) Vertel my asseblief wat gebeur het.

2. Beantwoord hierdie vrae in die negatief. Begin elke antwoord met: *Nee, ek …*
    a) Kyk jy na die nuus op TV?
    b) Het jy al hierdie storie gehoor?
    c) Weet jy iets van wat gebeur het?
    d) Het jy al ooit 'n digitale koerant gelees?
    e) Lees jy nog die gedrukte koerant?

3. Watter raad kan jy vir iemand gee wat 'n nuusstorie aan 'n groep mense vertel? Kyk na die voorbeeld en skryf dan jou eie twee sinne op dieselfde patroon (in die ontkennende vorm).

    Voorbeeld: Moenie vervelig wees nie.

Letterlike en figuurlike taal

Die **letterlike betekenis** van 'n woord is die **gewone** betekenis.

Die **figuurlike betekenis** van 'n woord of uitdrukking is die **metaforiese** betekenis. Figuurlike of beeldende taal gee ekstra betekenis aan 'n beskrywing. As jy figuurlike taal in jou eie skryfwerk gebruik, kan dit die leser help om iets in sy of haar verbeelding te sien.

Kyk na die volgende voorbeelde:

Letterlik: Die nuusleser dra 'n goue kettinkie om haar nek.

Figuurlik: Die pryswenner het 'n goue (pragtige) glimlag.

Letterlik: Die prys van goud is al weer in die nuus.

Figuurlik: Die oggendstond het goud in die mond. (Dis aangenaam of voordelig om vroeg op te staan.)

Idiomatiese uitdrukkings is ook voorbeelde van figuurlike taal. Jy kan idiome gebruik om jou skryfwerk interessant en lewendig te maak.

> **SLEUTELWOORDE**
>
> **verbeelding** *(imagination)* – wat jy in jou gedagtes "sien"
>
> **vervelig** *(boring)* – wat nie interessant is nie

Hier volg 'n klompie idiomatiese uitdrukkings wat jy gerus in jou eie skryfwerk kan gebruik.

Idiome in verband met nuus
- *Geen nuus is goeie nuus* – as jy niks van iemand hoor nie, gaan dit gewoonlik goed.
- *Dis ou nuus* – almal weet dit reeds.
- *Iemand is 'n nuusdraer* – iemand skinder graag.
- *'n Voëltjie hoor fluit* – iemand iets hoor sê.

Idiome met 'n boommotief
- *Dit gaan tussen die boom en die bas* – dit gaan nie goed nie, maar ook nie sleg nie.
- *Die appel val nie ver van die boom nie* – die kind aard na sy ouers.
- *Hoog in die takke wees* – dronk wees.

Idiome uit die dierewêreld
- *Twee vlieë met een klap doodslaan* – twee dinge met een optrede verrig.
- *Haastige hond verbrand sy mond* – as jy te haastig is, kan jy groot foute begaan.
- *Nie 'n kat se kans hê nie* – geen kans hê nie.
- *Die bul by die horings pak* – dadelik met 'n taak begin.
- *Die hoenders in wees* – kwaad wees.

Uitdrukkings met alliterasie of assonansie
- Ons is *siek en sat* van slegte nuus – moeg.
- Die werk is *kant en klaar* – heeltemal klaar.
- Iemand *met raad en daad* bystaan – met woorde en dade help.
- Iemand *deur dik en dun* bystaan – as dit goed gaan en as dit sleg gaan.
- Hy lieg *sonder om te blik of te bloos* – sonder om skaam te voel.

Uitdrukkings met teenoorgesteldes
- *Hemel en aarde beweeg* – alles moontlik doen.
- *Hoog en laag soek* – oral soek.
- *Dag en nag werk* – aanhoudend werk.
- *Iets swart op wit stel* – op papier skryf/tik.
- *Oud en jonk was daar* – almal was daar.

Oud en jonk was by die musiekfees.

Aktiwiteit 8

1. Dui elke keer aan watter sin 'n letterlike betekenis het en watter sin 'n figuurlike betekenis het.

   a) Hy vertel stories uit die **gryse** verlede.
      My ouma het **grys** hare.

   b) Daar is 'n **nou** voetpaadjie deur die bos.
      Sy het 'n **noue** ontkoming gehad toe die perd haar afgegooi het.

2. By watter vergelyking in kolom A pas elke woord in kolom B?

Kolom A		Kolom B
a)	So dapper soos 'n _____	hond
b)	So dood soos 'n _____	lam
c)	So mak soos 'n _____	os
d)	So siek soos 'n _____	leeu
e)	So sterk soos 'n _____	mossie

Aktiwiteit 9

1. Kopieer die blokkiesraaisel op bladsy 149 en vul dit in. Al die woorde wat jy moet invul om die idiomatiese uitdrukkings te voltooi, is diere. Kyk na die leidrade en illustrasies op hierdie bladsy om jou te help.

2. Gesels met 'n maat oor wat elke idioom beteken.

Leidrade	
Dwars	Af
5 Die _____ agter die bult gaan haal.	1 'n _____ uit 'n bos praat.
6 Dis soos water op 'n _____ se rug.	2 Dis 'n _____ van 'n ander kleur.
8 Soos 'n _____ op droë grond.	3 Die _____ uit die boom kyk.
10 Nie onder 'n _____ uitgebroei wees nie.	4 Saam met die _____ gaan slaap.
11 Daar is 'n _____ in die gras.	7 So bang soos 'n _____ vir 'n skoot hael.
12 So stadig soos 'n _____.	8 Hulle is _____ van eenderse vere.
14 Al sy _____ is nie op hok nie.	9 _____ trou met Wolf se vrou.
15 Soos 'n _____ werk.	10 Dis so warm dat die _____ gaap.
	13 Die _____ uit die mou laat.

Hoofstuk 9: Goeie nuus

				¹H			²P		³K	
		⁴H		⁵B						
									T	
		⁶E								
						⁷B		⁸V		
										⁹J
			¹⁰K							
		¹¹S						¹²S		
	¹³A									
¹⁴V								¹⁵E		
	P									

> Skryf

In hierdie afdeling gaan jy meer oor resensies leer en self 'n resensie skryf.

Aktiwiteit 10

1. Bespreek die volgende vrae met 'n maat.
    a) Wat is 'n resensie en wat is die doel daarvan?
    b) Waaroor word daar alles resensies geskryf?
    c) Waar kan 'n mens resensies lees?
2. Lees die resensie en die aantekeninge daarby op die volgende bladsy. Dit is 'n resensie van die film *Die wonderwerker* oor die lewe van Eugène Marais, 'n digter, dokter en natuurkundige. Katinka Heyns is die regisseur van die film. (Die sleutelwoorde verskyn op bladsy 151.)
3. Jy het 'n uitstekende film gesien. Skryf 'n resensie van die film vir die skoolkoerant.

Katinka Heyns

Riglyne vir die skryf van 'n resensie

- Beplan jou resensie deeglik – gebruik die resensie van *Die wonderwerker* as voorbeeld.
- Kies 'n treffende opskrif.
- Noem in paragraaf 1 kortliks wat jy resenseer, deur wie dit is en waar dit vertoon word (indien van toepassing).
- Dui reeds in die inleiding jou standpunt aan.
- Laat jou resensie logies ontwikkel.
- Gee feitelike inligting oor die film wat geresenseer word.
- Noem goeie en swak punte en motiveer jou standpunt.
- Die laaste paragraaf moet 'n samevatting van jou standpunt wees.
- Gee aandag aan goeie sins- en paragraafbou.
- Gebruik punktuasie doeltreffend.

> **SLEUTELWOORDE**
>
> **regisseur** *(director)* – iemand wat toneelspelers afrig om byvoorbeeld 'n film te maak
>
> **resensie** *(review)* – 'n beoordeling van die goeie en slegte punte van byvoorbeeld 'n boek

Katinka Heyns verrig wondere

Leon van Nierop

Katinka Heyns se *Die wonderwerker* het die afgelope week skoonskip gemaak op kykNET se Silwerskermfees deur al die groot pryse – waaronder vir beste rolprent en beste regie – te wen.

Die wonderwerker handel oor die digter, filosoof, dokter en natuurkundige Eugène Marais (Dawid Minnaar) se verblyf by 'n gesin in die Waterberge. Hy raak verlief op hul 17-jarige dogter, Jane (Anneke Weideman). Marais verander die lewe van die gesin ingrypend, maar maak 'n wanfunksionele gesin ook bewus van die tekorte in hul lewe. Heyns slaag daarin om 'n blik op Marais se binnewêreld te gee, maar soos wat hy niemand ooit ten volle in die binnekamer van sy siel toegelaat het nie, hou hy (en Heyns) 'n mens ook op 'n respekvolle afstand. En maak die regisseur jou deur haar regie bewus van 'n man wat jy net gedeeltelik sal ken.

Jy kan hom bewonder, hy kan jou hipnotiseer, maar jy sal net deur 'n spieël in 'n raaisel kyk. Want die verlange en hartseer oor sy vrou se dood het sy hart vir altyd gesluit. Dit is 'n deel wat net deur morfien gesus kon word.

Die gevaar is dat die rolprent 'n semi-dokumentêr kan word waarin inligting oorgedra word sonder om 'n storie te vertel. Maar dit gebeur nie hier nie. Danksy 'n ekonomiese draaiboek deur Chris Barnard, puik spel deur veral Elize Cawood (sy bereik hier 'n briljante hoogtepunt in

---

Die opskrif toon die resensent se standpunt.

Die naam van die resensent

Paragraaf 1 noem kortliks wat geresenseer word, wie die regisseur is en waarom die film spesiaal is.

Paragraaf 2 som die inhoud van die film op sonder om die einde weg te gee.

Paragraaf 3 brei uit op paragraaf 2 en vertel meer van die persoon oor wie die film gaan.

Goeie punte van die film word in paragraaf 4 genoem en gemotiveer.

haar loopbaan) en die formidabele Sandra Kotzé as tant Hessie wat 'n vertolking lewer wat ongeëwenaard in die Afrikaanse rolprentbedryf is, en 'n getemperde, realistiese regiestyl, kommunikeer die rolprent ook op 'n aardse vlak met sy gehoor.

Kaz McFadden as die Van Rooyens se seun Adriaan verdien ook spesiale vermelding met sy kragtige, genuanseerde vertolking van 'n karakter wat in mindere hande net nog 'n doodgewone skurk sou gewees het. Hier is groot talent! *Verdere goeie punte word in paragraaf 5 genoem.*

Die briljante regie dra daartoe by om *Die wonderwerker* een van vanjaar se toprolprente te maak. *Die laaste paragraaf som die resensent se standpunt op.*

(Uit: *Rapport*, 9 September 2012)

SLEUTELWOORDE

blik *(view)* – perspektief

draaiboek *(script)* – filmmanuskrip

gesus *(calmed)* – gekalmeer

ingrypend *(radically)* – drasties

ongeëwenaard *(unequalled)* – die heel beste

raaisel *(enigma)* – iets wat moeilik is om te verstaan

regie *(direction)* – afrigting en uitvoering

resensent *(reviewer)* – persoon wat 'n resensie skryf

skoonskip gemaak *(made a clean sweep)* – ver gewen

vermelding *(mentioning)* – om genoem te word

vertolking *(interpretation)* – interpretasie

wanfunksionele *(malfunctioning)* – wat nie reg werk nie

› Hoe vorder jy?

Aktiwiteit 11

1. Lees die volgende teks deeglik en stel dan jou eie agt begripsvrae daaroor op.
   - Vier vrae se antwoorde moet net een woord of 'n paar woorde lank wees.
   - Vier vrae se antwoorde moet volsinne wees.
   - Maak een vraag van elke soort nogal moeilik sodat geïmpliseerde betekenis ook getoets word.
2. Skryf die antwoorde vir jou vrae op 'n afsonderlike bladsy neer.

Foto's vind weg na eienaars ná meer as jaar op seebodem

'n Egpaar van Johannesburg is verstom nadat 'n Spaanse vissersboot vandeesweek hul kamera, wat hulle meer as 'n jaar terug op die *Queen Mary 2*-passasierskip verloor het toe dit oorboord geval het, in 'n visnet uit die Atlantiese Oseaan gesleep het.

Die geheuekaart van die kamera het, ná 'n jaar en drie maande op die seebodem, wonderbaarlik steeds mnr. en mev. Gregory se kosbare vakansiefoto's daarop gestoor gehad.

Die Gregory's se storie was 'n ruk lank die mees gelese storie op BBC News se webtuiste.

Mnr. Gregory het gister vertel hy en sy vrou het die kamera in Oktober 2008 op die *QM2* verloor en hulle het nie gedink hulle sou dit, of hul kosbare foto's, ooit weer sien nie.

"Ons was met absolute stomheid geslaan toe ons hoor hulle het ons kamera en foto's gekry," het mnr. Gregory gister gesê.

Die egpaar het in 2008 besluit om hul 25ste huweliksherdenking te vier deur 'n week in New York vakansie te hou en daarna op die *QM2* na Southampton in Engeland te vaar.

"Dit was 'n droomvakansie," het hy gesê. Op die tweede laaste dag van die vaart het Gregory met die kamera op sy skoot op die dek van die *QM2* gesit toe iemand uitgeroep het dat dolfyne langs die skip swem.

"Ek het opgespring om te kyk en die kamera het van my skoot af gerol, twee keer op die dek gehop en oorboord geval," het hy gesê.

Die Gregory-egpaar het gedink hul kosbare foto's is vir ewig verlore, maar 'n Spaanse vissersboot het vandeesweek tot hul redding gekom.

Mnr. Benito Estevez, die skipper, het die kamera se geheuekaart in sy rekenaar gedruk en die foto's was nog steeds daarop gestoor.

In 'n poging om die kamera se eienaars op te spoor, het Estevez die foto's op 'n blog oor plesierritte gepubliseer.

BBC News het die foto's Woensdagaand op 'n TV-program uitgesaai.

Dis toe dat me. Laura de Klein, 'n vriendin van die egpaar, wat in Oxfordshire, Engeland, woon, mev. Gregory op die foto's herken het.

"Sy het onmiddellik vir Barbara gebel," het Gregory gesê.

(Uit: *Die Burger*, 13 Februarie 2010)

SLEUTELWOORDE

egpaar *(married couple)* – getroude paar

geheuekaart *(memory card)* – kaartjie waarop foto's en data geberg word

huweliksherdenking *(wedding anniversary)* – herdenking van troudag

oorboord *(overboard)* – in die water

plesierritte *(pleasure cruises)* – bootreise vir plesier

poging *(attempt)* – wanneer jy probeer

seebodem *(bottom of the sea)* – onder in die see

vaart *(voyage)* – bootreis

vandeesweek *(this week)* – hierdie week

Hoofstuk 10
Natuurwonders

Verskeie lyste van die "sewe wonders van die wêreld" is deur die eeue opgestel om die mees besondere mensgemaakte en natuurwonders te klassifiseer. 'n Aantal jare gelede kon mense dwarsdeur die wêreld stem om 'n lys van sewe "nuwe natuurwonders van die wêreld" op te stel. Meer as 100 miljoen mense in 220 lande het gestem. In Kaapstad is feesgevier toe Tafelberg as een van die sewe natuurwonders aangewys is. Die ander plekke op hierdie lys is Halongbaai in Viëtnam; die Komodo Nasionale Park in Indonesië; Jejoe-eiland, die grootste eiland van Suid-Korea; die Amasone-reënwoud; die Groot Koraalrif in Australië; en die Puerta Princesa-ondergrondse rivier in die Filippyne.

Ons natuurskatte het egter nie net te doen met die landskap en ekostelsels nie; die unieke eienskappe en vermoëns van sommige plante en diere is ook natuurwonders.

IN HIERDIE HOOFSTUK GAAN JY:

- inligting inwin en daaroor praat;
- na 'n teks luister en vrae daaroor beantwoord;
- tekste oor natuurwonders lees en begripsvrae daaroor beantwoord;
- aantekeninge van hoofpunte in 'n teks maak;
- riglyne oor die gebruik van die direkte en die indirekte rede bestudeer en oefeninge doen om hierdie riglyne toe te pas; en
- inligting soek en 'n artikel skryf.

AFRIKAANS TWEEDE TAAL: LEERDERSBOEK

> Luister

In hierdie afdeling word gefokus op luistervaardighede. Normaalweg kan geen gesprek gevoer word sonder om hierdie vaardigheid te gebruik nie.

Aktiwiteit 1

1. Kyk na die volgende foto's en lees die byskrifte.

Voëls, ons wonderlike geveerde vriende

Kyk na die miere, jou luiaard, en word wys!

Besige bye

Bome ken die seisoene

2. Verdeel in groepe van drie of vier, afhangend van die grootte van die klas, en doen navorsing oor die natuurverskynsels waarmee die foto's verband hou.

   Elke groep kies een van die onderwerpe, maar besluit eers saam daaroor sodat almal nie dieselfde onderwerp kies nie. Nadat julle die inligting ingesamel het, gaan julle in die klas daaroor praat.

SLEUTELWOORDE

geveerde *(feathered)* – wat vere het

luiaard *(sluggard)* – wat traag of lui is en nie lus het om iets te doen nie

vaardighede *(skills)* – dinge wat 'n mens kan doen

Hoofstuk 10: Natuurwonders

Aktiwiteit 2

Jy gaan nou na 'n gesprek luister. Die gesprek vind plaas tussen 'n sterrekundige, Johan, en Felicia Davids, 'n graadnege-leerder. Nommer die vrae van 1 tot 8 op jou antwoordblad en laat genoeg plek vir jou antwoorde oop ná elke vraag.

- Jy moet eers die vrae deurlees voordat jy na die gesprek luister.
- Luister twee keer na die gesprek.
- Jy kan kort aantekeninge maak voordat jy die tweede keer luister.

Noorderligte

Die noorderligte

SLEUTELWOORDE

bygelowig *(superstitious)* – glo dat sekere dinge geluk of ongeluk bring

deeltjies *(particles)* – klein stukkies van 'n voorwerp

natuurverskynsel *(natural phenomenon)* – iets wat in die natuur plaasvind of bestaan

skouspel *(spectacle)* – 'n pragtige toneel wat mense baie beïndruk as hulle dit sien

sonnestelsel *(solar system)* – die son en planete

verstommende *(amazing)* – iets wat 'n mens baie verbaas

verwoesting *(destruction)* – veroorsaak dat iets vernietig word

voorteken *(sign/omen)* – 'n teken wat wys dat iets gaan gebeur

1. Waarom het Felicia gedink Johan sou gewillig wees om met haar te gesels? Kies die korrekte antwoord.
   a) Hy was 'n baie goeie spreker.
   b) Hy het gesê hulle kan met hom kom praat.
2. Die mense van die ou tyd het verskillende bygelowe oor die noorderligte gehad. Skryf die drie woorde wat uitgelaat is langs die vraagnommers neer.
   a) Hulle was bang daarvoor, want hulle het geglo die noorderligte is 'n teken van _____ of _____.
   b) Party mense was bang dat die noorderligte mense snags kon _____ .
3. Hoekom, dink Johan, het mense hierdie redes gegee vir die veelkleurige ligte in die lug? Antwoord in een sin.
4. Watter vervoermiddel wat genoem word, gebruik bewoners van poolstreke dikwels?
5. a) Is die stelling waar of onwaar?
      Dit is net by die Noordpool waar sulke ligte gesien word.
   b) Gee die rede vir jou antwoord by (a).

155

6. Vul die twee woorde in wat uitgelaat is in die volgende sin:

   Deeltjies wat die pragtige tonele in die lug veroorsaak, waai van die _____ af na die aarde se pole omdat die pole _____ is.

7. Watter tyd van die jaar het 'n mens die beste kans om die noorderligte te sien? Noem twee redes daarvoor.

8. Waarvan moet besoekers baie seker maak as hulle die noorderligte wil sien?

Leesbegrip

Aktiwiteit 3

Lees die twee tekste wat volg oor heeltemal verskillende lewende wesens. Beantwoord daarna die vrae oor elke teks.

Teks 1

Wonderlike webbe

'n Spinnerak, die web van 'n spinnekop, is 'n wonderwerk. Die web dien as die spinnekop se etenstafel en alarmstelsel, en die tegniek om dit te spin, is instinktief.

Alle spinnekoppe kan spin en die spinnerakke kan verskillende vorms hê, afhangende van die soort spinnekop wat dit spin.

'n Hangmatweb lyk soos 'n hangmat wat horisontaal tussen plante gespan word. Dit lyk anders as die meer bekende wawielwebbe. Insekte wat naby die hangmatweb kom, beland tussen die drade (wat nie klewerig is nie) bokant die hangmat. Hulle val dan in die web.

Alle webbe is ragfyn en sowel wyfie- as mannetjiespinnekoppe kan spin. Sommige spinnekoppe spin net die eerste paar maande van hul lewe terwyl hulle 'n paar keer vervel. Nadat hulle die laaste keer vervel het, spin hulle nie meer nie.

Spinnerakke word maklik beskadig, maar word dan gou met nuwe drade vervang. Die sydrade wat gespin word, is ongelooflik sterk. Daar word gesê dat as sydrade saamgevoeg sou word tot die dikte van 'n potlood, dit 'n groot straalvliegtuig in sy vlug sou kon stuit.

Hoofstuk 10: Natuurwonders

Die sydraadjies wat 'n spinnekop spin, is baie, baie lig. As so 'n draadjie lank genoeg sou kon wees om reg rondom die aarde te span, sou dit skaars 'n kilogram weeg. Dit is egter van die duursaamste natuurlike vesels wat daar is. Selfs slange kan daarin gevang word.

Spinnekopsy is ook baie sterker as die sy van sywurms, maar te veel daarvan sou nodig wees om met spinnekoppe te boer vir hulle sy!

Spinnekopsy is egter van groot waarde vir die maak van vergrootglase, byvoorbeeld verkykers en mikroskope. Dit word gebruik om die middelpunt van die lense aan te dui.

SLEUTELWOORDE

duursaam *(long-lasting)* – wat lank hou

hangmat *(hammock)* – soort bed wat gemaak is van tou of weefstof *(cloth)* en bo die grond hang

klewerig *(sticky)* – taai; wat vaskleef aan ander goed

straalvliegtuig *(jet plane)* – vliegtuig met straalmotore; straler

vergrootglas *(magnifying glass)* – 'n glas of lens wat dinge groter laat lyk

1. Hoe weet spinnekoppe om 'n web te spin?
2. Gee een woord uit die teks vir die volgende:
   a) die web van 'n spinnekop
   b) baie fyn
3. a) Watter twee vorms kan die web van 'n spinnekop hê?
   b) Haal die woorde in die teks aan wat verduidelik hoekom daar verskillende vorms is.
4. Wat, dink jy, is die hoofdoel van 'n spinnekop se web?
5. Wat beteken dit as 'n spinnekop "vervel"?
6. a) Noem twee eienskappe van 'n spinnekop se web wat dit so wonderlik maak.
   b) Gee 'n voorbeeld uit die teks om elke eienskap te illustreer.
7. Watter reptiele word volgens die teks soms deur spinnekoppe gevang?
8. Hoekom word spinnekoppe se sy nie soos die sy van sywurms vir kledingstof gebruik nie?
9. Waarvoor gebruik mense spinnekopsy?

Teks 2

Diere wat soos blomme lyk

Van die vreemdste en wonderlikste wesens in die wêreld leef op die bodem van die oseane. Party lyk presies soos plante, maar hulle is veelkleurige diere wat hul prooi om die bos lei en sodoende in hul "kloue" vang!

Naakslakke is sulke "blomdiere". Hulle het sagte liggame soos slakke en gebruik gifstowwe om hulle teen vyande te beskerm, want hulle het nie beskermende doppe nie. Hulle heg hulself aan die seebodem of aan rotse vas en kry hul gif van die prooi wat hulle eet, soos giftige sponse. Die gif word dan in hul liggame opgeneem.

'n Naakslak

157

AFRIKAANS TWEEDE TAAL: LEERDERSBOEK

Naakslakke kom in baie verskillende vorms voor en hulle het veeragtige kieue wat uit die rug van die dier spruit.

See-anemone is ook diere wat soos pragtige blomme lyk, maar hulle is vleisetende roofdiere. Hulle het ook verskillende groottes en kleure en heg hulself gewoonlik op een plek aan 'n rots vas, maar kan wel beweeg.

See-anemone draai hul taai tentakels, wat rondom die mond in die middel uitsteek, rondom die prooi en steek dit in die mond in.

'n Groepie see-anemone

10. Kies die korrekte woorde tussen hakies.
    Wesens is (dinge wat bestaan/dinge wat nie kan wees nie).
11. Gee een rede waarom die diere wat in hierdie teks beskryf word, so vreemd is.
12. Op watter manier lei die diere hul prooi om die bos?
13. Wat impliseer die aanhalingstekens rondom die woord "kloue"?
14. Hoekom word die slakke as "naak" beskryf?
15. Die anemone is "roofdiere". Hoekom is dit waar?
16. In watter opsig tree die anemone soos roofdiere op?

Hoewel daar deur die jare lyste gemaak is van die heel merkwaardigste natuurwonders van die wêreld (soos Tafelberg), is dit eintlik nie moontlik om slegs sommige as die heel mooiste uit te sonder nie. Al die pragtige plekke oor die wêreld heen wat genoem word, is besonders, maar eintlik is iets soos 'n pragtige reënboog wat geskep word wanneer lig waterdruppels tref, ook 'n natuurwonder.

Aktiwiteit 4

Lees die volgende artikels oor twee besonderse plekke in die wêreld wat op bladsy 153 genoem word.

Tafelberg

Die ikoniese Tafelberg wat oor Kaapstad waghou, staan sy plek met reg vol as een van die "nuwe natuurwonders van die wêreld". Die vroegste reisigers wat die Kaap besoek het, het Tafelberg as 'n merkwaardige landmerk beskryf vanweë sy unieke plat kruin, die wolk wat sy kruin soms soos 'n tafeldoek bedek, en die ryke verskeidenheid inheemse plantegroei.

Die eerste Europeër wat die berg bestyg het, was die Portugese seevaarder Antonio de Saldanha, wat in 1503 in Tafelbaai anker gegooi het. Hy het die berg Taboa do Caba (Tafel van die Kaap) genoem.

SLEUTELWOORDE

kruin *(top of mountain/hill)* – heel boonste gedeelte van 'n berg/heuwel

merkwaardige *(remarkable)* – wat opgemerk word en belangrik is

Hoofstuk 10: Natuurwonders

Tafelberg bestaan uit sandsteen en is ongeveer 1,5 miljoen jaar gelede gevorm. Die plat kruin bevat baie diep klowe. Maclear-baken, die hoogste punt, is 1 086 meter bo seevlak. Die twee "punte" van die berg is Leeukop aan die westekant en Duiwelspiek aan die noordekant.

In die agttiende eeu het 'n Franse sterrekundige 'n sterrebeeld ontdek terwyl hy aan die Kaap vertoef het. Hy het die sterrebeeld Mensa genoem, wat tafel beteken. Tafelberg is die enigste natuurlike besienswaardigheid waarna 'n sterrebeeld vernoem is.

Tafelberg is deel van die Tafelberg Nasionale Park van 25 000 hektaar, wat 'n ryke verskeidenheid flora en fauna bevat.

Tafelberg met Duiwelspiek (links) en Leeukop (regs)

SLEUTELWOORDE

besienswaardigheid *(attraction)* – plek wat die moeite werd is om te sien

ingewikkelde *(difficult; complicated)* – moeilik om te doen of te verstaan

kewer *(beetle)* – soort insek

sterrebeeld *(constellation)* – konstellasie van sterre

uitsterf *(become extinct)* – van die aarde af verdwyn

Die Amasone-reënwoud en -rivier

Die Amasone-reënwoud strek oor meer as 7 miljoen vierkante kilometer en bedek gedeeltes van nege lande, onder andere Bolivia, Brasilië, Colombia, Ecuador, Peru en Venezuela. Dit is meer as die helfte van die aarde se oorblywende reënwoude.

Die Amasone-rivier is die rivier met die grootste watervolume in die wêreld.

Dit is onmoontlik om te sê hoeveel inseksoorte in die Amasone-gebied voorkom, maar daar is al 700 soorte kewers in een boom gevind! Baie sal uitsterf voordat hulle ontdek word.

Daar is 2 000 verskillende soogdiere en die grootste verskeidenheid plantsoorte van alle plekke in die wêreld. Deskundiges beweer een vierkante kilometer kan meer as 75 000 verskillende soorte bome en 150 000 plantsoorte bevat.

Woude is ingewikkelde ekosisteme wat daagliks afgekap en misbruik word. Ontbossing is dus 'n baie groot probleem. Een-vyfde van die Amasone-reënwoud moes al plek maak vir plantasies.

Die Amasonerivier en -reënwoud

Beantwoord hierdie vrae.

1. Watter woord in die eerste paragraaf van die teks op bladsy 158 verwys na iets of iemand wat baie beroemd is en bewonder word?
2. Watter unieke kenmerk maak Tafelberg veral spesiaal?
3. Verduidelik in 'n paar woorde wat dit beteken om iets te "bestyg".
4. Watter woord in die eerste paragraaf van die teks is 'n sinoniem vir "flora"?
5. Sê of die volgende stelling waar of onwaar is en gee 'n rede vir jou antwoord.
   Daar is 700 inseksoorte in die Amasone-reënwoud.
6. Watter inligting wys dat daar 'n besonder groot verskeidenheid bome en plantsoorte in die Amasone-reënwoud is?
7. Wat is die grootste bedreiging vir die Amasone-reënwoud?
8. Dink jy dit is moontlik om een natuurwonder soos hierdie bo ander in 'n ranglys te plaas of om 'n lys te maak van die mooiste natuurwonders in die wêreld? Gee redes vir jou mening.

> ## Aantekeninge

Aktiwiteit 5

Lees die artikel oor die Okavango-delta in Botswana en maak daarna kort aantekeninge oor die hoofpunte wat op bladsy 161 en 162 vir jou gegee word. Voeg twee punte by onder elkeen. Jy hoef nie volsinne te skryf nie.

Die Okavango-delta

Die Okavango-delta is 'n unieke ekosisteem in Noord-Botswana waar die water van die Okavango-rivier oor die droë Kalaharisand uitsprei. Dit vorm 'n paradys van moerasse, kanale en eilande wat die tuiste is van groot getalle diere en voëls.

Die delta is in 2014 tot 'n Unesco-wêrelderfenisgebied verklaar. Dit is die grootste binnelandse delta ter wêreld, en is selfs uit die ruimte sigbaar.

Die grootte van die delta wissel van seisoen tot seisoen omdat dit afhang van die komplekse verhouding tussen die somerreën in Botswana en die vloedwater wat in die winter na die delta stroom.

'n Rivier lei gewoonlik na die oseaan, maar die Okavango is 'n rivier wat nooit die oop see vind nie, want dit eindig in die sand van die Kalahari. Dit begin in die hoogland van Angola en elke jaar kom vloedwater daarvandaan die delta binne om 'n wonderlike vleiland te vorm.

'n Lugfoto van die Okavango-delta

SLEUTELWOORDE

delta *(delta/estuary)* – 'n breë riviermonding wat soos 'n waaier uitsprei

ekosisteem *(ecosystem)* – organismes in 'n omgewing wat saamwerk om ewewig/balans in die natuur te behou

verhouding *(relationship)* – die maniere waarop twee persone of dinge met mekaar verbind is

vleiland *(wetland)* – 'n waterryke gebied wat volgens die ekologie in die gebied verander

Hoofstuk 10: Natuurwonders

Die natuurlewe in die delta word dus beheer deur twee verskynsels: die somerreën in Botswana wat damme en kanale vul, en die watervloed uit die noorde wat in die wintermaande begin wanneer die watervlakke in die delta daal. Die vloedwater laat die water in die kanale en strome weer styg.

Die Okavango-rivier vloei eers vinnig totdat dit die plat, droë landskap van Botswana binnegaan. Dit begin dan kronkels vorm wat baie soos graffiti lyk. Drie hoofstrome vorm en neem elkeen water in 'n ander rigting. Die meeste van die water eindig in die delta en vorm Afrika se grootste oase.

Daar is honderde eilande en die uitgestrekte gebied tussen die eilande bestaan uit mere en kanale. Die beste manier om die natuur te beleef, is op 'n mokoro, 'n soort kano wat deur 'n stuurman met 'n lang paal aangestoot word. Sommige eilandjies is skaars groter as 'n termiethoop, maar daar is ook groteres, waarvan Chief's Island die grootste is.

Mokoro's neem besoekers hiervandaan uit op die kanale om die dierelewe te sien en op die eilande rond te stap.

Hier is 'n groot verskeidenheid plante en diere, onder andere die baie skaars wildehonde. Die vreedsaamheid en prag van hierdie unieke natuurwonder in Suider-Afrika is 'n onvergeetlike belewenis.

SLEUTELWOORDE

kronkels *(bends)* – draaie, byvoorbeeld in 'n pad

termiethoop *(termite mound)* – hoop gemaak deur termiete ('n soort insek)

uitgestrekte *(vast)* – baie groot

verskeidenheid *(variety)* – baie soorte

Mokoro's in die Okavango-delta

Aantekeninge oor die Okavango-delta

1. Redes waarom die Okavango-delta 'n natuurwonder is:
   ....
   ....
   ....

2. Die Okavango-delta se belangrikheid vir die wêreld:
   ....
   ....
   ....

3. Natuurverskynsels wat die Okavango-delta beïnvloed:
   ....
   ....
   ....

4. Uitsonderlike ervarings wat besoekers aan die Okavango-delta kan beleef:
   ....
   ....
   ....

Taal en woordeskat

Taalgereedskap

Direkte en indirekte rede

- Die **direkte rede** word gebruik wanneer **mense se eie woorde** soos wat hulle werklik praat, weergegee word:
  - Anne het gesê: "Ek verwonder my aan die natuur."
  - Of: "Ek verwonder my aan die natuur," het Anne gesê.

- As hierdie direkte woorde deur iemand anders oorvertel word, word dit die **indirekte rede** genoem:
  - Anne het gesê dat sy haar aan die natuur verwonder.
  - Of: Anne het gesê sy verwonder haar aan die natuur. (sonder "dat")

Riglyne vir die indirekte rede

Die volgende riglyne is belangrik wanneer iemand se direkte woorde in die indirekte rede oorvertel word.

- **Stelsinne**, **vraagsinne**, **bevelsinne** of **uitroepsinne** kan gebruik word. Kyk altyd na die inleidende werkwoord in die drie soorte sinne, byvoorbeeld: sê, vra, beveel.
- Kyk goed na die gebruik van **leestekens** en **hoofletters**.
- Let op hoe die **voornaamwoorde in die indirekte rede verander**.

Direkte rede	Indirekte rede
ek, jy	hy of sy
ons, julle	hulle of julle
myne, joune/joue	syne of hare
ons s'n, julle s'n	hulle s'n

Stelsinne: **Direkte rede:** Tina sê: "Ons het gedink spinnekoppe is insekte."

Indirekte rede: Tina het gesê dat hulle gedink het spinnekoppe is insekte.

Of: Tina het gesê hulle het gedink spinnekoppe is insekte. (sonder "dat")

Hoofstuk 10: Natuurwonders

Vraagsinne:	**Direkte rede:**	Vusi vra: "Redi, wil jy die natuurwonder sien?"
	Indirekte rede:	Vusi vra vir Redi of sy die natuurwonder wil sien.
Bevelsinne:	**Direkte rede:**	Oom Paul sê: "Kinders, tel op julle goed!"
		Rudi sê: "Sara, gee myne terug en soek joune!"
	Indirekte rede:	Oom Paul het die kinders beveel om dadelik hulle goed op te tel.
		Rudi het Sara beveel om syne terug te gee en hare te soek.
Uitroepsinne:	**Direkte rede:**	Ronald roep uit: "Jippie, ek gaan saam met my ouers na die Okavango-delta!"
	Indirekte rede:	Ronald roep opgewonde uit dat hy saam met sy ouers na die Okavango-delta gaan.

- **Bywoorde van tyd** verander gewoonlik wanneer iemand se woorde in die indirekte rede oorvertel word, behalwe wanneer dit op presies dieselfde tyd gebeur.

Direkte rede	Indirekte rede
vandag/vanoggend/vanmiddag/vanaand	daardie dag/oggend/middag/aand
vanjaar	daardie jaar
vandeesweek/vandeesmaand	daardie week/daardie maand
volgende week/maand/jaar	die volgende week/maand/jaar Of: die week/maand/jaar daarna
môre	die volgende dag
oormôre	twee dae later
verlede week/maand/jaar	die vorige week/maand/jaar
gister	die vorige dag
eergister	twee dae gelede
nou	toe

- Onthou, die voegwoord "toe" word **net in die verlede tyd gebruik** vir iets wat **in die verlede gesê is**. Kyk na hierdie voorbeeld:

Direkte rede: "Julle sal nou in die kabelkar opgaan na die kruin van Tafelberg," het mnr. Jantjes Vrydag gesê.

Indirekte rede: Mnr. Jantjes het Vrydag gesê dat hulle toe in die kabelkar sou opgaan na die kruin van Tafelberg.

- Sommige **bywoorde van plek** verander ook in die indirekte rede as dit op 'n ander plek oorvertel word.

Direkte rede	Indirekte rede
hier	daar
hierheen	daarheen
hiernatoe	daarnatoe

- Die werkwoord "kom" word soms "gaan" in die indirekte rede. Kyk na die voorbeeldsin.

  Direkte rede: Tess het gevra: "Kan julle hiernatoe kom sodat ek julle alles kan wys wat ek hier gevind het?"

  Indirekte rede: Tess het gevra of ons/hulle daarnatoe kon/kan gaan sodat sy ons/hulle alles kon/kan wys wat sy daar gevind het.

Punktuasie in die direkte en indirekte rede

Kyk baie goed na die gebruik van die **leestekens** in al die voorbeeldsinne. Let veral op die volgende:

- Ná die **inleidende werkwoord** aan die begin, soos sê, vra, beveel en roep, word 'n **dubbelpunt** in Afrikaans gebruik, nie 'n komma nie.

- Dit is gebruiklik om in Afrikaans **dubbelaanhalingstekens** voor en ná 'n spreker se eie woorde te gebruik.

- Die slotaanhalingstekens kom ná die leesteken aan die einde van die aanhaling, byvoorbeeld: "Nee," antwoord Paul, "ek gaan beslis nie teen Tafelberg uitklim nie."

Aktiwiteit 6

1. Skryf hierdie sinne oor in die indirekte rede. Neem aan dat alles in die verlede gesê is en op 'n ander plek oorvertel word.

    a) Peter het gesê: "Ek gaan vandag na die video oor die Amasone-reënwoud kyk waarvan julle my vertel het."

    b) Meneer De Wet het streng gesê: "Kinders, skakel alle ligte af soos ek julle vroeër gevra het om te doen!"

    c) Lisa het gesê: "Ek wil julle vanoggend vertel van die mooi park waar ek verlede jaar was."

    d) "Eet klaar en kom help my asseblief om die tent op te slaan," het George vir sy seuns gevra.

    e) Michael vra: "Chris, het jy gister saam met jou broer see toe gegaan?"

    f) "Almal moet nou hier van die bus afklim," het die toergids gesê.

    g) "Baie geluk met julle oorwinning," het mnr. Lourens vir die rugbyspan gesê.

    h) "Eergister het ek 'n pragtige waterval gesien," het Nazli vertel.

2. Skryf die sinne oor in die direkte rede.

    a) John het gesê dat hy en sy suster die vorige dag in 'n klein vliegtuigie na die Okavango-delta gevlieg het.

    b) Mevrou Vos het gevra wie van hulle daardie jaar bo-op Tafelberg was.

Hoofstuk 10: Natuurwonders

c) Die veldgids het vir die toeriste gesê om doodstil daar te staan en nie te praat nie.
d) Sara sê dat die foto's van die waterval wat die vorige jaar geneem is, hare is.
e) Mike het vir James gevra of hy sy selfoon kan leen, want hy het die vorige dag syne verloor.
f) Lina se ma het haar beveel om op te hou TV kyk en liewer uit te gaan om die pragtige sonsondergang te sien.

3. Skryf die sinne oor met al die ontbrekende leestekens. Party word gegee.
   a) Gister het Nadine vir haar vriendin, Anisa, gevra watter plekke in die wêreld wil jy die graagste besoek
   b) David het verbaas uitgeroep Ai, ek is bly julle is veilig terug Was dit lekker in Botswana
   c) Die Amasone word die groen longe van die wêreld genoem het Jannie gesê Ek het gehoor dat een-vyfde van die wêreld se voël- en vissoorte daar aangetref word

Reusewaterlelies tipies van die Amasone

Aktiwiteit 7

Kopieer die blokkiesraaisel en vul dit in om jou woordeskat te toets. Al die woorde verskyn in die tekste op vorige bladsye van hierdie hoofstuk.

165

Leidrade	
Dwars	Af
5 die son en planete	1 iets wat baie kleure het
7 die hoogste deel van 'n berg	2 'n stuk nat, modderige grond
8 'n soort insek	3 draaie in 'n pad of rivier
9 die net van fyn drade wat 'n spinnekop spin	4 'n teken van iets wat gaan gebeur
10 bye maak dit	6 diere wat ander diere vang om te eet

Skryf

Behalwe e-posse, briewe en boodskappe, is artikels moontlik die tekssoort wat die meeste geskryf word, soos die tekste oor natuurwonders in hierdie hoofstuk.

Op bladsy 95 in hoofstuk 6 word die kenmerke waaraan 'n artikel behoort te voldoen, gelys. Dit word daar verduidelik deur middel van 'n voorbeeld-artikel. Jy het geoefen om die verskillende kenmerke te identifiseer en te verstaan deur die vrae op bladsy 97 te beantwoord.

Aktiwiteit 8

1. Lees hierdie artikel oor die Victoria-waterval.

Die rook wat donder

Die skouspelagtige Victoria-waterval, of Mosi-oa-Tunya, is geleë in die Zambezi-rivier op die grens tussen Zimbabwe en Zambië. Dit is een van die mooiste watervalle in die wêreld en is die grootste waterval in Afrika. Die naam Mosi-oa-Tunya beteken "die rook wat donder" omdat daar 'n miswolk bo die waterval hang en die watermassa so 'n donderende geluid maak as dit teen die kranse afstort.

Die bekende Britse reisiger David Livingstone het die waterval die eerste keer aan die hele wêreld bekendgestel toe hy in 1855 daarop afgekom het. Hy het dit na Victoria, die destydse koningin van Brittanje, genoem.

Driekwart van die waterval is geleë aan die Zimbabwiese kant; dus is die meeste uitsigpunte aan hierdie kant. Daar is ook 'n standbeeld van David Livingstone. Die rotspoel op die rand van die waterval, wat die "Duiwel se poel" genoem word en waarin dapper mense dikwels swem, is egter aan die Zambiese kant.

Die Victoria-waterval is nie een van die wêreld se hoogste watervalle nie, maar is die grootste vallende watermassa ter wêreld. Dit is gevorm deur

SLEUTELWOORDE

donder *(thunder)* – 'n geluid maak wat klink soos donderslae

grens *(border)* – die skeidslyn tussen lande of gebiede

kranse *(cliffs)* – groot, steil rotse

skouspelagtige *(spectacular)* – iets dramaties wat 'n groot indruk maak

erosie van die aarde waaroor die Zambezi-rivier vloei. Die rivier het die rotse met verloop van eeue weggevreet. By die val is die Zambezi meer as 1,5 kilometer breed.

Behalwe om die asemrowende natuurtoneel vanaf die uitkykpunte langs die waterval te aanskou, kan besoekers ook in 'n helikopter oor die val vlieg, op bootvaarte op die Zambezi gaan en in rubberbote oor stroomversnellings vaar.

Geen foto kan reg laat geskied aan hierdie natuurwonder in Suider-Afrika nie. 'n Mens moet dit self sien om die grootsheid van die Victoria-waterval ten volle te waardeer.

SLEUTELWOORD
stroomversnellings *(rapids)* – plekke in 'n rivier waar dit skielik vinniger vloei

'n Lugfoto van die Victoria-waterval

2. Ontleed nou die artikel oor die Victoria-waterval volgens die kenmerke van 'n artikel. Raadpleeg die gedeelte op bladsy 95 om dit te doen. Die eerste kenmerk is as voorbeeld gedoen.
   - Titel
   - Inleiding
   - Styl
   - Inligting verskaf
   - Interessantheid
   - Beskrywings
   - Taalgebruik
   - Slot

   Titel: Die titel is gepas en sê dadelik vir die leser waaroor die artikel gaan.

   Inleiding: ....
   ....
   ....

Aktiwiteit 9

In 2023 was daar volgens navorsers se berekeninge wêreldwyd 218 natuurerfenisgebiede. Die natuur alleen het hierdie wonderlike plekke geskep. Suid-Afrika is ryk aan natuurlewe wat, anders as die noorderligte, deur Suid-Afrikaners geniet kan word sonder om ver te reis en baie geld te betaal vir hierdie ervarings.

1. Doen navorsing en soek inligting oor een of twee uitsonderlike natuurlike plekke in Suid-Afrika wat (soos Tafelberg) toeriste daarheen lok. Moenie slegs een inligtingsbron gebruik nie.

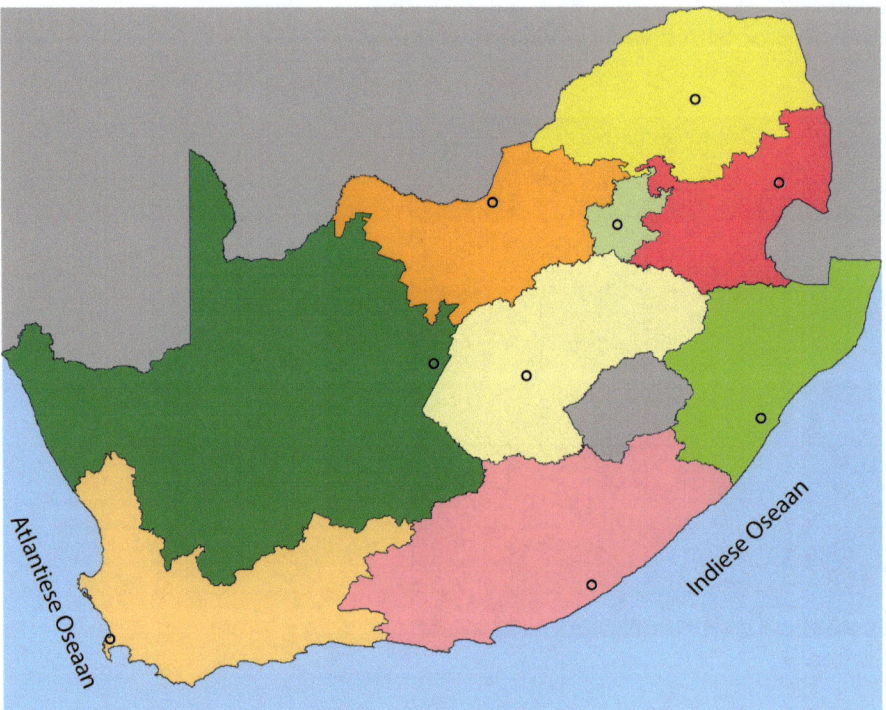

2. Skryf die kleure van die provinsies onder mekaar neer, met die naam en die hoofstad van die provinsie by elk.

3. Maak aantekeninge oor die plek (of plekke) wat jy gekies het vir jou artikel.
   - Jy moenie inligting net so woordeliks uit die bron(ne) oorskryf vir jou artikel nie.
   - Gebruik meer as een inligtingsbron.
   - Voeg jou eie indrukke en ervarings by as jy self daar was en dit persoonlik beleef het. Baie reisartikels oor plekke wat die skrywer self besoek het, word in die eerste persoon geskryf, byvoorbeeld ek/ons word dan dikwels as spreker in die teks gebruik, byvoorbeeld:

     Dis vroegaand van my tweede dag in St. Lucia. Ek het pas van 'n boot op die meer afgeklim, en die son gaan reeds goudrooi op die oorkantse oewer onder.

4. Skryf 'n artikel vir 'n tydskrif met behulp van die inligting wat jy gevind het. Hou al die kenmerke op bladsy 95 in gedagte.
   Gee jou artikel 'n interessante opskrif, soos die een boaan die artikel oor die Victoria-waterval op bladsy 166.

Hoofstuk 10: Natuurwonders

> ## Hoe vorder jy?

Aktiwiteit 10

1. Vier vriende sit een Saterdagoggend in 'n gewilde studente-eetplek. Hulle is buitelugliefhebbers en praat oor natuurervarings wat hulle baie geniet het. Lees eers die teks.

    A: Anton: Ons gesin hou baie van kamp. Daar is een spesifieke plek waarheen ons veral graag gaan. Dit is die Stormsrivier-ruskamp, 'n beskermde gebied wat tot by die see strek, maar geen visvang word daar toegelaat nie. In die getypoele is verstommende seelewe. By die ontvangs sien 'n mens die tekens wat wys waar die pragtige, maar uitputtende Otterstaproete begin.

    B: Celeste: Plekke waar 'n mens die natuur kan geniet, is so wonderlik, veral as jy in 'n dig beboude betonoerwoud woon waar daar nie parke met bome, blomme en grasperke is nie. 'n Lys van sewe "nuwe natuurwonders van die wêreld" is opgestel, maar daar is sóveel ander uitsonderlike natuurverskynsels wat nie deur mense gemaak of verander is nie.

    C: Aziz: My ouma woon in Pretoria. Dis nie te ver van 'n hele aantal natuurreservate af nie. Om olifante tussen bome en bosse of by 'n watergat te sien, is vir my een van die pragtigste natuurtonele. Maar alle wilde diere, vry in die veld, is 'n spesiale gesig, selfs die troppe rooibokke. Ek sien dikwels statistieke wat wys dat ons wild al hoe minder word.

    D: Kungawo: Ek is in Lesotho gebore, en my ouerhuis is steeds in Maseru. 'n Natuurervaring wat ek nie sal vergeet nie, is ons besoek aan die Golden Gate Hoogland Nasionale Park. Ons het oor 'n bergpas naby die Lesotho-grens daarheen ry. Die park kry sy naam van die kleure wat die sandsteenkranse daar aanneem wanneer die son daarop skyn: goudkleurig, oranje en geel.

2. Skryf nou vir elke vraag die letter van die betrokke spreker (A, B, C of D) as antwoord neer. Watter spreker hier bo:
    a) noem 'n rede waarom sommige mense min kans kry om die natuur te geniet?
    b) is in een van Suid-Afrika se buurlande gebore?
    c) sê hengelaars mag nie oral in die see visvang nie?
    d) voel bekommerd oor die toekoms van ons natuurlewe?
    e) verduidelik die naam van een van Suid-Afrika se nasionale parke?
    f) hou dikwels op dieselfde gunstelingplek vakansie?

3. Skryf die sinne oor met die nodige leestekens en hoofletters.
    a) toe sê kungawo vir anton ek weet die wilde diere word minder in limpopo
    b) aziz vra vir celeste woon jou ouers in 'n dig bevolkte deel van die stad
    c) die vier studente antwoord ons wil graag tyd in die natuur deurbring
    d) anton roep opgewonde kungawo kyk daar is 'n koedoe agter die bos

Hoofstuk 11
Luister

Goeie luistervaardighede dien as basis vir die ontwikkeling van die ander taalvaardighede – praat, lees en skryf. Daarom is dit so belangrik om akkuraat en aktief te kan luister.

Omdat 'n mens dikwels nie 'n tweede of vreemde taal van kleins af gereeld hoor nie, leer jy dit nie so natuurlik aan soos jou huistaal nie. Jy moet dus leer en oefen om doeltreffend na 'n tweede taal te luister – om die uitspraak van woorde en die strekking van wat jy hoor, te verstaan. Hoe beter jy kan luister, hoe doeltreffender kan kommunikasie tussen spreker en luisteraar plaasvind.

IN HIERDIE HOOFSTUK GAAN JY:

- vir spesifieke inligting in 'n verskeidenheid tekssoorte luister;
- luister om verskillende sprekers se idees, menings, gevoelens en houdings te identifiseer en te verstaan;
- luister om te wys jy verstaan die verband tussen idees, menings, gevoelens en houdings;
- begrip toon van wat geïmpliseer word, maar nie direk genoem word nie; en
- jou woordeskat en jou kennis van hoe taal gebruik word, uitbrei.

Vyf soorte luisteraktiwiteite met meerkeusevrae word in hierdie hoofstuk geoefen en vasgelê:

- kort monoloë of dialoë met meerkeusevrae en vier prent-opsies;
- kort monoloë of dialoë met drie-opsie-meerkeusevrae;
- 'n langer monoloog met drie-opsie-meerkeusevrae;
- monoloë met meerkeuse-pasvrae; en
- 'n onderhoud met drie-opsie-meerkeusevrae.

Meerkeusevrae met prent-opsies oor 'n kort monoloog of dialoog

Vir hierdie soort vrae luister jy na 'n aantal kort opnames en beantwoord een meerkeusevraag oor elke opname. Vier opsies per vraag word in die vorm van prentjies aangebied.

Die teks/opname

Die opnames handel gewoonlik oor bekende en toeganklike onderwerpe. Die opnames kan dialoë soos informele gesprekke of vrae en antwoorde wees, of monoloë soos stemboodskappe, aankondigings, nuusitems en uittreksels uit radioprogramme.

Taakfokus

Verstaan gesproke tekste en kies relevante inligting daaruit.

Die vrae

- Die vrae fokus op die belangrikste idees en spesifieke inligting in die opname wat jy gehoor het, asook jou begrip van die spreker se idees, mening en houding. Jy moet ook die verband tussen die spreker se idees, mening en houding kan verstaan en uitken.
- Elke vraag bestaan uit 'n stam en vier opsies (A, B, C en D): die sleutel (regte antwoord) en drie afleiers (verkeerde antwoorde). Die stam is 'n vraag en een van die opsies is die korrekte antwoord op die vraag.
- Al drie afleiers word in elke opname genoem.
- Die opsies word in die vorm van prente aangebied.
- As daar verskillende opnames is, volg die vrae die volgorde van die opnames.
- Daar is een vraag oor elke opname.
- Elke vraag tel een punt.

Die antwoorde

- Jy kies watter prentjie (A, B, C of D) die vraag beantwoord.
- Skryf elke keer net 'n letter neer.

Wenke en riglyne

- Lees die vraag aandagtig deur en kyk na die vier prentjies/moontlike antwoorde by die vraag.

AFRIKAANS TWEEDE TAAL: LEERDERSBOEK

- Identifiseer en onderstreep die sleutelwoorde in die vraag. Dit is nuttig vir wanneer jy moet besluit waarvoor jy moet luister, byvoorbeeld hoe/wat/waar/wanneer/waarom/wie.
- Luister aandagtig na die opname en probeer om die regte opsie te identifiseer en die verkeerde opsies (afleiers) uit te skakel.
- Hou in gedagte dat sowel feitelike besonderhede as idees, menings en geïmpliseerde betekenis getoets kan word.
- Wanneer jy die tweede keer na die opname luister, maak jy seker dat jy die korrekte opsies gekies het.

Aktiwiteit 1

Luister na die opnames en beantwoord die vrae wat volg. Kies die korrekte antwoord (A, B, C of D) by elke vraag.

1. Hoe het Liza by die winkel gekom?

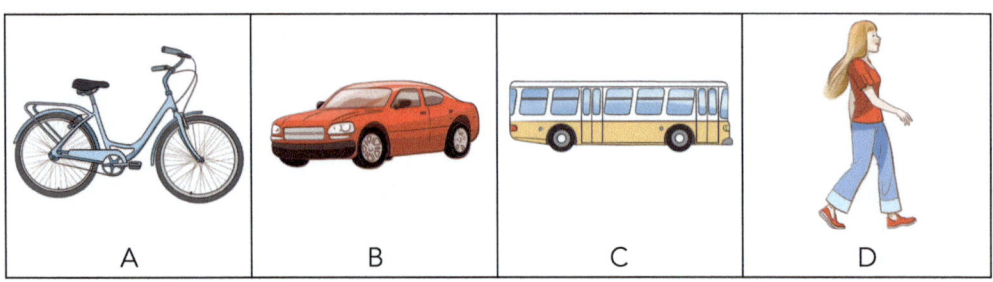 

Ma en Liza

2. Wat het Agnes afgeneem?

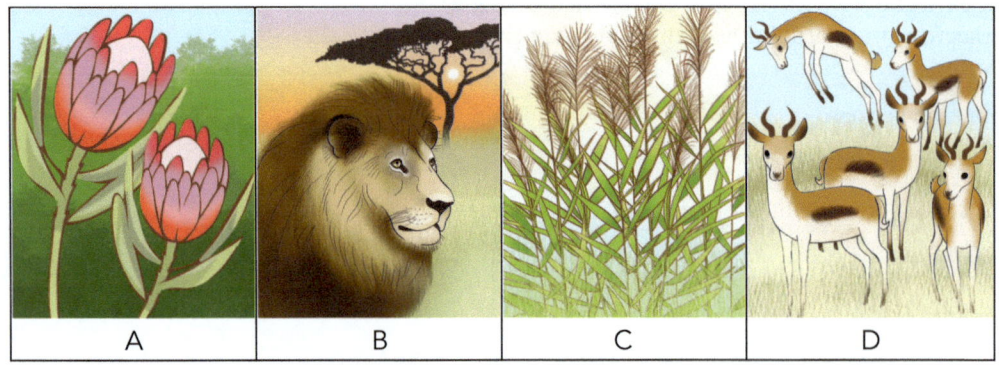 

Agnes se foto

3. Wat wil die vrou vanaand eet?

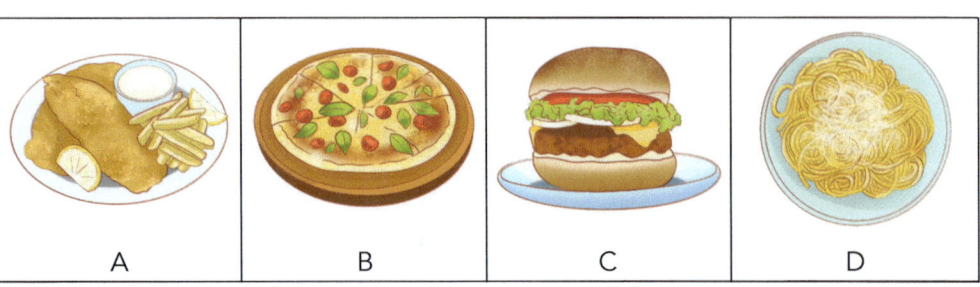 

Aandete

4. Waarheen gaan die seun graag?

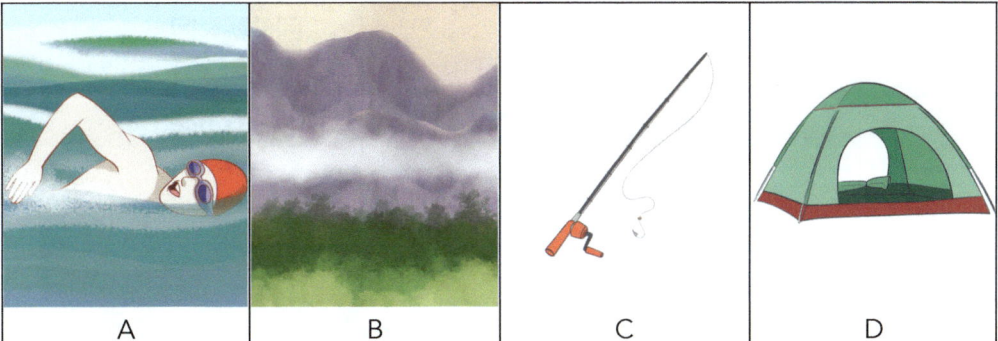

Skooluitstappie

5. Watter nuwe vak bied die skool hierdie jaar aan?

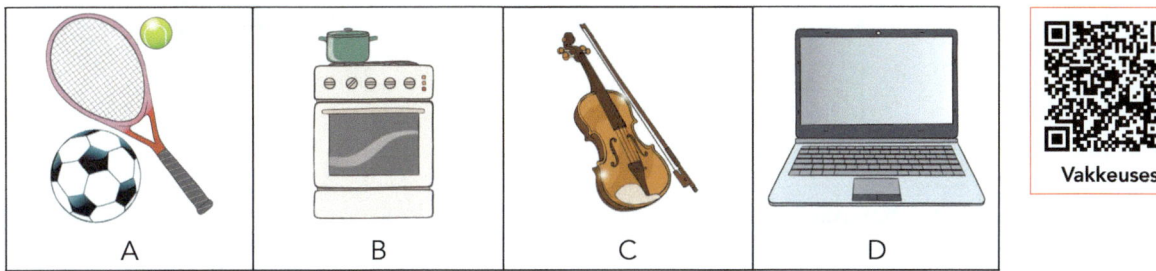

Vakkeuses

Aktiwiteit 2

Luister na die opnames en beantwoord die vrae wat volg. Kies die korrekte antwoord (A, B, C of D) by elke vraag.

1. Waarmee boer Nathi-hulle?

Nathi-hulle se boerdery

2. Van watter tegnologiese uitvindsel hou die meisie die meeste?

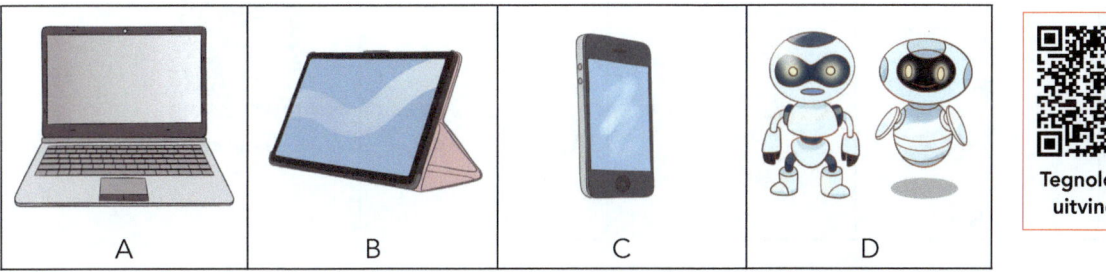

Tegnologiese uitvindsels

3. Watter vervoermiddel gebruik mense gewoonlik op hierdie toer?

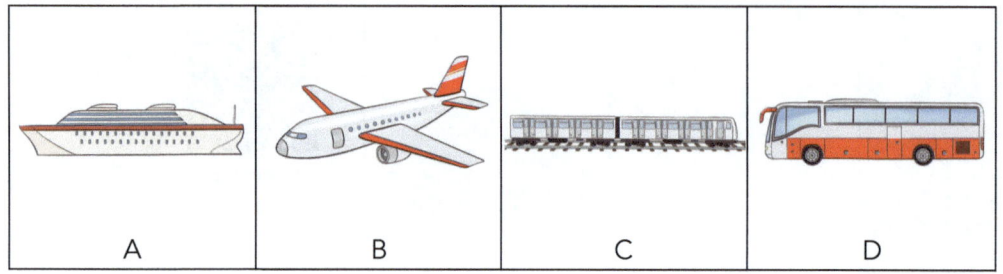

4. Watter groente verkies die meisie?

5. Wat doen die vrou nie graag op 'n Saterdag nie?

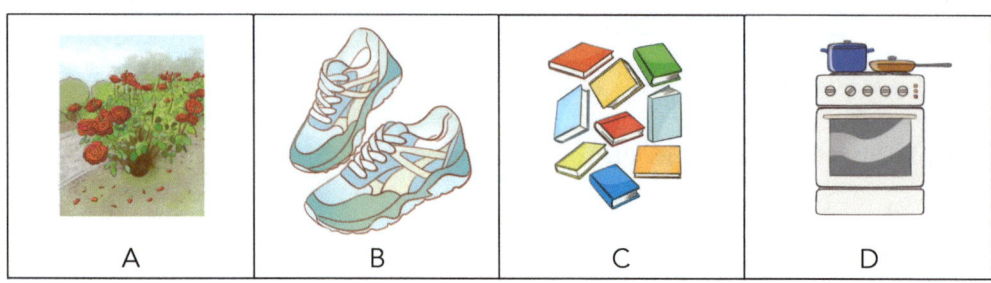

Aktiwiteit 3

Luister na die opnames en beantwoord die vrae wat volg. Kies die korrekte antwoord (A, B, C of D) by elke vraag.

1. Wat doen die meisie naweke saam met haar gesin?

2. Waarom het die seun kuns as vak gekies?

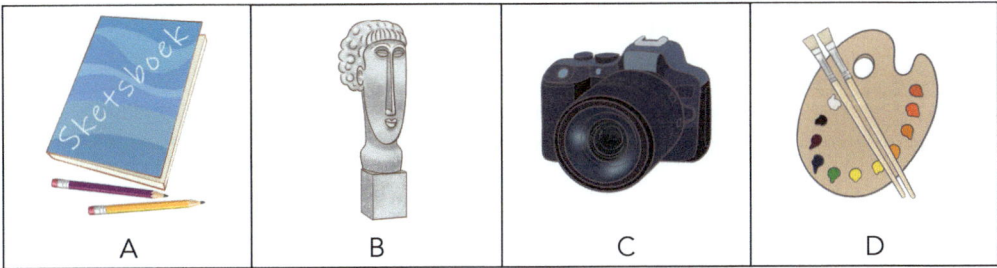 

Kuns as vak

3. Waar gaan die kinders slaap?

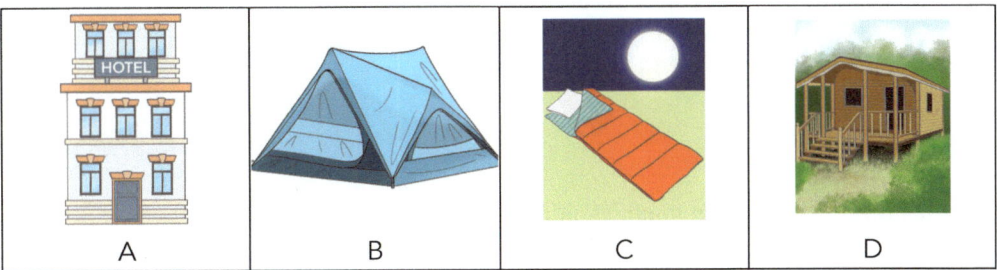 

Uitstappie

4. Watter aspek van musiek geniet die meisie die meeste?

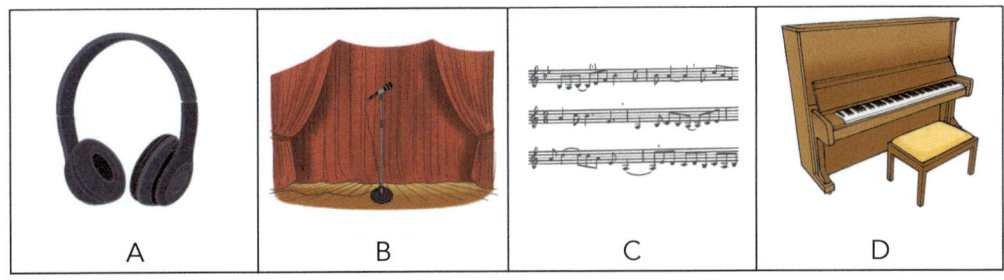 

Tieners en musiek

5. Wat is die seun se gunstelingmanier om skoon te kom?

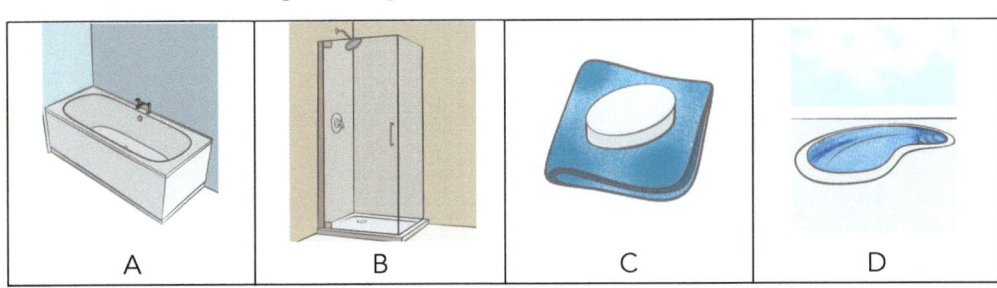 

Badtyd

> Meerkeusevrae oor 'n kort monoloog of dialoog

Vir hierdie soort vrae luister jy na 'n aantal kort opnames en beantwoord twee meerkeusevrae oor elke opname.

Die teks/opname

Die opnames gaan gewoonlik oor bekende en toeganklike onderwerpe. Die opnames kan dialoë soos informele gesprekke of vrae en antwoorde wees, of monoloë soos stemboodskappe, aankondigings, nuusitems en uittreksels uit radioprogramme.

Taakfokus

Verstaan gesproke tekste, kies relevante inligting daaruit en maak afleidings.

Die vrae

- Die vrae fokus op die belangrikste idees en spesifieke inligting in die opname wat jy gehoor het, asook jou begrip van die spreker se idees, mening en houding. Jy moet die verband tussen die spreker se idees, mening en houding kan verstaan en uitken. Die vrae toets nie net jou kennis van wat die sprekers direk sê nie, maar ook soms wat hulle impliseer. Dit maak dié soort vrae meer uitdagend as die vrae met die prent-opsies.
- Elke vraag bestaan uit 'n stam en drie opsies (A, B en C): die sleutel (regte antwoord) en twee afleiers (verkeerde antwoorde). Die stam is 'n vraag of onvoltooide sin. Een van die opsies beantwoord die vraag of voltooi die sin.
- Die afleiers word in die opname genoem.
- As daar verskillende opnames is, volg die vrae die volgorde van die opnames.
- Daar is twee vrae oor elke opname.
- Elke vraag tel een punt.

Die antwoorde

- Jy kies watter opsie (A, B of C) die vraag beantwoord of die sin korrek voltooi.
- Skryf elke keer net 'n letter neer.

Wenke en riglyne

- Lees die vrae en die drie moontlike antwoorde aandagtig deur.
- Die twee vrae kan oor verskillende dele van die opname handel.

- Identifiseer en onderstreep die sleutelwoorde in die vraag. Dit is nuttig vir wanneer jy moet besluit waarvoor jy moet luister, byvoorbeeld hoe/wat/waar/wanneer/waarom/wie.
- Luister aandagtig na die opname en probeer om die regte antwoorde vir die vrae te identifiseer en die verkeerde opsies (afleiers) uit te skakel.
- Oppas dat jy nie net 'n antwoord kies omdat dit woorde bevat wat jy in die opname gehoor het nie – jy moet fyn luister.
- Onthou dat daar afleiers gaan wees wat klink of dit die regte antwoord kan wees, maar nie die vraag heeltemal beantwoord nie.
- Hou in gedagte dat sowel feitelike besonderhede as idees, menings en geïmpliseerde betekenis getoets kan word.
- Wanneer jy 'n tweede keer na die opname luister, maak jy seker dat jy die korrekte opsies gekies het.

Aktiwiteit 4

Luister na die opnames en beantwoord die vrae wat volg. Kies die korrekte antwoord (A, B of C) by elke vraag.

Gunstelingfilms

1. Twee vriende praat oor 'n film wat hulle gesien het.

1.1 Volgens die seun is die aspek van die film wat die beste was, die …
    A   kamerawerk.
    B   klank en beligting.
    C   hoofkarakter se toneelspel.

1.2 Die tipe film wat die meisie verkies, is 'n …
    A   aksiefilm.
    B   romantiese film.
    C   bangmaakfilm.

2. 'n Ma en seun praat oor take by die huis.

Huistake

2.1 Die seun wil nie vandag …
   A   die vullis uitvat nie.
   B   huiswerk doen nie.
   C   vee nie.

2.2 Die broer is nie by die huis nie, want …
   A   sy motor is stukkend.
   B   hy ry fiets.
   C   hy is by die werk.

3. Twee tieners praat oor die kos by 'n snoepwinkel.

3.1 Die meisie eet vandag slaai, want …
   A   sy wil gewig verloor.
   B   sy hou van die sous daarby.
   C   dit is goedkoper.

Kos by die snoepwinkel

3.2 Wat gaan die seun eet?
   A   Hoenderburger
   B   Hoenderpastei
   C   Hoenderslaai

4. Daar is 'n aankondiging oor 'n fondsinsameling.

4.1 Nie almal dink 'n dans is 'n goeie idee nie, want …
   A   daar is te min lig.
   B   daar was al baie danse.
   C   dit kan reën.

Fondsinsameling

4.2 Die toneelstuk kan spesiaal wees, want …
   A   dit sal buite gehou word.
   B   daar gaan kosstalletjies wees.
   C   die skoolorkes gaan optree.

5. 'n Radio-onderhoud word met 'n bekende skrywer gevoer.

Radio-onderhoud met skrywer

5.1 Die skrywer het Windhoek toe getrek, want …
   A   sy ma en pa woon daar.
   B   Namibië fassineer hom.
   C   die mense is so vriendelik.

5.2 Die skrywer sê sy nuwe boek …
   A   sal ook 'n topverkoper wees.
   B   is anders as sy vorige boeke.
   C   gaan deur baie mense geniet word.

Aktiwiteit 5

Luister na die opnames en beantwoord die vrae wat volg. Kies die korrekte antwoord (A, B of C) by elke vraag.

1. Twee vriende praat oor troeteldiere.

1.1 Watter troeteldier het die seun gekry?
   A   'n Voël
   B   'n Hond
   C   'n Reptiel

Troeteldiere

1.2 'n Voordeel van baarddrakies, volgens die meisie, is dat hulle …
   A   rustig is.
   B   min moeite is.
   C   karakter het.

2. 'n Uittreksel uit 'n storie word voorgelees.
2.1 Dit is nie heeltemal donker nie, want ...
   A   daar is straatligte.
   B   die man het 'n flits.
   C   hy het 'n selfoon.
2.2 Waarvoor het die man so groot geskrik?
   A   Hy weet nie regtig nie.
   B   'n Vreemde geluid.
   C   'n Groot, harige gedierte.

Riller

3. Twee tieners praat oor 'n verjaardag.
3.1 Vir die meisie is die belangrikste aspek van haar partytjie ...
   A   dat dit 'n groot geleentheid moet wees.
   B   die mense wat dit bywoon.
   C   rustige musiek en lekker kos.
3.2 Wat wil die meisie graag vir haar verjaardag hê?
   A   Geld
   B   'n Geskenkbewys
   C   'n Nuwe rok

Verjaardag-partytjie

4. 'n Radio-onderhoud word met 'n bekende musikant gevoer.
4.1 Die musikant is so suksesvol, want hy ...
   A   deel sy gevoelens met ander.
   B   verbeter mense se lewens.
   C   laat mense tot aksie oorgaan.
4.2 Die musikant vergelyk sy liedjies met nuwe liefde, want beide ...
   A   is alledaagse emosies.
   B   maak mense hartseer of gelukkig.
   C   lei tot sterk emosies.

Radio-onderhoud met musikant

5. Twee vriende praat oor modes.
5.1 Die seun en die meisie verskil oor die nuwe mode se ...
   A   helder kleure.
   B   patrone.
   C   neutrale kleure.
5.2 Die seun voel mense is uniek, want hulle ...
   A   is interessant.
   B   smaak verskil.
   C   is waaghalsig.

Modes

Aktiwiteit 6

Luister na die opnames en beantwoord die vrae wat volg. Kies die korrekte antwoord (A, B of C) by elke vraag.

1. Twee vriende praat oor sosiale media.

Sosiale media

1.1 Volgens die seun help sosiale media hom om …
   A   selfstandig te dink.
   B   op hoogte van die nuus te bly.
   C   in voeling met mense te bly.

1.2 Die meisie is bekommerd oor sosiale media aangesien tieners …
   A   baie tyd daarop deurbring.
   B   dit vir kommunikasie gebruik.
   C   modes daarvolgens kies.

2. 'n Onderhoud word oor braai gevoer.

Boek oor braai

2.1 Die skrywer het die titel gekies, want dit …
   A   is die Zulu-term vir braai.
   B   beteken om vleis te brand.
   C   fokus op die braaitradisie.

2.2 Wat beteken die woord "braai" vir die skrywer?
   A   Dit simboliseer eenheid.
   B   Dit beskryf hoe kos gemaak word.
   C   Dit verwys na iets wat almal doen.

3. Twee tieners wat praat oor waar hulle gaan studeer.

3.1 Die meisie is skepties oor die nuwe universiteit, want dit …
   A is te naby aan haar huis.
   B het 'n slegte reputasie.
   C bied te min opsies.

3.2 Die seun se eerste keuse van universiteit …
   A het verander.
   B het dieselfde gebly.
   C is nog onseker.

Waar gaan jy studeer?

4. 'n Uittreksel uit 'n podsending word gelees.

4.1 Kompos is goed vir jou tuin omdat dit …
   A goedkoop is.
   B plante beter laat groei.
   C maklik is om te maak.

4.2 Die spreker se kompos is so goed, want sy …
   A verkies vleis- en suiwelprodukte.
   B gebruik groen en bruin produkte.
   C sit borrie by haar kompos.

Kompos

5. Twee vriende praat oor 'n gesonde leefstyl.

Gesonde eetplan

5.1 Die meisie geniet haar nuwe eetplan, want …
   A 'n kenner het dit aanbeveel.
   B eiers kan deel daarvan wees.
   C sy mag eet wat sy wil.

5.2 Volgens die seun moet 'n goeie eetplan …
   A gesond vir jou wees.
   B beperk wat jy eet.
   C groot porsies insluit.

Hoofstuk 11: Luister

> Meerkeusevrae oor 'n langer monoloog

Vir hierdie soort vrae luister jy na een langer opname en beantwoord 'n reeks vrae daaroor.

Die teks/opname

Die opname is 'n monoloog in die vorm van 'n formele praatjie oor 'n bekende, toeganklike onderwerp.

Taakfokus

Verstaan gesproke tekste en kies relevante inligting daaruit.

Die vrae

- Die vrae fokus op die belangrikste idees en spesifieke inligting in die opname wat jy gehoor het, asook jou begrip van die spreker se idees, mening en houding. Jy moet ook die verband tussen die spreker se idees, mening en houding kan verstaan en uitken. Die vrae toets nie net jou kennis oor wat die sprekers direk sê nie, maar ook soms wat hulle impliseer. Dit maak dié soort vrae meer uitdagend as die vrae met die prent-opsies.
- Elke vraag bestaan uit 'n stam en drie opsies (A, B en C): die sleutel (regte antwoord) en twee afleiers (verkeerde antwoorde).. Die stam is gewoonlik 'n onvoltooide sin of soms 'n vraag. Een van die opsies voltooi die sin of beantwoord die vraag.
- Die opsies bestaan uit enkele woorde of sinsdele.
- Die afleiers word in dieselfde paragraaf as die regte antwoord genoem.
- Die vrae volg die volgorde van die paragrawe in die opname.
- Een vraag word per paragraaf gestel.
- Elke vraag tel een punt.

Die antwoorde

- Jy kies een van die drie opsies (A, B of C).
- Skryf elke keer net 'n letter neer.

Wenke en riglyne

- Lees die vrae aandagtig deur en kyk na die drie opsies by die vrae.
- Identifiseer en onderstreep die sleutelwoorde in die vrae.

- Hou die vrae en moontlike antwoorde in gedagte terwyl jy luister, en probeer die korrekte antwoord identifiseer sodat jy die verkeerde antwoorde (afleiers) kan uitskakel.
- Oppas dat jy nie net 'n antwoord kies omdat dit woorde bevat wat jy in die opname gehoor het nie. Dit mag dalk net daar wees om jou te verwar.
- Onthou dat daar afleiers gaan wees wat klink of dit die regte antwoord kan wees, maar nie die vraag heeltemal beantwoord nie.
- Hou in gedagte dat sowel feitelike besonderhede as idees, menings en geïmpliseerde betekenis getoets kan word.
- Onthou dat die vrae die volgorde van die opname volg. Indien jy agterkom dat jy 'n antwoord gemis het, konsentreer op die volgende vraag en luister die tweede keer vir die antwoord wat jy gemis het. Probeer onthou waar in die opname die antwoord behoort te wees.
- Wanneer jy 'n tweede keer na die opname luister, maak jy seker dat jy die korrekte opsies gekies het.

Aktiwiteit 7

Luister na wat Amanda vir ons oor kaas vertel. Kies dan die korrekte antwoord (A, B of C) by elke vraag.

Kaas

1. Die Wes-Kaap is bekend vir sy …
   A plantegroei.
   B berge.
   C kaas.
2. Wat is vir Amanda belangrik wanneer sy 'n nuwe plek besoek?
   A Die omgewing.
   B Die mense.
   C Die kos.
3. Stringkaas …
   A is baie soos mozzarella-kaas.
   B het 'n herkenbare geur.
   C kom oorspronklik van Amerika.

4. Die geskatte waarde van kaas in 2030 is …
   A $115 miljard.
   B $51 miljard.
   C $151 miljard.
5. Die gewildste kaas is …
   A   cheddar.
   B   mozzarella.
   C   parmesaan.
6. Kaas is …
   A   'n moderne voedselsoort.
   B   voedsaam, met min vet.
   C   nie 'n stapelvoedsel nie.
7. Die land wat die meeste kaas maak, is …
   A   Frankryk.
   B   Amerika.
   C   Duitsland.
8. Pieter voel die kaasfees was 'n sukses, want hy het …
   A   die eerste prys behaal.
   B   geleer om nuwe dinge te probeer.
   C   meer kreatief geword.

Aktiwiteit 8

Luister na wat Rudi vir ons oor spinnekoppe vertel. Kies dan die korrekte antwoord (A, B of C) by elke vraag.

Spinnekoppe

1. Mense dink soms Rudi is vreemd omdat hy …
   A   waardevolle skatte bymekaarmaak.
   B   na spinnekoppe wil kyk.
   C   entoesiasties oor spinnekoppe is.
2. Die houers om spinnekoppe te vang …
   A   is van net gemaak.
   B   hou die spinnekoppe binne.
   C   keer dat suurstof inkom.
3. Spinnekoptoere word meestal gehou in …
   A   die Vrystaat.
   B   Gauteng.
   C   die Kaap.
4. Spinnekoppe word soms nie vrygelaat nie, want …
   A   daar word navorsing oor hulle gedoen.
   B   klublede wil foto's van hulle neem.
   C   hulle word in 'n databasis aangehou.

5. In 'n tuin kom spinnekoppe voor onder …
    A   bome.
    B   bosse.
    C   klippe.
6. Wat maak dit makliker om spinnekoppe te vang?
    A   'n Groot hoop blare
    B   'n Houer met groot gate daarin
    C   'n Groot sif
7. 'n Ideale plek om spinnekoppe te soek as jy nie 'n tuin het nie, is …
    A   groot parke.
    B   oop velde.
    C   leë erwe.
8. Rudi gebruik sy "ateljee" om …
    A   spinnekoppe nader te lok.
    B   foto's van spinnekoppe te neem.
    C   insekte te vang en af te neem.

Aktiwiteit 9

Luister na wat Lesedi vir ons van bordspeletjies vertel. Kies dan die korrekte antwoord (A, B of C) by elke vraag.

Bordspeletjies

1. Die speletjie UR …
    A   is die oudste bordspeletjie.
    B   se reëls is neergeskryf.
    C   is net soos skaak.
2. Mankala en Wari …
    A   word net in Afrika gespeel.
    B   se spelers ruil sade uit.
    C   simboliseer 'n goeie oes en vrugbare landerye.

3. Monopoly …
   A was uiters populêr in die vorige eeu.
   B is deur tegnologie oorgeneem.
   C het 300 elektroniese weergawes.
4. Die mark vir bordspeletjies …
   A groei voortdurend.
   B word deur tegnologie gestrem.
   C is op volwassenes gerig.
5. Bordspeletjies …
   A is nou duurder as vroeër.
   B beperk kreatiwiteit.
   C stimuleer jou hele brein.
6. Ouers voel positief oor bordspeletjies, want dit …
   A maak kinders geduldiger.
   B lei tot minder skermtyd.
   C is goed vir verhoudings in 'n gesin.
7. Die grootste bordspeletjiemark …
   A word in Duitsland gehou.
   B stal ook digitale bordspeletjies uit.
   C het 600 nuwe bordspeletjies uitgestal.
8. Bordspeletjies …
   A was oorspronklik 'n spansport.
   B se fokus is dat spanne mekaar wen.
   C kan help om spangees te bou.

> Meerkeuse-pasvrae oor ses kort monoloë

Vir hierdie soort vrae luister jy na ses kort monoloë deur ses sprekers en pas elke monoloog by een van agt stellings. Twee stellings pas nie by enige van die sprekers nie.

Die teks/opname

- Die opname bestaan uit ses kort, informele monoloë, elkeen deur 'n ander spreker, oor 'n bekende en toeganklike onderwerp.
- Voorbeelde van opnames: ses mense praat oor dieselfde onderwerp/tema, byvoorbeeld die soort films waarvan hulle hou, hul stokperdjies, hoe hulle hul vrye tyd deurbring, van watter soort sport hulle hou of hul toekomsplanne.
- Die sprekers word 1 tot 6 genommer.

Taakfokus

Verstaan gesproke tekste, kies relevante inligting daaruit en maak afleidings.

Die vrae

- Ná 'n kort inleiding (byvoorbeeld: Ses jong mense praat oor hul gunstelingsport) is daar 'n vraag: "Watter een pas?", gevolg deur agt stellings (A tot H).
- Van die agt stellings pas ses elkeen by een van die sprekers. Twee pas nie by 'n spreker nie.
- Jy moet dan aandui watter spreker/opname by elke stelling (A tot H) pas.
- Die vrae/stellings volg nié die volgorde van die teks nie.
- Elke vraag tel een punt.

Die antwoorde

- Jy kies watter stelling by watter spreker pas en skryf slegs jou keuse (A tot H) langs die vraagnommer.
- Jy skryf elke keer net 'n letter neer.

Wenke en riglyne

- Lees die stellings aandagtig deur voordat jy begin luister.
- Hou die stellings in gedagte terwyl jy luister en probeer die sprekers identifiseer sodat jy die afleiers kan uitskakel.
- Onthou, die inligting wat relevant is vir die antwoorde, en die afleiers, kan uit verskillende dele van die klankopname kom.
- Oppas dat jy nie net 'n antwoord kies omdat dit woorde bevat wat jy in die opname gehoor het nie. Dit mag dalk net daar wees om jou te verwar.
- Onthou dat daar afleiers gaan wees wat klink of dit die regte antwoord kan wees, maar nie die vraag heeltemal beantwoord nie.
- Hou in gedagte dat sowel feitelike besonderhede as idees, menings en geïmpliseerde betekenis getoets kan word.
- Probeer om nie meer as twee keer na die opname te luister voordat jy die vrae beantwoord nie.
- Wanneer jy 'n tweede keer na die opname luister, maak jy seker dat jy die korrekte opsies gekies het.

Hoofstuk 11: Luister

Aktiwiteit 10

Jy gaan ses tieners oor hul stokperdjies hoor praat. Kies een stelling (A tot H) uit die lys wat by elke spreker pas.

Stokperdjies

A   Ek dink die klub moet minder aktiwiteite aanbied.
B   Ek het baie geleer sedert ek by die klub aangesluit het.
C   Ek wens die sessies was langer.
D   Ek wil graag hê ons moet meer gereeld bymekaarkom.
E   Ek sal dit dalk oorweeg om van stokperdjie te verander.
F   Ek het nuwe vriende daar gemaak.
G   Ek wil mense wat ek ken, aanmoedig om ook deel te neem.
H   Ek hou niks daarvan om 'n sessie te mis nie.

1. Spreker 1 _____
2. Spreker 2 _____
3. Spreker 3 _____
4. Spreker 4 _____
5. Spreker 5 _____
6. Spreker 6 _____

AFRIKAANS TWEEDE TAAL: LEERDERSBOEK

Aktiwiteit 11

Luister na ses mense wat oor hul beroepe praat. Kies een stelling (A tot H) uit die lys wat by elke spreker pas.

Beroepe

A	Ek is bly ek werk vir iemand anders.
B	My lang werksure het voordele.
C	'n Werk in die buitelug sal fantasties wees.
D	Ek gaan by my werk bedank.
E	Ek wou nog altyd vir myself werk.
F	Die lang ure is nie die moeite werd nie.
G	Ek het van werk verander.
H	Ek bestee eintlik te veel tyd saam met my familie.

1. Spreker 1 _____
2. Spreker 2 _____
3. Spreker 3 _____
4. Spreker 4 _____
5. Spreker 5 _____
6. Spreker 6 _____

Hoofstuk 11: Luister

Aktiwiteit 12

Luister na ses tieners wat oor 'n boek praat wat hulle moes lees.
Kies een stelling (A tot H) uit die lys wat by elke spreker pas.

Boeke

A   Die boek was te duur.
B   Ek het meer as verwag van die boek gehou.
C   Ek verkies 'n film bo 'n boek.
D   Die boek moet beter bemark word.
E   Die boek was sy prys werd.
F   Die resensies was baie goed.
G   My vriende het die boek aanbeveel.
H   Ek kry my boeke by die biblioteek.

1. Spreker 1 _____
2. Spreker 2 _____
3. Spreker 3 _____
4. Spreker 4 _____
5. Spreker 5 _____
6. Spreker 6 _____

❯ Meerkeusevrae oor 'n onderhoud/dialoog

Vir hierdie soort vrae luister jy na een lang opname en beantwoord dan 'n reeks vrae.

Die teks/opname

Die opname is een lang dialoog in die vorm van 'n onderhoud oor 'n bekende, toeganklike onderwerp.

Taakfokus

Verstaan gesproke tekste, kies relevante inligting daaruit en maak afleidings.

Die vrae

- Die vrae fokus op die belangrikste idees en spesifieke inligting in die opname wat jy gehoor het, asook jou begrip van die spreker se idees, mening en houding. Jy moet die verband tussen die spreker se idees, mening en houding kan verstaan en uitken. Die vrae toets nie net jou kennis oor wat die sprekers direk sê nie, maar ook soms wat hulle impliseer. Dit maak dié soort vrae meer uitdagend.

- Elke vraag bestaan uit 'n stam en drie opsies (A, B en C): die sleutel (regte antwoord) en twee afleiers (verkeerde antwoorde). Die stam is gewoonlik 'n onvoltooide sin of soms 'n vraag. Een van die opsies voltooi die sin of beantwoord die vraag.
- Die opsies bestaan uit enkele woorde, sinsdele of kort volsinne.
- Die afleiers word in dieselfde paragraaf as die regte antwoord genoem.
- Die vrae volg die volgorde van die paragrawe in die opname.
- Een vraag word per paragraaf gestel.
- Elke vraag tel een punt.

Die antwoorde

- Jy kies een van die drie opsies (A, B of C).
- Skryf elke keer net 'n letter neer.

Wenke en riglyne

- Lees die vrae aandagtig deur en kyk na die drie opsies by die vrae.
- Identifiseer en onderstreep die sleutelwoorde in die vrae.
- Hou die vrae en moontlike antwoorde in gedagte terwyl jy luister, en probeer die korrekte antwoord identifiseer sodat jy die verkeerde antwoorde (afleiers) kan uitskakel.
- Oppas dat jy nie net 'n antwoord kies omdat dit woorde bevat wat jy in die opname gehoor het nie. Dit mag dalk net daar wees om jou te verwar.
- Onthou dat daar afleiers gaan wees wat klink of dit die regte antwoord kan wees, maar nie die vraag heeltemal beantwoord nie.
- Hou in gedagte dat sowel feitelike besonderhede as idees, menings en geïmpliseerde betekenis getoets kan word.
- Onthou dat die vrae die volgorde van die opname volg. Indien jy agterkom dat jy 'n antwoord gemis het, konsentreer op die volgende vraag en luister die tweede keer vir die antwoord wat jy gemis het. Probeer onthou waar in die opname die antwoord behoort te wees.
- Wanneer jy 'n tweede keer na die opname luister, maak jy seker dat jy die korrekte opsies gekies het.

Aktiwiteit 13

Luister na die onderhoud met Daleen Zietsman, 'n ballonkunstenaar. Kies dan die korrekte antwoord (A, B of C) by elke vraag.

Ballonkunstenaar

1. Daleen se suster is 'n …
   A   onderwyser.
   B   sjef.
   C   prokureur.
2. Volgens Daleen is 'n "langasem" 'n …
   A   ballonkunstenaar.
   B   marathonatleet.
   C   diepseeduiker.
3. Die getal ballonne in Daleen se kameelperd was …
   A   bietjie minder as gemiddeld.
   B   bietjie meer as gemiddeld.
   C   gemiddeld.
4. Wanneer Daleen 'n ballonskepping maak, is sy die bangste dat …
   A   sy nie genoeg lug het om die ballonne op te blaas nie.
   B   dit te vinnig gaan afblaas.
   C   'n skerp voorwerp dit sal verwoes.
5. Om 'n groot skepping bymekaar te hou, gebruik Daleen …
   A   'n spesiale weeftegniek.
   B   'n groot klomp ballonne.
   C   baie geld.
6. Daleen se belangstelling in ballonkuns het begin toe sy …
   A   na haar hart geluister het.
   B   'n boek daaroor gelees het.
   C   al hoe meer geoefen het.
7. Daleen het haar kuns voltyds begin doen toe sy …
   A   baie geoefen en geëksperimenteer het.
   B   by 'n verjaardagpartytjie opgetree het.
   C   haar eie besigheid begin het.
8. By internasionale ballonkuns-kompetisies wil Daleen …
   A   haar kuns met ander s'n vergelyk.
   B   altyd graag wen.
   C   nuwe skeppings maak.

Reuse-beelde van 'n seekat en 'n draak, uit ballonne geskep

Aktiwiteit 14

Luister na die onderhoud met Jaco Jacobs, 'n bekende skrywer.
Kies dan die korrekte antwoord (A, B of C) by elke vraag.

Jaco Jacobs

1. Jaco moedig jong mense aan om te lees, want dit …
    A verbeter jou spelling.
    B brei jou woordeskat uit.
    C laat jou krities dink.
2. Jaco is nie op skool geterg nie omdat hy …
    A in 'n klein skooltjie was.
    B in toneelstukke opgetree het.
    C goeie vriende gehad het.
3. Jaco was ambisieus op skool, want hy wou …
    A altyd 'n skrywer wees.
    B met skryf eksperimenteer.
    C elke geleentheid om te skryf gebruik.
4. Jaco is aangemoedig om te skryf deur …
    A 'n skryfskool wat hy bygewoon het.
    B die les in iemand se lewensverhaal.
    C sy droom om 'n skrywer te word.
5. Jaco se karakters …
    A is baie dieselfde as mense wat hy ken.
    B word geïnspireer deur mense wat hy ontmoet.
    C is op 'n verskeidenheid mense gebaseer.
6. Jaco hou soms eers op om aan 'n storie te skryf wanneer …
    A dit moeilik raak om te skryf.
    B hy ook aan ander projekte werk.
    C hy saam met sy gesin wil ontspan.
7. Tieners geniet Jaco se boeke, want hy …
    A kies die regte temas en taalgebruik.
    B hou van dieselfde onderwerpe as hulle.
    C wil hulle lief maak vir lees.
8. Hoe lank Jaco aan 'n boek skryf, word bepaal deur …
    A die lengte van die boek.
    B hoeveel inspirasie hy het.
    C watter soort boek dit is.

Aktiwiteit 15

Erdwurmboer

Luister na die onderhoud met Thomas, 'n erdwurmboer.
Kies dan die korrekte antwoord (A, B of C) by elke vraag.

1. Thomas en Alet het met erdwurms begin boer omdat …
   A hulle nie voltyds wil werk nie.
   B hulle 'n ekstra inkomste benodig.
   C mense oorsee dit suksesvol doen.

2. Toe Alet van Thomas se plan hoor, wou sy …
   A van haar geld gee om wurms te koop.
   B nie die wurms in haar kombuis hê nie.
   C hê Thomas moet in die garage boer.

3. 'n Erdwurmboerdery …
   A benodig min kapitaal.
   B beteken baie harde werk.
   C is in groot aanvraag.

4. Die wurmplase …
   A is deur Alet en Thomas ontwerp.
   B bestaan uit twee bakke.
   C het erdwurms in albei bakke.

5. Die erdwurms …
   A hou van rou pampoen.
   B eet veral snags.
   C verkies kurkdroë grond.

6. Thomas weet sy wurms is gelukkig wanneer hulle …
   A 486 babas per jaar kry.
   B in hul bakke bly.
   C kompos en tee maak.

7. Thomas vergelyk sy werk met 'n byeboerdery, want hy …
   A weet hoeveel produk een wurm lewer.
   B kan raai hoeveel inkomste hy gaan verdien.
   C verstaan dat albei natuurlike prosesse is.

8. Thomas en Alet gaan nie uitbrei nie, want hulle …
   A is te oud.
   B het voltydse beroepe.
   C verdien genoeg geld.

Hoofstuk 12
Lees

Lees is 'n vaardigheid wat ons elke dag bewustelik en onbewustelik gebruik. Ons lees natuurlik dinge soos pamflette, tydskrifte, koerante en boeke, maar ons lees ook wanneer ons byvoorbeeld kyk hoeveel sekondes of minute die mikrogolfoond al aan is, wanneer ons kyk na watter bestemming 'n bus op pad is, wanneer ons 'n spesifieke soort sjokolade op 'n winkelrak kies, wanneer ons besluit wat ons in 'n restaurant wil bestel, en wanneer ons die internet vir inligting raadpleeg.

Om met begrip te kan lees is sentraal in die ontwikkeling van enige mens.

Aansluitend by die vaardigheid om te verstaan wat jy lees, is die vermoë om aantekeninge te maak. Dit is 'n vaardigheid wat ons gereeld gebruik sonder om daaroor na te dink. In die daaglikse lewe maak 'n mens dikwels lysies wanneer jy baie het om te doen en niks wil vergeet nie. Sulke lysies bestaan eintlik uit aantekeninge. Die maak van aantekeninge speel ook 'n belangrike rol in 'n leerder se lewe, byvoorbeeld wanneer jy 'n toespraak moet lewer, 'n opstel skryf, vrae oor 'n begripstoets beantwoord, of vir 'n toets of eksamen leer.

IN HIERDIE HOOFSTUK GAAN JY:

- oefen om 'n verskeidenheid soorte tekste te lees en begripsvrae daaroor te beantwoord;
- oefen om verskillende soorte vrae te beantwoord;
- vluglees-, soeklees- en stipleesvaardighede gebruik om besonderhede te identifiseer en te verstaan;
- idees, menings en houdings en die verband daartussen identifiseer en verstaan;
- verstaan wat geïmpliseer is, maar nie direk gestel is nie; en
- relevante besonderhede kies wanneer jy vir 'n spesifieke doel lees.

Vier soorte leesvrae word in hierdie hoofstuk geoefen en vasgelê:

- vrae wat kort antwoorde vereis;
- meerkeuse-pasvrae;
- die maak van aantekeninge; en
- meerkeusevrae.

〉 Vrae wat kort antwoorde vereis

Vir hierdie soort vrae lees jy 'n teks en beantwoord 'n reeks vrae.

Die teks

Dit is 'n inligtingsteks, wat byvoorbeeld 'n artikel, blog of webblad kan wees. Die teks bevat gewoonlik menings, idees, houdings en feite.

Taakfokus

Soeklees en identifiseer feite en besonderhede.

Die vrae

- Die vrae sluit 'n verskeidenheid vraagwoorde in, soos Wat, Waarom, Waar, Wanneer, Wie, Hoe.
- Die vrae volg die volgorde van die teks.
- Die meeste vrae tel een punt, maar een 3-puntvraag word ook ingesluit.

Die antwoorde

Jy skryf kort antwoorde – enkele woorde of sinsdele. Jy mag antwoorde direk uit die teks neerskryf.

Wenke en riglyne

Vluglees eers die hele teks. Daarna doen jy die volgende vir elke vraag:

- Identifiseer en onderstreep die sleutelwoorde.
- Soek woorde in die vraag wat wys of die antwoord byvoorbeeld na feitelike inligting, 'n afleiding, 'n houding of 'n gevoel verwys.
- Lees die hele teks aandagtig terwyl jy die vrae in gedagte hou.
- Onthou dat daar afleiers in die teks gaan wees wat lyk of dit die regte antwoord kan wees, maar nie die vraag heeltemal beantwoord nie.
- Hou in gedagte dat sowel feitelike besonderhede as idees, menings en geïmpliseerde betekenis getoets kan word.
- Soek in die teks vir sinonieme of woorde wat by die vraag se bewoording pas – moenie presies dieselfde woorde in die vraag en die teks verwag nie.
- Onthou dat jy kort antwoorde moet skryf. Volsinne is dikwels nie nodig nie.
- Gaan die taalgebruik en spelling en ook die gebruik van hoofletters en leestekens in jou antwoorde na.

Aktiwiteit 1

Lees die artikel oor woudpapegaaie en beantwoord dan die vrae wat volg.

Voël van die jaar met aanplant van bome gered

Die woudpapegaai was Suid-Afrika se voël van die jaar in 2022. Hierdie voëls simboliseer hoop en veerkragtigheid vir baie mense omdat hulle ten spyte van grootskaalse ontbossing en gevaarlike voëlsiektes oorleef. Hulle is Suid-Afrika se enigste endemiese papegaaispesie, wat beteken hulle word nêrens anders gevind nie.

'n Woudpapegaai in sy natuurlike habitat

Die woudpapegaai is sowat 30 cm hoog, en het 'n opvallende groen lyf, goue kop en nek. Volwassenes het klein oranje kolle op die skouers en beenvere, terwyl wyfies 'n rooi kol bo hul snawel het, wat mannetjies gewoonlik nie het nie. Hulle maak gewoonlik nes in bestaande boomholtes, veral in geelhoutbome.

Woudpapegaaie kom voor in afgesonderde lappies woud in die Oos-Kaap, KwaZulu-Natal en Limpopo. Die papegaaie maak sterk staat op die vrugtebome en geelhoutbome wat in dié ekosisteem voorkom. Hulle word bedreig omdat geelhoutbome vir hout uitgekap word en daar dus 'n gebrek aan natuurlike plekke is om nes te maak. Daar is na raming minder as 1 800 van die voëls oor.

Verskeie organisasies werk saam aan die Red die Woudpapegaai-projek om dié papegaaie en hul habitat te beskerm en te bewaar. Hulle plan sluit in om 10 000 inheemse bome in die Amathole-streek naby Hogsback in die Oos-Kaap te plant. Sowat 5 000 van die 10 000 bome is reeds oor sowat vier hektaar geplant.

Dié papegaaie *(Poicephalus robustus)* is bekend as die heldergroen-en-goud juwele van die woud wat voëlkykers van oor die wêreld na Suid-Afrika lok. *Poicephalus* beteken "ander kop". Die kop van al die papegaaispesies in dié genus is 'n ander kleur as die res van die lyf. Die spesienaam *robustus* is Latyn vir "robuus". Dit verwys waarskynlik na die sterk snawel waarmee die woudpapegaai neute en vrugte kan oopkraak.

'n Inheemse woudpapegaai

Plaaslike gemeenskappe se hulp is ingeroep om met die kweek van inheemse bome te help. Twee gemeenskapskwekerye is gestig om sade van inheemse bome te versamel, te plant en te versorg totdat die boompies groot genoeg is om uitgeplant te word.

"Die doel van ons aksieplan is om die agteruitgang van die voëls se habitat te beperk en om hul getalle binne die volgende tien jaar tot 2 500 te laat styg," verduidelik een van die organiseerders. "Ons wil ook deur die projek geleenthede vir plaaslike gemeenskappe skep om 'n inkomste te verdien."

Nosizwe, een van die werkers by die gemeenskapskwekery wat help om boompies te kweek, sê sy het reeds met haar inkomste uit dié projek die groentetuin by haar huis omhein. Sy het ook watertenks gekoop sodat sy haar eie water vir haar groentetuin kan gebruik.

"Ja, vir my is hierdie kleurvolle papegaaie beslis 'n simbool van hoop," vertel sy trots.

(Uit: *Die Burger*, 16 Februarie en 6 Desember 2022)

1. Waarom word woudpapegaaie "juwele van die woud" genoem?
2. Hoe verskil die woudpapegaai van ander spesies papegaaie?
3. Wat is die gevolg vir woudpapegaaie as geelhoutbome afgekap word?
4. Wat anders, behalwe die mens, is 'n gevaar vir woudpapegaaie?
5. Waarom sien Nosizwe die woudpapegaai as 'n teken van hoop?)
6. Noem drie positiewe gevolge van die Red die Woudpapegaai-projek.

Aktiwiteit 2

Lees die artikel oor robothonde en beantwoord dan die vrae wat volg.

Slim robothonde doen hul ding

Al wat kort, is 'n stertjie wat swaai.

SmWoef, die blou robothond van Pretoria, kan dans en bollemakiesie slaan, terwyl die Amerikaanse Spot oefeninge saam met mense kan doen. Wat albei egter slim maak, is dat hulle rekenaars op vier bene is.

Prof. Steyn van die Universiteit van Pretoria het hul robot SmWoef gedoop. "Die 'sm' staan vir 'slim' omdat dit 'n slimtoestel is wat aan die internet gekoppel is," vertel hy. "Ons het nie SmWoef gebou nie, maar hom 'slim' gemaak met sensors waarmee hy byvoorbeeld kan ruik en die luggehalte en temperatuur kan meet."

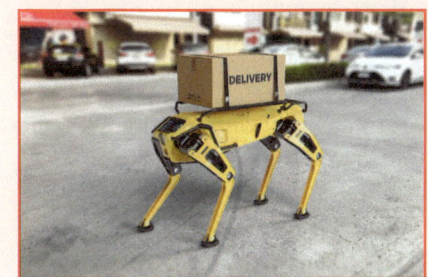

Spot, die robothond, in aksie

SmWoef, wat sowat R275 000 gekos het, is uit China ingevoer. Op sy rug is daar poorte waaraan toestelle soos sensors en skandeerders gekoppel kan word. Sy vermoë om temperatuur te meet maak hom nuttig om die lug in kweekhuise te monitor sodat plantjies optimaal kan groei. Hy kan ook seker maak dat die temperatuur in industriële koelkamers konstant bly sodat produkte vars

'n Robothond patrolleer die omgewing met 'n sekuriteitskamera

bly. Verder kan hy toets hoe warm dit in myngange is om te bepaal of dit veilig vir mense is. Die robothond se kunsmatige snoet maak dit moontlik om hom soos 'n snuffelhond te programmeer om reuk op te spoor.

Spot, die geel robothond van 'n Amerikaanse robotika-maatskappy, is onlangs in Suid-Afrika ten toon gestel. Daar is wêreldwyd al meer as 500 van dié robotte. Spot kos sowat R1,2 miljoen.

Volgens Jannie van Schoor, 'n mynboukundige, het Spot verskeie voordele en funksies. "In myne is daar situasies wat gevaarlik vir mense is. Die gange se dakke is dikwels baie laag en mense moet daar kruip. Spot kan daar ingestuur word."

Spot het 'n battery wat sowat 90 minute kan hou. Jy kan verskeie toestelle op sy rug sit, afhangend van die soort data wat jy wil hê hy moet insamel. Daar word beplan om vir Spot akoestiese sensors te gee sodat hy ook kan hoor.

Rethabile Letlala, wat geleer het om met Spot te werk, vertel dat die robothond deur 'n afstandbeheer beheer word. "My negejarige seun het dit ook al reggekry om die robot te laat beweeg." Rethabile vertel dat Spot ook 'n raakskerm-afstandbeheer het wat gebruik kan word. "Spot is veral noodsaaklik vir veiligheid in myne. Hy kan dinge soos gevaarlike gasse opspoor."

Prof. Steyn sê robothonde soos SmWoef en Spot se rol is nie om mense of diere te vervang nie. "Hulle sal niemand se werk wegneem nie, maar sal eerder vooraf kan bepaal of 'n spesifieke omgewing veilig is vir mense om in te werk. In 'n myn kan 'n robothond 'n gevaarlike plek verken om data in te samel om die situasie te ontleed."

(Verwerk uit: *Die Burger*, 12 Mei en 22 September 2022)

1. Hoe verskil die twee robothonde se voorkoms?
2. Waarna verwys "Woef" in SmWoef se naam?
3. Waar, behalwe in myne, word robothonde gebruik?
4. Hoe vergelyk Spot se koste met SmWoef s'n?
5. Wat bewys dat dit nie moeilik is om met 'n robothond te werk nie?
6. Hoe kan robothonde mynwerkers help? Noem drie feite.

Aktiwiteit 3

Lees die artikel oor swarttobies en beantwoord dan die vrae wat volg.

Die swarttobie

Die swarttobie is 'n gitswart voël met 'n helderrooi snawel. Sy Engelse naam is *oystercatcher*, want, wel, hy leef van oesters en ander weekdiere soos mossels.

Swarttobies was in 'n stadium in groot moeilikheid, maar deesdae floreer hulle. Sedert die Mediterreense mossel hier by ons aangetref word, het die plaaslike tobiebevolking met 150% toegeneem. Die ontwikkeling van kusgebiede, lastige honde, besoedeling, rooigety en voëlcholera bly egter voortdurende bedreigings vir die tobie. Toe voertuie vroeër jare nog op strande toegelaat is, het dié voëls ook behoorlik deurgeloop.

Twee swarttobies

Tobies slaan op mossels toe wanneer hulle onderwater is met die skulpe ietwat oop sodat die mossel plankton wat deur hom spoel, met sy filter kan opvang. Die tobie wriemel die skerp punt van sy snawel tussen die skulpe in en knip dan die sterk spier af waarmee die mossel aan 'n rots vasklou. Hy sal ook soms 'n mosselskulp herhaaldelik op 'n harde oppervlak kap, en as dít nie werk nie, vlieg hy met die mossel in die lug op en laat dit op 'n rots val totdat dit oopbreek.

Tobies beweeg maklik oor gladde rotse danksy hulle stewige pote, robuuste tone en kort naels. As die nood druk, kan hulle selfs met hulle gedeeltelik gewebde pote swem, maar dít doen hulle selde. Die kuikens duik wel soms onder die water in om te verhoed dat 'n roofvoël hulle vang.

Net soos by ander waadvoëls is die kuikens vroeg selfstandig en net deels afhanklik van hulle ouers. Die meeste kuikens word vir die eerste twee of drie maande gevoer, maar soms sal 'n luiaard selfs vir so lank as nege maande aanhou bedel! Dit gebeur gewoonlik wanneer die kuikens nog nie die nodige vaardigheid geleer het om 'n klipharde skulp oop te kry nie.

Dis maklik om 'n swarttobie se dieet te bestudeer. Wanneer 'n broeipaar hulle kuikens voer, beland die oopgebreekte skulpe van die weekdiere wat hulle nes toe aandra op 'n skulphoop daar naby. Navorsers het sulke hope ontleed en gevind dat swarttobies tot 50 verskillende spesies vreet, insluitend 31 soorte weekdiere.

Die wyfie se snawel is langer en skerper. Dit stel haar in staat om ander soorte prooi by te kom en dus hoef 'n broeipaar nie om kos te wedywer nie. En kyk mooi: die wyfie se oog het eienaardige swart vlekke op die iris reg langs die pupil. Volwasse voëls kan ouer as 30 jaar word.

Ek is nie seker waar die mooi Afrikaanse naam vandaan kom nie, maar vermoed dit is dalk 'n klanknabootsing van die voël se skrille fluitklank. Of het William Shakespeare eendag iewers op 'n strand gelê en wonder wie dié klankie maak?
"Tobie, or not tobie, that is the question."

(Uit: *Weg*, Februarie/Maart 2023)

'n Tobie op pad nes toe

1. Wat was eers 'n groot bedreiging vir swarttobies?
2. Waarvoor gebruik 'n tobie sy snawel soos 'n skêr?
3. Watter vaardigheid leer sommige kuikens moeilik?
4. Hoe kry navorsers inligting oor tobies se dieet?
5. Wat veroorsaak dat wyfies en mannetjies verskillende soorte kos kan eet?
6. Wat help tobies om goed langs die kus te oorleef? Noem drie feite.

Meerkeuse-pasvrae

Vir hierdie soort vrae lees jy 'n teks en beantwoord 'n reeks begripsvrae.

Die teks

- Die teks bestaan uit vier paragrawe met dieselfde tema, of dit is 'n lang teks wat uit verskillende afdelings bestaan.
- Voorbeelde van tekste:
  - Vier mense skryf elkeen 'n paragraaf oor dieselfde onderwerp/tema, byvoorbeeld die soort films waarvan hulle hou, hul stokperdjies, hoe hulle hul vrye tyd bestee, van watter soort sport hulle hou, of hul toekomsplanne.
  - Dieselfde persoon skryf oor vier verskillende aspekte van 'n onderwerp/tema, byvoorbeeld vier tipes musiek, vier soorte sport, vier genres boeke, vier goeie vriende.
  - Verskillende resensies van dieselfde boek, fliek, plek, produk, ensovoorts.
  - Resensies van verskillende verwante boeke, flieke, plekke, produkte, ensovoorts.
  - 'n Reeks verwante advertensies, kennisgewings, koerantberiggies, ensovoorts.
- Die paragrawe of afdelings word A tot D genommer.
- Die teks kan byvoorbeeld uit 'n webtuiste, resensie of verslag geneem word.

Taakfokus

Vluglees, soeklees, lees vir besonderhede en verstaan implikasie.

Die vrae

- Die opdrag begin met 'n stam, byvoorbeeld: *Watter persoon ...* of: *Watter paragraaf ...* of: *In watter paragraaf sal jy die volgende inligting vind?*
- Daarna volg daar 'n reeks stellings of vrae, wat elkeen na een van die paragrawe verwys. Jy moet dan aandui na watter persoon of paragraaf (A, B, C of D) elke vraag verwys.
- Die vrae/stellings volg nié die volgorde van die teks nie.
- Elke vraag tel een punt.

Die antwoorde

Jy kies by watter paragraaf (A, B, C of D) elke stelling of vraag pas. Jy skryf elke keer net die letter neer.

Hoofstuk 12: Lees

Wenke en riglyne

Vluglees eers die hele teks. Daarna doen jy die volgende vir elke vraag/stelling:

- Identifiseer en onderstreep die sleutelwoorde.
- Soek woorde in die stelling/vraag wat wys of die antwoord byvoorbeeld na feitelike inligting, 'n afleiding, 'n houding of 'n gevoel verwys.
- Lees die hele teks aandagtig deur.
- Onthou dat daar afleiers in die teks gaan wees wat lyk of dit die regte antwoord kan wees, maar nie die vraag heeltemal beantwoord nie.
- Hou in gedagte dat sowel feitelike besonderhede as idees, menings en geïmpliseerde betekenis getoets kan word.
- Soek in die teks vir sinonieme of woorde wat by die vraag se bewoording pas – moenie presies dieselfde woorde in die vraag en die teks verwag nie.
- Wanneer jy besluit het by watter paragraaf 'n stelling/vraag pas, lees jy eers weer deur die hele paragraaf om seker te maak dat jy reg is.
- Uiteindelik skryf jy slegs 'n letter vir elke antwoord.

Aktiwiteit 4

Lees die artikel oor vier vroue (A–D) wat almal uitvinders was. Beantwoord dan die vrae.

A – Jeanne Villepreux-Power (1794–1871)

Hierdie Franse natuurkundige se uitvinding, die akwarium, het dit vir mense makliker gemaak om die mariene lewe te bestudeer. Villepreux-Power het in 1832 die papiernautilus op die eiland Sicilië begin bestudeer. Mense het geglo dat die nautilus sy skulp van 'n ander organisme oorneem, maar Villepreux-Power het anders vermoed. Om seker te maak dat sy reg was, moes sy een nautilus deeglik waarneem. Villepreux-Power het die eerste glas-akwarium gemaak sodat sy die nautilus in beheerde toestande kon waarneem, en het bewys dat die nautilus sy eie skulp maak. Daarna het sy nog twee soorte akwariums ontwerp: 'n glasapparaat binne-in 'n hok om vlakwaterdiere te bestudeer, en 'n hok-agtige akwarium wat tot op verskillende dieptes laat sak en opgelig kon word. Vir haar baanbrekerswerk het Villepreux-Power die eerste vrouelid van die Cattania Academia geword, asook van meer as 'n dosyn wetenskap-akademies.

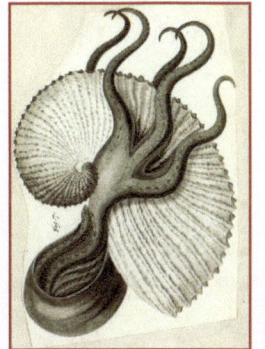

'n Kunstenaarsvoorstelling van die papiernautilus wat Jeanne Villepreux-Power bestudeer het

B – Mary Anderson (1866–1953)

Kan jy jou voorstel om in slegte weer 'n motor sonder ruitveërs te bestuur? Dit was die enigste opsie tot omtrent 'n eeu gelede. Toe Mary Anderson New York in 1902 besoek het, het sy op 'n trem gery waar die bestuurder die panele van die vooruit moes verwyder om deur die ysreën te kon sien. Dit was ondoeltreffend en gevaarlik! Terug by haar huis in Alabama het sy aan 'n oplossing begin werk. Haar toestel het 'n hefboom binne-in die voertuig gebruik om 'n rubberlem op die vooruit te beheer. Soortgelyke toestelle is reeds vroeër gemaak, maar Anderson se model was die eerste effektiewe een. Sy was verstom toe motorvervaardigers eers nie die waarde van haar uitvinding besef het nie. Een firma het in 1905 gesê: "Dit het nie genoeg kommersiële waarde om dit te verkoop nie." In 1922 het die motorvervaardiger Cadillac egter begin om 'n ruitveër in al sy voertuie in te sluit. Daarna het dit standaardtoerusting geword.

Mary Anderson

C – Marie Van Brittan Brown (1922–1999)

Die verpleegster Marie Van Brittan Brown was bekommerd oor veiligheid omdat sy dikwels snags en bedags alleen tuis was. Daar was baie misdaad in haar buurt in New York. Sy het besef sy sou minder weerloos voel as sy van binne kon sien as daar iemand by die deur was. Sy en haar man, Albert, 'n elektrisiën, het toe 'n stelsel ontwerp met vier loergaatjies en 'n beweegbare kamera wat aan 'n monitor in hul slaapkamer gekonnekteer was. 'n Tweerigtingmikrofoon het dit moontlik gemaak om met die persoon buite te praat, en knoppies kon 'n alarm laat afgaan of die deur van 'n afstand oopsluit. Die Browns het in 1969 'n patent vir hul sekuriteitstelsel geregistreer, en Marie Brown het 'n prys van die Nasionale Wetenskapkomitee ontvang vir haar vernuwende idee. Haar idee het die basis geword vir alle moderne sekuriteit-stelsels. Sy het ook talle ander uitvinders geïnspireer, onder andere haar eie dogter, wat ook talle uitvindings agter haar naam het.

D – Grace Hopper (1906–1992)

Elke keer dat jy 'n opdrag op jou rekenaar tik, kan jy die programmeringspionier Grace Hopper bedank. Hierdie wiskundige se loopbaan in rekenaarwetenskap het begin toe alle programme nog in numeriese kode geskryf is. Hopper het besef dat programmering toegankliker sou wees as mense in hul eie taal kon kodeer. Sy het die eerste kompileerder in 1952 uitgevind, en sodoende rekenaars eintlik leer "praat". Dit het tyd geneem voordat haar kollegas besef het dat sy suksesvol was: "Niemand het dit geglo nie ... Hulle het vir my gesê rekenaars kan net rekeningkunde doen." Sy was later die mede-uitvinder van die COBOL-rekenaartaal, die eerste universele programmeringstaal. Gedurende Hopper se lang loopbaan in die vloot was haar bynaam Amazing Grace! "Die belangrikste ding wat ek bereik het, buiten die bou van die kompileerder, is om jong mense op te lei," het sy gesê. "Ek bly in kontak met hulle, en herinner hulle om nooit op te hou om kanse te waag nie."

Grace Hopper

(Uit: www.amightygirl.com: Sisters in Innovation: 20 Women Inventors You Should Know, 20 Februarie 2022)

Watter persoon …

1. is as 'n rolmodel deur ander uitvinders beskou?
2. het in 'n veld gewerk wat deur mans gedomineer is?
3. het haar kollegas met haar uitvinding verstom?
4. wou met haar uitvinding bewys dat ander verkeerd was?
5. is duidelik deur haar kollegas bewonder?
6. se uitvinding was 'n verbetering op vorige toestelle?
7. wou haar uitvinding gebruik om veiliger te voel?
8. het haar werk met ander mense baie bevredigend gevind?
9. was uiters verbaas oor die reaksie op haar uitvinding?

Aktiwiteit 5

Lees die artikel oor vier volwassenes (A–D) wat terugdink aan somervakansies toe hulle kinders was. Beantwoord dan die vrae.

A

Ek het elke somervakansie van my kinderjare deurgebring in Uvongo, noord van Margate, in 'n vakansiehuis wat my ma met haar broer en suster gedeel het. As ons daar gestop het ná 'n lang rit van Johannesburg af, het ek en my suster byna uit die kar geval. Dan het ons na die klipperige strand oorkant ons huis gehol, maar ons het die meeste van ons tyd op Uvongostrand deurgebring. Ons het ure lank op die strand baljaar. Ons het gesmul aan lietsjies, slaptjips wat drup van die asyn, en samoesas, wat ons elke jaar by dieselfde tannie gekoop het. Warm, nat wind. Taai vingers, sandvoete. Weerlig wat oor die see flits. Wafels. Middagslapies in die skaduwee van 'n strandsambreel, doodmoeg en dooddollies. Deesdae kuier ek op Uvongo met my twee seuns. Ek kyk hoe hulle oor die grasperk nael en af met die seepaadjie …

B

Ek het grootgeword op Westbrook, 'n kusdorpie noord van Durban. Daar op Westbrook het ek mens geword. Ek het in die rotspoele geplas voordat ek kon loop en in die branders gejol voordat ek kon swem. Een somer het ek die eerste keer 'n seun gesoen. En moes later daardie selfde somer toekyk hoe hy iemand anders soen! Ek het my branderplank gegryp en dramaties die see ingestorm met die trane wat oor my wange rol. Op Westbrook se strand het dinge soos geldmaak, rekeninge, studies, gewig, misdaad en die toekoms nie bestaan nie. Ek en my broer en ons spul maats het net vir die oomblik gelewe. Net twee dinge kon ons uit die water dryf: honger of die bloublasies wat saam met die oostewind gekom het. Voordat ons uitmekaar gespat het, het ons afgespreek om weer te ontmoet. Dieselfde plek, dieselfde tyd, vir nog 'n sorgvrye somersdag.

C

My pa het skaars in die Beacon Isle-hotel se parkeerterrein op Plettenbergbaai stilgehou, of ek en my broers het ons lyfplanke uit die kattebak gehaal en afgehardloop na Central-strand om in die golwe te baljaar. Later jare sou ons opgradeer na branderski's en heeldag lank in die branders by Lookout-strand of in die armholte van die Robbergskiereiland gaan branderry. Ons sou agter die branders dobber, en ons boeglam skrik wanneer 'n skool dolfyne tussen ons deur die water peul. Af en toe sou 'n walvis in die verte sy stert teen die water slaan. Een keer – by Robberg – het 'n groot grys vin tussen die branders my amper 'n hartaanval gegee. Die fliek

Jaws was nog vars in my geheue, en ek het in rekordtyd teruggeroei land toe. Was dit 'n haai? Dalk. Ek het effe verleë strandlangs met my branderski onder die arm teruggestap hotel toe. Maar die volgende dag was ek en my broers weer in die water.

D

My neus is nerfaf gebrand. Ek is omtrent tien jaar oud en verdiep in die volgende Maasdorp-boek, wat ek by die biblioteek op Hermanus uitgeneem het. Sandbaai se strand kan dalk wat swemplek betref, nie meeding met Grotto en Onrus nie, maar geen ander strand het sagter sand vir boeklees nie! Die baaitjies is almal baie klipperig, dus het ons met plakkies en branderplanke geswem. My ma was baie sonbewus, en ons is net toegelaat om soggens voor tien en smiddae ná drie op die strand te kom. Teen die tyd dat jy honger was, moes jy al terug wees by die huis. Die huis het eers dekades later, toe ek al op universiteit was, elektrisiteit gekry. Die afgelope jaar het inbrekers ons huis feitlik afgebreek. Talle mense het voorgestel ons moet eerder die huisie verkoop. Maar dis vir my ondenkbaar om Kersfees op enige ander plek in die wêreld te wees. En waar anders moet ek nou my boek gaan lees as op Sandbaai se strand?

(Uit: *Weg* #159, Januarie 2018)

Watter persoon …

1. se somersdae was sonder enige bekommernisse?
2. gebruik beeldryke taal om dinge te beskryf?
3. se kinders geniet nou dieselfde plek as hul ouer?
4. verwys na 'n insident wat hom/haar skaam laat voel het?
5. stem nie saam met haar vriende se raad nie?
6. is een somer deur 'n vriend seergemaak?
7. onthou hoe lekker hulle geëet het?
8. vergelyk verskillende strande?
9. se tipe blyplek was anders as die ander drie sprekers s'n?

Aktiwiteit 6

Lees die artikel oor vier jong mense (A–D) wat almal lief vir koskook is. Beantwoord dan die vrae.

A Bongi

Ek kook al 'n hele paar jaar lank en ek geniet dit baie, maar ek kan lekker lag oor sommige van die mislukkings agter my naam! Eers het ek gedink ek sou maklik leer kook omdat my pa 'n sjef is. Ek het egter gou agtergekom kook is nie 'n gawe waarmee jy gebore word nie. Gelukkig kan enige iemand leer om 'n goeie kok te wees. 'n Bonus vir my is om oral waar ek kom interessante kos te proe, veral as ons gesin met vakansie is. Ek kook graag spoggerige disse wat ek in ander lande geproe het en toe resepte daarvoor gesoek het. Maar dit gebeur ook dat ek wanneer ek die lang lys bestanddele en die ingewikkelde stappe sien, besluit dat dit nie prakties is om dit self te probeer nie. Soms doen ek dit wel, maar selfs al is ek trots op die eindresultaat, is ek nie altyd seker of dit regtig al die harde werk werd is nie.

B Fatima

My leefstyl is soos baie tieners s'n – besig en aan die gang. Ek moet altyd mooi uitwerk hoe ek alles wat ek wil doen in my vol dae kan inpas. Maar wanneer ek kook, is die eenvoudige aksies soos om groente te skil en op te kap 'n heerlike ontvlugting vir my. Ek is gelukkig, want naby my huis is daar 'n supermark met alles wat ek nodig het wanneer ek iets spesiaals wil kook. Dis egter natuurlik 'n uitdaging om net dit wat jy reeds in die huis het, te gebruik om jou eie oorspronklike maaltye voor te berei. Dis wat ek probeer doen. Een van my gunstelingresepte is 'n heerlike kerrie wat ek tydens 'n vakansie in Durban ontdek het. Ek maak dit dikwels, en dan voel ek sommer asof ek weer op die sonwarm strand ontspan.

C Frank

Ek het my liefde vir kook by my ouma gekry. Al die basiese beginsels van kook het ek by haar geleer. Sy het my van baie van haar gunstelingresepte vertel. Dit is so interessant om te hoor wat sy as kind en jong mens geëet het. Dis vir haar lekker om iemand te hê wat aan haar lippe hang wanneer sy haar resepte verduidelik. Weet jy, deur my belangstelling in kos en resepte het ek al soveel van ons mense se geskiedenis geleer – soos hoe ons kossmaak deur die jare verander het. Party eetgoed wat lank gelede algemeen was, klink nou vreemd; ander goed wat ons nou graag eet, word al eeue lank geniet. As jy nie so gelukkig soos ek is om 'n ouma te hê wat jou kan leer kook nie, kan jy deur kosblogs uitvind wat pret is om te maak en te eet. Blogs kan ook nuttig wees as jy 'n moeilike resep wil maak.

D Amanda

Wanneer jy 'n resep die eerste keer uittoets, volg jy die aanwysings natuurlik baie noukeurig, anders is dit net te stresvol! Selfs die mees basiese goed kan mos vir 'n beginner verwarrend wees – veral as die resep van vreemde kooktegnieke praat en gespesialiseerde kookterme gebruik. Daar is so baie om in te neem! Maar wanneer jy meer selfvertroue het, sal jy gou ontdek hoe maklik dit is om 'n resep se bestanddele te vervang, soos om sterker of minder speserye te kies, of om kasjoeneute in plaas van amandels te gebruik. Daar is allerhande maniere waarop 'n mens 'n resep kan aanpas, en soms smaak die eindproduk selfs lekkerder as die oorspronklike! Dit is natuurlik nie altyd so nie. Wat ek wel gevind het, is dat selfs as 'n resep nie uitwerk soos ek gehoop het nie, ek nog altyd iets uit die proses leer.

Watter persoon …

1. beskryf die uitwerking as 'n sekere soort kos geëet word?
2. voel dit kan baie moeite wees om 'n nuwe resep te probeer?
3. stel 'n goeie bron van inspirasie voor?
4. erken dat mislukkings ook waardevol kan wees?
5. geniet dit om soms sonder 'n resep te kook?
6. vertel hoe 'n resep aangepas kan word?
7. beskou die vermoë om te kook nie as 'n talent nie?
8. het iets onverwags uit 'n liefde vir koskook geleer?
9. erken dat dit ontspannend kan wees om te kook?

Die maak van aantekeninge

Vir hierdie soort opdrag maak jy onder gegewe opskrifte kort aantekeninge oor 'n teks wat vir jou gegee is.

Die teks

Dit is 'n volledige artikel/teks uit 'n koerant, tydskrif, blog of webtuiste, met argumente, menings, feite, voorbeelde van oorsaak en gevolg, voordele en nadele, ensovoorts.

Hoofstuk 12: Lees

Taakfokus
Vluglees, soeklees, lees vir besonderhede.

Die vrae
Ná die teks is daar 'n opdrag wat begin met 'n situasie wat geskep word, byvoorbeeld:

Jy gaan 'n praatjie oor xxx in die klas lewer. Gebruik woorde uit die artikel om jou te help om aantekeninge te maak.

Maak kort aantekeninge onder elke opskrif. Die eerste aantekening is vir jou gemaak.

Daarna volg daar drie opskrifte waaronder jy kort aantekeninge moet maak.

Die antwoorde
- Dit is belangrik dat jy kórt aantekeninge onder elke opskrif skryf – volsinne is nie altyd nodig nie.
- Gebruik die gegewe voorbeeld as model vir die res van jou antwoorde onder die eerste opskrif.
- Maak seker dat jou antwoorde logies onder die opskrifte pas.
- Jy mag woorde en sinsdele direk uit die teks oorskryf, mits dit sinvol onder die opskrifte pas.

Wenke en riglyne
- In hierdie oefening is daar drie vrae met verskillende opskrifte. Jy moet aantekeninge onder elke opskrif maak. Jou begrip van verskillende aspekte van die teks word getoets.
- Die oefening vereis bondige aantekeninge as antwoorde. Volsinne is nie noodwendig nodig nie.
- Al moet die aantekeninge kort wees, moet dit nie so kort wees dat dit nie genoeg betekenis oordra nie. Genoeg inligting moet gegee word om te wys jy verstaan die vraag en die antwoord.
- Fokus op die sleutelwoorde in die opskrifte/vrae en maak seker jou aantekeninge volg logies onder die opskrifte.
- Jy mag kort sinsdele of enkele woorde uit die teks gebruik. Jy hoef nie die teks in jou eie woorde oor te skryf nie.
- Moenie lang sinne direk uit die teks oorskryf en hoop dat die antwoord êrens daarin skuil nie. Die gevaar as jy 'n hele lang sin oorskryf, is dat dit nie logies onder die opskrif pas nie.
- Jy moet bewus wees daarvan dat die antwoorde onder een opskrif dikwels uit verskillende dele van die teks kom. Lees dus die hele teks voor jy jou aantekeninge skryf.

Aktiwiteit 7

Lees die artikel oor die Nasionale Seereddingsinstituut. Voltooi dan die aantekeninge.

Die NSRI red lewens

Die Nasionale Seereddingsinstituut (NSRI) is 'n liefdadigheidsorganisasie wat in 1967 tot stand gekom het. Dit is afhanklik van skenkings van die publiek.

Dr. Cleeve Robertson, hoof van die NSRI, vertel wat hulle doen: "Meer as 1 400 vrywilligers werk by ons 40 basisse langs die kus en by groot damme. Duisende reddings word jaarliks daarvandaan uitgevoer. Een van die grootse gevare aan ons kus is wanneer mense deur sterk seestrome of getye die see ingetrek word. Mense kan nie die water lees nie; hulle gaan op die verkeerde plek in, en die volgende oomblik is hulle in die moeilikheid. Ons reageer dan en gaan met een van ons vaartuie uit.

NSRI-bemanningslede kom aan wal ná 'n seereddingsoperasie.

"Dan is daar massareddingsoperasies, soos toe 'n groot brander die Robbeneiland-veerboot met sowat 40 passasiers aan boord op pad terug van die eiland getref het. Die boot se voorste ruit is uitgeslaan en die enjin het gevrek. Dit was besig om te sink en ons het die passasiers gaan red."

Toe hy nog self 'n NSRI-vrywilliger was, het dr. Robertson dikwels mediese noodgevalle hanteer. "Ek moes byvoorbeeld soms snags uitgaan wanneer iemand op 'n vissersboot 'n hartaanval gehad het. Een van ons vaartuie sou my na die vissersboot neem. Dan stabiliseer ek die pasiënt en vaar later saam met hom terug – teen vier knope in 'n onstuimige see," vertel hy.

"'n Skip of 'n boot is dikwels soos 'n fabriek, en dit gebeur dat mense seerkry wanneer hulle byvoorbeeld met of naby masjiene werk. Ons moet soms lelike beserings op 'n boot hanteer.

"Ons het 'n paar jaar gelede die selfoon-app SafeTrx bekendgestel. Jy teken met jou vaartuig se inligting aan en as jy in die moeilikheid beland, druk jy net die groot rooi knop. Dit stel dan ons beheersentrum in kennis en stuur jou posisie aan ons. Dit beteken ons kan baie vinniger by jou uitkom. Ons bied die app gratis aan.

"Die app is veral gewild onder mense met waterponies. Hulle hou mos daarvan om in woeste winde te ski, en as jy van daardie ding afval en in yskoue water beland, is dit nie lank nie, dan kan jy nie weer terugkom op jou ski nie. Dan kom die app handig te pas. Hulle dra hul selfoon in 'n waterdigte sakkie aan hul reddingsbaadjies. Dit neem die soek uit soek-en-redding."

Opleiding om verdrinking te voorkom is 'n belangrike werk van die NSRI. "Baie min mense in Suid-Afrika kan swem, daarom het ons vrywilligers wat skoolkinders leer hoe om te dryf en op 'n veilige plek uit te kom as hulle in die water sou beland. Ons leer jaarliks sowat 600 000 kinders swem. Hoe meer kinders kan swem, hoe minder verdrinkings gaan daar wees. Verder maak ons kinders bewus van hoe belangrik dit is om reddingsbaadjies op bote te dra.

"Dan is ons ook betrokke by die redding van walvisse en ander seediere wat in nette en toue verstrengel raak, maar dis 'n storie vir 'n ander dag …"

(Uit: *Netwerk24*, 9 Desember 2020)

Jy gaan 'n praatjie oor die Nasionale Seereddingsinstituut in die klas lewer. Maak kort aantekeninge onder elke opskrif. Die eerste aantekening is vir jou gemaak. Jy mag woorde uit die teks in jou aantekeninge gebruik.

1. Die NSRI red mense wat:

   deur seestrome of getye in die see ingetrek word

   ....
   ....
   ....

2. Voordele van die NSRI se selfoon-app vir mense in nood:

   ....
   ....

3. Maniere waarop die NSRI verdrinkings probeer voorkom:

   ....
   ....
   ....

Aktiwiteit 8

Lees die artikel oor sonkrag-safarivoertuie. Voltooi dan die aantekeninge.

Hoor die diere beter in 'n sonkrag-safarivoertuig

Hoewel die geraas van 'n dieseldors Land Rover wat oor die Afrika-savanna ry kenmerkend van die safaribedryf is, is dit nou vinnig besig om vervang te word met ekovriendelike, fluisterstil voertuie wat deur die sonskyn aangedryf word.

"Dit was 'n maklike besluit," sê Japie van Niekerk, eienaar van Cheetah Plains. Hulle hele vloot safarivoertuie is nou elektries. "Hulle is doodstil en hulle onderhoud is laag. Daar is ook groot logistieke voordele, want ons hoef nie brandstof by die lodge af te lewer nie. Maar nog meer: Dis die regte ding om te doen. Ons is net gaste in die natuur, so hoekom sal ons 'n voetspoor agterlaat as ons stil kan wees en inpas by die omgewing?"

Vandag se elektriese safarivoertuie is meestal omgeboude Land Rovers of Toyota Land Cruisers. Die enjin, ratkas en ontbrandingskomponente word met 'n elektriese motor, batterye en 'n beheerstelsel vervang. Die proses kos maklik R650 000 per voertuig.

Hoewel die prys afgekom het, is dit steeds 'n groot belegging, selfs vir die grootste safari-operateurs in Afrika, wat die rede is hoekom sommige nog nie elektriese voertuie begin gebruik het nie.

"Daar is geen punt daarin om elektriese voertuie te hê wat gelaai moet word deur die steenkoolaangedrewe nasionale netwerk nie. Jy moet op sonkrag wees en die voertuie moet met sonkrag gelaai word," sê Tony Adams van AndBeyond, wat baie safari's reël. "Elektriese voertuie is fenomenaal in terme van die gaste se ondervinding, maar ons fokus is op die werk wat ons in die gemeenskap doen – om na sonkrag oor te skakel – en die vermindering van ons algehele koolstofvoetspoor."

Vir lodges met genoegsame sonkragkapasiteit en kapitaal bied elektriese voertuie talle voordele. Hierdie voertuie beteken gaste sal nie meer beperk word in hoe ver hulle kan gaan en wat hulle alles kan sien nie. Die eerste omgeboude voertuie het 'n probleem gehad met afstand en herlaaiing, maar die nuwes kan sowat 100 km ry op 'n enkele lading, wat ongeveer dubbel die afstand van die gemiddelde wildrit is.

Sonkragaangedrewe safarivoertuie is belangrik vir die toekoms en die omgewing.

Vir wildlewe-entoesiaste klink die metaalagtige geraas van 'n dieselenjin dalk opwindend, en bewys dat dit 'n avontuur is, totdat die geraas 'n trop waterbokke verjaag voordat hulle 'n luiperd se aandete kan word. In die elektriese voertuie kan voëlkykers hulleself beter posisioneer sonder om 'n geraas te maak en 'n droomvoël te laat wegvlieg. Daar is 'n hele Bosveldkoor wat die meeste mense misloop.

"Sonder die geraas van die dieselenjin, kan jy regtig 'n band met jou gaste en die natuur vorm," sê Sipps Maswanganyi, 'n safarigids.

Selfs hy is verbaas oor wat hy alles al gemis het weens die enjingeraas. "Jy kan nou die hiënas hoor roep terwyl jy ry," sê hy. "En party aande kan jy selfs die ystervarke deur die bos hoor loop."

(Uit: *Vrye Weekblad*, 22 September 2021)

Jy gaan 'n praatjie oor sonkrag-safarivoertuie in die klas lewer. Maak kort aantekeninge onder elke opskrif. Die eerste aantekening is vir jou gemaak. Jy mag woorde uit die teks in jou aantekeninge gebruik.

1. Japie van Niekerk verkies elektriese safarivoertuie, want:
dit is doodstil
....
....
....

2. Redes waarom sommige safari-operateurs nog nie sonkragvoertuie gebruik nie:
....
....

3. Geluide wat jy kan hoor as jy in 'n stil voertuig is:

....

....

....

Aktiwiteit 9

Lees die artikel oor hoe diere mense tydens oorloë bygestaan het. Voltooi dan die aantekeninge.

Diere in oorlog

Perde, duiwe, honde en selfs bobbejane en varke het al hul deel gedoen om mense in oorlogstyd by te staan. Vir hul dapperheid is van hulle met range en medaljes beloon.

Judy was 'n patryshond wat in 1936 in Sjanghai gebore is en op Britse skepe op die Jangtserivier haar seebene gekry het. In haar "loopbaan" van tien jaar het sy vele noue ontkomings gehad. Eers het 'n skip se mas op haar geval toe die skip waarop sy was, gesink het. Judy en van die bemanning het op 'n verlate eiland beland, waar sy 'n waterbron ontdek het wat gekeer het dat hulle van dors sterf. Terwyl hulle vir vyf weke deur 'n oerwoud geloop het op soek na Britse troepe, het Judy 'n krokodilaanval oorleef. Die oorlewende bemanningslede is deur die Japannese gevang en in kampe aangehou. Judy is by 'n kamp ingesmokkel, waar sy die

Judy ontvang haar medalje in 1946.

lugmagoffisier Frank Williams ontmoet het wat haar lewenslank sou versorg. Hy het die kampkommandant oorreed om Judy amptelik as krygsgevangene te registreer – die enigste hond met wie dit gebeur het.

Toe die transportskip *SS Van Waerwijck* gesink het, het Judy verskeie passasiers van verdrinking gered. Na aan die einde van die oorlog is sy amper deur Japanse soldate geskiet, maar Williams het haar versteek. Sy is na Engeland gesmokkel op 'n troepeskip. Vir haar heldedade is die Dicken-medalje aan Judy toegeken.

Die Dicken-medalje is in 1943 in Brittanje ingestel deur Maria Dicken, stigter van die dierewelsynorganisasie People's Dispensary for Sick Animals, om diere vir hul werk as lede van die Britse gewapende magte en burgerlike nooddienste in die Tweede Wêreldoorlog te vereer. Dit is 'n bronsmedalje met die woorde "Vir dapperheid" en "Ons dien ook" wat binne 'n lourierkrans pryk. Dit word ook "die diere se Victoria-kruis" genoem. Die medalje is 54 keer tussen 1943 en 1949 toegeken aan 32 wedvlugduiwe, 18 honde, 3 perde en aan Simon, 'n kat. Simon was die skeepskat op die *HMS Amethyst*. Sy het haar eie oorlog teen rotte gevoer, selfs nadat sy tydens 'n aanval op die skip gewond is.

Die graf wat ter ere aan Simon opgerig is ná haar dood

Reckless was 'n Mongoolse merrie wat in 1952 deur die Amerikaanse leër gekoop is. Sy was nie net onverskrokke en intelligent nie, maar 'n regte karakter met 'n liefde vir roereiers en bier. Reckless is tydens die Koreaanse Oorlog gebruik om voorraad en gewonde soldate te vervoer. Vanaf 25 tot 30 Mei 1953 het dié dapper perd 51 keer op haar eie gewonde soldate en voorraad vervoer. Reckless is tot die rang van sersant bevorder om haar te beloon.

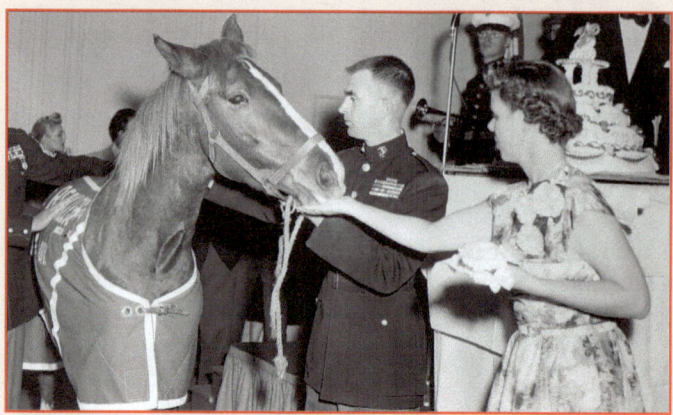

Sersant Reckless geniet 'n stukkie koek.

Selfs in die moderne tyd is daar steeds voorbeelde van dapper diere. In 2023 is uit die Oekraïne berig hoe Patron, 'n Jack Russell-terriër, honderde ploftoestelle uitgesnuffel het wat deur Russiese troepe in Tsjernihif, noord van die hoofstad, Kïef, agtergelaat is.

(Uit: *Taalgenoot*, Winter 2022)

Patron, die Jack Russell-terriër met die skerp neus

Jy gaan 'n praatjie oor dapper diere in die klas lewer. Maak kort aantekeninge onder elke opskrif. Die eerste aantekening is vir jou gemaak. Jy mag woorde uit die teks in jou aantekeninge gebruik.

1. Insidente wat baie gevaarlik vir Judy was:

    'n Skip se mas het op haar geval.

    ....
    ....
    ....

2. Wat Judy gedoen het om mense se lewens te red:

    ....
    ....

3. Name van diere wat al beloon is en die rede daarvoor:

    ....
    ....
    ....

Hoofstuk 12: Lees

› Meerkeusevrae

Vir hierdie soort vrae lees jy 'n teks en beantwoord 'n reeks meerkeusevrae.

Die teks

Die teks kan byvoorbeeld uit 'n artikel, blog of webblad kom, en bevat menings, idees, houdings en feite.

Taakfokus

Soeklees en identifiseer die korrekte antwoord.

Die vrae

Die vrae fokus op die hoofidees of besonderhede in die teks en op die houdings en menings wat uitgedruk is.

- Elke vraag bestaan uit 'n stam en drie opsies (A, B en C): die sleutel (regte antwoord) en twee afleiers (verkeerde antwoorde). Die stam kan 'n vraag of 'n onvoltooide sin wees.
- Vrae sluit 'n verskeidenheid vraagwoorde in, soos Wat, Waarom, Waar, Wanneer, Wie, Hoe.
- Die vrae volg die volgorde van die teks.
- Elke vraag tel een punt.

Die antwoorde

Jy kies een van die drie opsies en skryf jou keuse (A, B of C) langs die vraagnommer neer. Skryf elke keer net die letter neer.

Wenke en riglyne

Vluglees eers die hele teks. Daarna doen jy die volgende vir elke vraag:

- Identifiseer en onderstreep die sleutelwoorde. Dit is nuttig vir wanneer jy moet besluit waarvoor jy in die antwoord moet soek.
- Hou in gedagte dat die kerninligting in die vraag en opsies 'n parafrase van die woorde in die teks kan wees – moenie presies dieselfde woorde in die vraag en die teks verwag nie.
- Onthou dat daar afleiers gaan wees wat lyk of dit die regte antwoord kan wees, maar nie die vraag heeltemal beantwoord nie.
- Hou in gedagte dat sowel feitelike besonderhede as idees, menings en geïmpliseerde betekenis getoets kan word.

- Wanneer jy 'n sin of paragraaf identifiseer waarna die vraag verwys, moet jy die teks voor en ná daardie gedeelte weer bestudeer om seker te maak dat jy op die regte spoor is.

Lucky Ndlovu

Veldwagter-sersant Lucky Ndlovu het onlangs 'n toekenning van die Tusk Trust ontvang vir sy werk teen renoster-stroping in die Krugerwildtuin.

Helikopters word ontplooi in die stryd teen renosterstroping.

Waar kom jou liefde vir die buitelewe vandaan?
As jong kind het ek my familie se beeste in die bos in Mosambiek opgepas. Ons het van die veld geleef – geboer en gejag. My oupa en pa was albei veldwagters en vandat ek tien jaar oud was, het ons in die Krugerwildtuin gewoon. Daai dae was die reëls nie so streng nie en ek het gewoonlik saam met my pa gegaan om te kyk wat hy by die werk doen. Ek wou die plek waar my oupa en pa grootge-word het, beskerm. Dis die diere wat my familie aan die lewe gehou het; daarom wil ek die diere beskerm sodat my kinders ook in die Krugerwildtuin kan werk.

Wanneer het jy by die wildtuin begin werk?
In 1992, as 'n sekerheidsbeampte. Ná 'n jaar is ek as 'n veldwagter gekeur. Ek is toe opgelei en as veldwagter by die Punda Maria-deel aangestel. Ek het tot in 1997 daar gewerk en is toe na Kingfisherspruit geskuif, waar ek sedertdien gebaseer is. Ek is in 2002 tot veldwagter-korporaal bevorder en in 2016 tot veldwagter-sersant.

Wat is die gunstelingdeel van jou werk?
Om saam met my K9-hond, Ngwenya, te werk. Ek het saam met honde grootgeword, en geniet dit om saam met hulle te werk. Ngwenya is opgelei om onwettige middele en vuurwapens op te spoor. Ons werk al saam vandat sy 'n klein hondjie was. Sy gaan oral saam met my op patrollie. Sy het my al baiekeer gered deur my teen gevaarlike diere te waarsku.

En die slegste deel?
Konfliksituasies en wanneer kollegas nie hul werk doen nie – dit is nie lekker om hulle te moet teregwys nie. Om te sien hoe kollegas voor die versoeking van renosterstroop swig, is ook sleg. Onlangs het ek en my span agtergekom dat ons senior offisier by renosterstroping betrokke was. Ons moes hom toe arresteer. Dit was sleg, maar ek dink ook dis hoekom ek die toekenning gekry het.

Hoe het dit gevoel om die Tusk-toekenning te wen?
Ek is baie dankbaar vir die toekenning. Dit is goed vir my én vir die span om erkenning te kry. Die toekenning het my weer energie vir my werk gegee – ek

voel soos 'n nuwe veldwagter! Dit maak nie saak hoe moeilik die werk word nie, ek sal toegewyd bly en nie korrup word nie.

Om die toekenningsgeleentheid in Kaapstad by te woon was ook 'n fantastiese ervaring. Dit was my eerste keer op 'n vliegtuig en ook die eerste keer wat ek so 'n mooi plek soos Kaapstad sien.

Hoekom is bewaring so belangrik?
Dit sorg vir die natuur en gee waarde aan die natuur en diere. Dit skep werk vir mense wat in dié gebiede bly. Ons moet ook diere soos die renoster vir toekomstige generasies bewaar.

Wat maak van iemand 'n goeie veldwagter?
Jy moet jouself kan motiveer. Jy moet 'n hart vir die werk hê en toegewyd wees – dit begin alles by die huis. 'n Mens moet geduldig en vasberade wees, want daar is baie moeilike dele aan dié werk.

Hoe help gewone Suid-Afrikaners in die stryd teen renosterstroping?
Bewusmaking van renosterstroping moet nog verder versprei, want mense verstaan nie altyd wat die waarde van wilde diere is en wat dit tot die lewe bydra nie. As mense van jongs af opgevoed word hieroor, sal hulle dit ondersteun. Die hele land se ondersteuning is nodig om dié stryd te wen.

(Uit: *Weg*, Oktober 2017)

Protesaksie teen renosterstroping

Aktiwiteit 10

Lees die onderhoud met Lucky Ndlovu, 'n veldwagter. Beantwoord dan die vrae wat volg.

Beantwoord elke vraag deur die korrekte letter (A, B of C) neer te skryf.

1. Watter invloed het Lucky se pa en oupa op sy toekoms gehad?
    A   Hulle het hom lief vir diere en die natuur gemaak.
    B   Hy wou hul voorbeeld volg en 'n veldwagter word.
    C   Hy wil hê sy kinders moet in hul voetspore volg.
2. Waaruit is dit duidelik dat Ngwenya vir Lucky belangrik is?
    A   Lucky werk van kleins af graag met honde.
    B   Ngwenya is 'n opgeleide snuffelhond.
    C   Sy laat weet hom as daar gevaar naby is.
3. Wat bewys dat Lucky teen korrupsie is?
    A   Hy let op as kollegas nie hul werk doen nie.
    B   Hy weet wanneer kollegas by stropery betrokke is.
    C   Hy en sy span het teen 'n korrupte kollega opgetree.

4. Watter uitwerking het die Tusk-toekenning op Lucky se lewe gehad?
   A   Hy het die erkenning vir hom en sy span waardeer.
   B   Dit het hom opnuut entoesiasties oor sy werk gemaak.
   C   Hy het dit geniet om per vliegtuig Kaapstad toe te gaan.
5. Wat is die belangrikste eienskap van 'n goeie veldwagter?
   A   Gemotiveerd om mense op te voed
   B   Toegewyd aan jou werk
   C   Geduldig met jou kollegas
6. Wat was die belangrikste doel van hierdie onderhoud?
   A   Dit bewys dat mense wat teen korrupsie is, waardeer word.
   B   Dit toon hoe belangrik opvoeding in die stryd teen stropery is.
   C   Dit gee vir ons insig in hoe moeilik 'n veldwagter se werk is.

Aktiwiteit 11

Lees die resensie van Fanie Viljoen se boek *Die lewe se vuil houe*. Beantwoord dan die vrae wat volg.

Storie 'n bloudruk vir deursettingsvermoë

Die lewe se vuil houe is stilweg wonderbaarlik: 'n jeugverhaal meer roerend, opreg en meesleurend moet ek nog hierdie jaar onder oë kry.

Fanie Viljoen gooi aan die een kant sy gewone wenresep van uithaler-riller-storiebou, oortuigende, spanningsvolle raaisels en 'n bykans ondraaglik broeiende donker atmosfeer by die venster uit, maar sentrale vraagstukke bly steeds trauma en die uitwerking daarvan op die individu se identiteit. Viljoen kom met 'n eg menslike, eenvoudig manjifieke eie lees van die grootwordroman na vore.

Dis die onvergeetlike verhaal van Dewie (De Wet) Koster, 'n skrander, sportiewe, sensitiewe siel met 'n geheim wat soos 'n berg op sy skouers lê.

Dewie speel 'n barshou op die rugbyveld, maar mnr. Stander is bekommerd oor sy gedurige afwesigheid. Dit raak al hoe moeiliker om die besorgde onnie se vrae te systap. Sy "vriende" kan hy skaars vertrou; wie sou hy nou eintlik kon vertel hoekom sy skooldrag nie so netjies soos dié van die res van sy portuurgroep is nie en hoekom hy nooit maats huis toe kan nooi nie?

'n Entjie van die Hoërskool Jan van Riebeeck bly Dewie en sy ma in Firdale Heights. Almal is nie soos die deernisvolle oom Clint nie; jy moet gedurig met onvergenoegde skinderbekke soos tannie Revona te doen kry. En dis hier in Firdale Heights wat 'n ware tragedie in die kleine hom afspeel: Dewie se ma se "goedjies", soos sy dit noem, staan letterlik tot teen die plafon opgestapel. Niks mag weggegooi word nie. Alles moet vir ingeval, vir eendag op 'n reëndag, gebêre word.

Nóg Dewie nóg sy ma kan tred hou met haar konstante aankope – een van die min dinge in die lewe wat haar plesier verskaf wanneer sy haar nie met administratiewe werksake besig hou nie. Die berg goedere is lankal reeds 'n onwelriekende gesondheidsrisiko, 'n oorweldigende inferno wat dreig, 'n fisieke vergestalting van die moeder se trauma wat net groei met tyd.

Dit was nie altyd net Dewie en sy ma in die huis nie. Eens was daar 'n pa. Grootouers. Dewie se ma was 'n ander mens – glansryk, sorgvry, gelukkig. Maar die lewe het haar 'n vuil hou gegee. Tussen haar en haar tienerseun lê daar nou 'n berg. Dewie Koster, Kaapse Sisufos van 15, opgesaal met 'n figuurlike rots wat weer en weer en weer die berg moet op.

Wanneer hul warmwatertoestel die gees gee en Dewie se pa skielik weer sy opwagting maak, is die gort gaar. Vir hoe lank kan Dewie nog sy ma se geheim bewaar en as haar beskermengel optree?

Maar Dewie het nie op jong Jadey gereken nie. Jadey met woorde wat sy soos pêrels ryg, sy met die omgee-ouers en hul skatkis van 'n boekwinkel, 'n storie op sy eie.

Die ironie van 'n kompulsiewe opgaarder se hordes besittings as veiligheidsnet word meesterlik deur Dewie as fokaliseerder oorgedra, terwyl Viljoen versigtig dog selfversekerd verby die ma-figuur as slegs antagonisties, pateties of frustrerend skryf.

Die verhouding tussen Dewie en sy ma, die klippe wat sy onbedoeld in sy pad rol en die pure oorwelediging wat hy so dikwels voel, word uitstekend met die "sagter", transformatiewe vriendskap tussen Dewie en Jadey aangevul.

Die lewe se vuil houe is 'n bloudruk vir deursettingsvermoë, deernis en durf, 'n roman wat jou vele van die sleutels vir 'n meer empatiese menswees in die hand stop.

(Uit: *Netwerk24/Die Burger*, 24 April 2023)

Beantwoord elke vraag deur die korrekte letter (A, B of C) neer te skryf.

1. Watter ooreenkoms is daar tussen *Die lewe se vuil houe* en Viljoen se ander boeke?
   A   Dit is 'n oortuigende, spannende riller met 'n wenresep.
   B   Dit bevat boeiende raaisels en het 'n donker atmosfeer.
   C   Dit beskryf die effek van traumatiese gebeure op mense.

2. Hoe reageer Dewie op meneer Stander se vrae?
   A   Hy vind dit moeilik om dit te beantwoord.
   B   Hy verkies om die vrae te ontwyk.
   C   Hy bespreek liewer sy probleme met sy vriende.

3. Waarom nooi Dewie nooit skoolmaats huis toe nie?
   A   Hy is skaam oor hoe hulle woonstel lyk.
   B   Hy oefen dikwels smiddae ná skool rugby.
   C   Hulle woonstel is te ver van die skool.

4. Watter rol speel Dewie in sy ma se lewe?
   A   Hy besef dit maak haar gelukkig om dinge te koop.
   B   Hy probeer haar teen haarself en ander mense beskerm.
   C   Hy laat haar toe om dikwels klippe in sy pad te rol.

5. Met watter karakter kom Dewie die beste oor die weg?
   A   Oom Clint
   B   Dewie se pa
   C   Jadey

6. Wat is die belangrikste doel van hierdie resensie van *Die lewe se vuil houe*?
   A   Dit beskryf die traumatiese lewe van 'n kompulsiewe opgaarder.
   B   Dit verduidelik waarom die boek die moeite werd is om te lees.
   C   Dit beeld die komplekse verhouding tussen Dewie en sy ma uit.

Aktiwiteit 12

Lees die onderhoud met Hlengiwe Magagula, 'n reisskrywer. Beantwoord dan die vrae wat volg.

Hlengiwe Magagula

Die reisskrywer Hlengiwe Magagula beantwoord vrae oor haarself en deel reiswenke oor haar gunstelingstapplekke in die Krugerwildtuin.

Staproetes soos dié is Hlengiwe se gunstelingplekke.

Vanwaar die liefde vir die buitelewe en stap?

My wortels lê in die *inkangala* (hoëveld) naby my tuisdorp, Pigg's Peak, in Swaziland. Dis heuwelagtig hier, en ek het as kind oral heen gestap – en ek is steeds fiks! Ek het ook tyd in Bulembu deurgebring, 'n dorp aan die voet van Swaziland se hoogste berg en waarskynlik die heuwelagtigste dorp in die land.

'n Paar jaar gelede het 'n vriend wat die Otter-staproete wou doen, my saamgenooi. Dit was die eerste keer dat ek met 'n rugsak gestap het, maar danksy die oornaghutte is die roete heel gemaklik. En dis skouspelagtig mooi! Ek het 'n stapdagboek gehou en dit later in 'n storie omskep. Daarna wou ek ook ander staproetes probeer in parke soos iMfolozi en die Krugerwildtuin.

Wat behels jou werk?

Ek skryf, onder meer vir Sanparke se *Wild*-tydskrif, die *Sunday Times*, *Travel Africa* en vliegtuigtydskrifte. Ek het ook al 'n kort e-boek oor Swaziland uitgegee – dis gemik op besoekers wat die land deurkruis tussen die Krugerwildtuin of Mosambiek en KwaZulu-Natal en sowat een tot drie dae hier deurbring. My tweede boek het dié jaar verskyn – 'n gids tot die Krugerwildtuin se verskillende staproetes.

Die skryfwerk is egter 'n klein deel van wat my besig hou. Navorsing en die beplanning van reise neem baie tyd in beslag.

Wat is die beste en die slegste deel van jou werk?

Ek geniet die vryheid om van die huis of enige ander plek af te kan werk. En ek is mal daaroor om buite te wees en te kamp, en om te weet my werk bevorder toerisme.

Dis sleg as publikasies jou werk afkeur – of my net glad nie antwoord nie! Die internet is noodsaaklik vir my werk, maar op Pigg's Peak kan die verbinding soms swak wees en oproepe is ook besonder duur.

Hoe het jy 'n kenner oor staproetes in die wildtuin geword?

Die Krugerwildtuin is die naaste park aan Pigg's Peak – selfs nader as die Swaziland-parke – en ek was dus al 'n hele paar keer daar. Toe ek al hoe meer in stap en staproetes begin belangstel, was dit natuurlik om die Kruger-roetes te ondersoek. Ek geniet die opwinding om tussen groot diere te stap, en veral om in 'n tent in die wildernis te slaap.

Ek het gesien hoe moeilik dit is om inligting oor al die stap-opsies te kry en die geleentheid vir 'n e-boek hieroor gesien. Die Sanparke-personeel en -gidse en ander ervare stappers het my baie gehelp.

Wat is jou gunstelingstaproete in die wildtuin en hoekom?

Hulle is almal puik! Dis veral die groep stappers en jou gids wat 'n staptog onvergeetlik maak. Ek het laas jaar op die Lonely Bull-roete wonderlike stapmaats gehad. Ek sou net daar wou omdraai en weer terugstap, soos die gidse en die res van die groep, maar moes aanbeweeg na 'n ander bestemming!

Enige wenke vir iemand wat 'n wildtuin-rugsakroete wil doen?

Dra net wat nodig is saam. Tel elke ete en peuselhappie af en sit dit in 'n Ziploc-sakkie. En onthou jou hoed!

Wat is jou droombestemming?

'n Woestyngebied soos die Namib of Kalahari. Ek hou nie van die stadsgedruis nie; ek dink dis hoekom die uitgestrekte, dor landskappe vir my aanloklik is.

(Uit: *Weg* #167, September 2018)

Beantwoord elke vraag deur die korrekte letter (A, B of C) neer te skryf.

1. Wat het vir Hlengiwe lief gemaak vir stap?
   A   Sy was as kind fiks en het baie gestap.
   B   Sy het in 'n heuwelagtige dorp grootgeword.
   C   Sy kon die Otter-staproete maklik hanteer.
2. Waaraan bestee Hlengiwe die meeste van haar tyd?
   A   Sy verskaf artikels aan tydskrifte.
   B   Sy beplan reise en doen navorsing.
   C   Sy skryf boeke vir toeriste en stappers.
3. Wat is voordelig vir Hlengiwe se werk?
   A   Om van die huis af te kan werk.
   B   Om toerisme te kan bevorder.
   C   Om 'n goeie internetverbinding te hê.
4. Waarom wou Hlengiwe inligting oor staproetes in die Krugerwildtuin verskaf?
   A   Dit is die naaste park aan Pigg's Peak.
   B   Daar was 'n leemte wat Hlengiwe wou vul.
   C   Sy kon ander mense se kennis gebruik.
5. Wat maak dat Hlengiwe nie haar staptogte in die wildtuin vergeet nie?
   A   Die diere wat sy sien.
   B   Die roete wat sy volg.
   C   Haar gids en stapmaats.
6. Watter inligting oor Hlengiwe verstrek die onderhoud?
   A   Sy is 'n toegewyde mens en 'n natuurliefhebber.
   B   Sy is 'n diereliefhebber en verkies haar eie geselskap.
   C   Sy is 'n kenner van staproetes in die hele Suid-Afrika.

> Hoofstuk 13
Skryf

Hierdie hoofstuk fokus op die vaslegging van jou skryfvaardighede. Jy gaan voortbou op die vaardighede wat in Hoofstuk 1 tot 10 gedek is en jou skryfvaardighede verder inskerp.

IN HIERDIE HOOFSTUK GAAN JY OEFEN OM:

- duidelik, akkuraat en gepas te kommunikeer;
- inligting, idees en standpunte doeltreffend oor te dra;
- 'n gepaste formaat in reaksie op 'n geskrewe prikkel te gebruik;
- die gepaste register/styl te gebruik;
- verskeie grammatikale strukture toe te pas;
- gepaste woordeskat te gebruik; en
- konvensies vir paragrafering, punktuasie en spelling te volg.

Twee soorte skryfoefeninge word in hierdie hoofstuk geoefen en vasgelê:

- informele skryfstukke; en
- meer formele skryfstukke.

Informele skryfstukke

'n Voorbeeld van hierdie soort skryfstuk is 'n vriendskaplike e-pos in reaksie op 'n opdrag. In die opdrag verskyn daar inligting oor die doel en die gehoor/teikengroep van die skryfstuk. Drie prikkels gee leiding oor wat jy moet skryf. Jy gebruik die gegewe prikkels as basis vir die struktuur van jou e-pos en skryf 'n paragraaf oor elke prikkel.

Wenke en riglyne

Inhoud

- Let goed op na presies wat die opdrag vereis.
- Hou in gedagte dat hierdie skryfstuk 'n informele geselstoon het.
- Begin met 'n gepaste aanhef, soos: *Beste Nicky*
- Skryf 'n kort inleidende paragraaf wat by die onderwerp aansluit.
- Ná jou inleiding volg drie paragrawe gebaseer op die gegewe prikkels – elke prikkel word in 'n paragraaf gedek.
- Laat elke paragraaf logies ontwikkel.
- Eindig met 'n kort slotparagraaf.
- Daarna volg 'n afsluiting soos:
  Jou vriend/vriendin
  Glen

Taal

- Gebruik 'n verskeidenheid woordeskat en idiomatiese taal.
- Fokus daarop om verskillende sinsoorte te gebruik – stel-, vraag- en bevel-/uitroepsinne.
- Gebruik skakelwoorde om sinsdele en sinne te skakel.
- Konsentreer daarop om hoofletters en leestekens korrek te gebruik.
- Maak seker dat elke paragraaf uit samehangende sinne bestaan.
- Gee spesifieke aandag aan die gebruik van die regte woordorde en spelling.

Aktiwiteit 1

Jy wil graag vir 'n opstelkompetisie inskryf waarin goeie pryse gewen kan word.

Skryf 'n e-pos aan 'n maat oor die kompetisie.

In jou e-pos moet jy:

- beskryf wie die kompetisie organiseer en wat die reëls is;
- verduidelik waaroor jou opstel gaan en hoekom jy die onderwerp gekies het; en
- sê wat die eerste prys is en wat jy daarmee gaan doen as jy wen.

Skryf 120 tot 160 woorde.

Aktiwiteit 2

Jy het onlangs iets aanlyn gekoop, maar kom toe agter dat daar 'n probleem daarmee is.

Skryf 'n e-pos aan 'n maat oor die probleem.

In jou e-pos moet jy:

- verduidelik wat jy gekoop het en waarom jy dit gekoop het;
- die probleem met die item beskryf; en
- sê wat jy daaroor gaan doen.

Skryf 120 tot 160 woorde.

Aktiwiteit 3

Jy en jou ouers gaan binnekort met vakansie en jou ouers het gesê jy kan 'n maat saamnooi.

Skryf 'n e-pos aan 'n maat oor die komende vakansie.

In jou e-pos moet jy:

- beskryf wanneer en waarheen julle met vakansie gaan;
- verduidelik hoe julle daar gaan kom en wat julle alles daar gaan doen; en
- sê waarom jy wil hê jou maat moet saamkom.

Skryf 120 tot 160 woorde.

Meer formele skryfstukke

'n Artikel, berig, opstel, verslag of resensie in reaksie op 'n opdrag is voorbeelde van hierdie soort skryfstuk. Die opdrag verskaf inligting oor die vorm, die doel en die gehoor/teikengroep van die skryfstuk. In die skryfstuk word daar van jou verwag om jou mening uit te druk en te motiveer.

Wenke en riglyne

Inhoud

- Let goed op na presies wat die opdrag vereis.
- Hou in gedagte dat hierdie skryfstuk 'n meer formele styl het.
- Beplan jou skryfstuk sodat dit direk by die opdrag aansluit.
- Jy kan na die prikkels in die opdrag verwys, maar moet jou eie mening oor die onderwerp stel en motiveer.
- Begin met 'n kort, gepaste inleidende sin waarin jy die onderwerp van jou skryfstuk uiteensit.
- Besluit op ongeveer drie of vier aspekte van die onderwerp wat jy in jou skryfstuk wil dek.
- Die liggaam van jou skryfstuk bestaan uit drie of vier paragrawe waarin aspekte van die opdrag gedek word. Die paragrawe volg logies op mekaar.
- Maak seker elke paragraaf het 'n kernsin waarop daar in die paragraaf uitgebrei word.
- Eindig met 'n kort slotparagraaf.

Taal

- Gebruik 'n verskeidenheid woordeskat en idiomatiese taal.
- Fokus daarop om verskillende sinsoorte te gebruik – stel-, vraag- en bevel-/uitroepsinne.
- Gebruik skakelwoorde om sinsdele en sinne te skakel.
- Konsentreer daarop om hoofletters en leestekens korrek te gebruik.
- Maak seker dat elke paragraaf uit samehangende sinne bestaan.
- Gee spesifieke aandag aan die gebruik van die regte woordorde en spelling.

Aktiwiteit 4

Jou skool het onlangs aan 'n fiksheidsdag vir plaaslike skole deelgeneem. Die organiseerders wil leerders se menings oor die fiksheidsdag hoor. Jy is gevra om 'n verslag te skryf.

In jou verslag moet jy noem wat jy omtrent die fiksheidsdag geniet het, en voorstel hoe dit verbeter kan word.

Hier is kommentaar van leerders wat deelgeneem het:

Skryf nou jou verslag vir die organiseerders van die fiksheidsdag.

Die kommentaar hier bo kan vir jou idees gee, en jy kan van jou eie idees gebruik.

Skryf tussen 120 en 160 woorde.

Aktiwiteit 5

Die skool het onlangs 'n uitstappie na 'n wildtuin vir die leerders in jou graad georganiseer. Jy is gevra om 'n artikel oor die uitstappie vir die skoolkoerant te skryf.

In jou artikel moet jy noem wat jy omtrent die uitstappie geniet het, en voorstel hoe dit verbeter kan word.

Hier is kommentaar van leerders wat deelgeneem het:

Skryf nou jou artikel vir die skoolkoerant.

Die kommentaar hier bo kan vir jou idees gee, en jy kan van jou eie idees gebruik.

Skryf tussen 120 en 160 woorde.

Aktiwiteit 6

Jou skool se filmklub het onlangs na 'n vertoning van 'n nuwe fliek gegaan waaroor die media 'n groot ophef gemaak het. Jy is gevra om 'n resensie van die film vir die skooltydskrif te skryf.

In jou resensie moet jy jou indrukke van die film bespreek, maar ook na ander leerders se menings verwys.

Hier is kommentaar van leerders wat ook die film gesien het:

Skryf nou jou resensie van die film vir die skooltydskrif.

Die kommentaar hier bo kan vir jou idees gee, en jy kan van jou eie idees gebruik.

Skryf tussen 120 en 160 woorde.

Hoofstuk 14
Hersiening van vaardighede

In hierdie hoofstuk kry jy geleentheid om noodsaaklike vaardighede te hersien.

A. Hersien luistervaardighede

In hierdie afdeling gaan jy na 'n verskeidenheid tekste luister en die beantwoording van verskillende soorte vrae inoefen. Daar is onder meer waar/onwaar-vrae, meerkeusevrae, vrae wat antwoorde in enkele woorde verwag, en vrae wat sinslengte antwoorde vereis. Die tekste wissel van korter tot langer tekste, en van monoloë tot dialoë.

B. Hersien leesvaardighede

Die leesaktiwiteite in hierdie afdeling gaan jou help om jou vermoë om begripsvrae te beantwoord uit te brei en vas te lê. Jy gaan jou vluglees-, soeklees- en stipleesvaardighede inspan om die vrae wat korter en langer antwoorde vereis te beantwoord. 'n Verskeidenheid tekste wat ook 'n visuele komponent insluit, dien as grondslag vir die vaslegging van leesvaardighede.

C. Hersien skryfvaardighede

Hierdie afdeling fokus enersyds op die skryf van vriendskaplike en informele tekste soos e-posse en andersyds op die skryf van meer formele tekste soos koerantartikels en verslae. Die nasienkriteria wat aan die einde van die afdeling verskaf word, gee jou geleentheid om jou eie en ander se skryfstukke te evalueer.

Hoofstuk 14: Hersiening van vaardighede

> A. Hersien luistervaardighede

Aktiwiteit 1

Die volgende teks gaan oor gebaretaal. Dit is die liggaamstaal wat gebruik word om met gehoorgestremde (dowe) mense te kommunikeer. Hulle luister en praat met hul oë, hande of ander liggaamsbewegings.

Gebaretaal

> **Wenke en riglyne**
> - In hierdie aktiwiteit moet jy fyn luister om inligting oor die inhoud van die teks te kan gee.
> - Lees altyd eers die vrae deur voordat jy na die teks luister.
> - Let daarop dat die vrae só gerangskik word dat hulle die teks chronologies van die begin tot die einde volg – dit is altyd so in luistertoetse en -eksamens. Die eerste vraag kan byvoorbeeld nie gaan oor iets uit die laaste paragraaf van die teks nie.
> - Antwoord slegs "Waar" of "Onwaar" op die stellings.

Gebaretaal

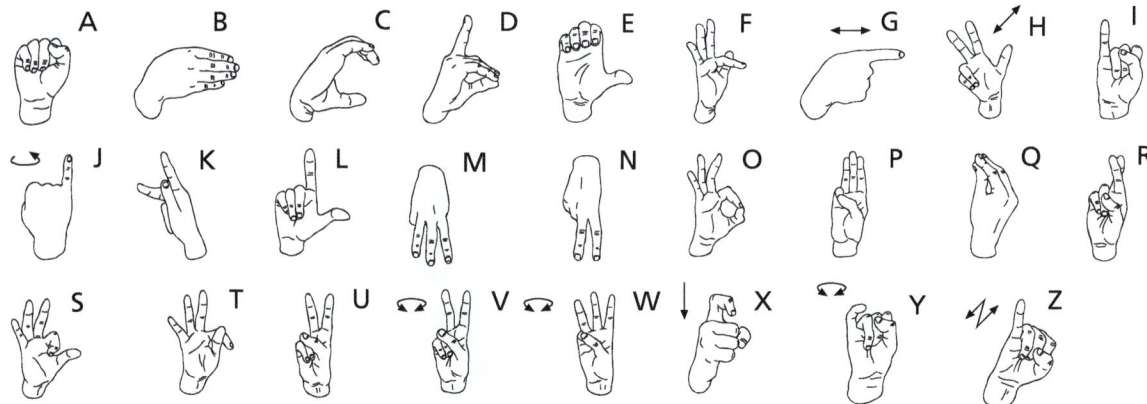

1. Gebaretaal is 'n taal wat blinde mense doeltreffend kan gebruik.
2. Gebaretaal bestaan slegs uit bewegings van die vingers en hande.
3. Veral bewegings van die onderlyf word in gebaretaal gebruik.
4. In gebaretaal speel die letters van die alfabet 'n rol in kommunikasie.
5. Sommige dowe mense in die samelewing kan nie vingertaal gebruik nie.
6. Vrae kan deur middel van gesigsuitdrukkings gekommunikeer word.

> **SLEUTELWOORDE**
>
> **gebaretaal** (*sign language*) – spraak deur liggaamsbewegings te gebruik
>
> **gehoorgestremde** (*hearing-disabled/deaf*) – iemand wat nie kan hoor nie/doof is
>
> **ongeletterde** (*illiterate*) – iemand wat nie kan lees of skryf nie
>
> **wenkbroue** (*eyebrows*) – die hare bo 'n mens se oë

7. Vir ja- en nee-vrae in gebaretaal word die wenkbroue laat sak.
8. In al die lande van die wêreld word dieselfde gebaretaal gebruik.
9. In die teks word Australiese Gebaretaal genoem.
10. Kommunikasie in gebaretaal kan doeltreffend plaasvind as net een van die deelnemers aan die gesprek hierdie soort taal ken.

Aktiwiteit 2

Die volgende teks handel oor hoe dowe leerders in 'n skool geleer en gehelp word om te kommunikeer en te presteer.

De la Bat-skool

> ### Wenke en riglyne
> - Maak kort aantekeninge oor die teks waarna jy geluister het.
> - Gee die gevraagde inligting deur ontbrekende woorde of frases neer te skryf.
> - Volsinne word nie vereis nie.

1. Dit wat die onderwysers van dowe kinders doen:
   Die onderwysers help hulle om te ....

2. Provinsie waarin die De la Bat-skool is: ....

3. Twee taalvaardighede wat Betsie Roelofse haar graad R-klas leer:
   a) ....
   b) ....

Die graad R-klas aan die De la Bat-skool

4. Die prys wat Betsie Roelofse gekry het: ....
   ....

5. Twee maniere waarop die kinders leer hoe 'n leeumannetjie lyk:
   a) Hulle sien ....
   b) Hulle lees ....

6. Rede waarom Betsie volgens haar leerders die prys gekry het:
   Die leerders sê ....

7. Dit waarmee dowe leerders 'n agterstand het:
   ....

8. Twee redes waarom gehoorgestremde leerders matriek slaag:
   a) Die leerders het ....
   b) Hul onderwysers is ....

9. Werk wat 'n leerder wat aan die De la Bat-skool gematrikuleer het, later daar gedoen het:
   ....
   ....

SLEUTELWOORDE

deursettingsvermoë *(perseverance)* – wilskrag om aan te hou

maanhare *(mane)* – lang hare aan die nek van 'n dier

onderskei *(distinguish)* – weet wat die verskil is

uitmuntende *(excellent)* – uitstekende/uiters goeie

Aktiwiteit 3

Luister na die volgende beskrywings en maak eenvoudige sketse om te wys jy verstaan die instruksies. Jy sal 'n potlood of pen en liniaal nodig hê. Maak eenvoudige tekeninge, soos stokfiguurtjies.

Sketse

Aktiwiteit 4

Jy het jou selfoon in 'n restaurant verloor en dink dat die foon dalk deur iemand wat daar werk, gesteel is. Verduidelik vir die bestuurder wat gebeur het. Sy moet jou besonderhede op 'n vorm invul. Jy gee haar al die nodige inligting.

Luister na die tien vrae en skryf jou antwoorde onder mekaar neer.

Verlore selfoon

Aktiwiteit 5

Die volgende weervoorspelling vir plekke in Suid-Afrika word oor die radio gelees. Luister na die weerinligting en beantwoord die vrae.

Weervoor-
spelling

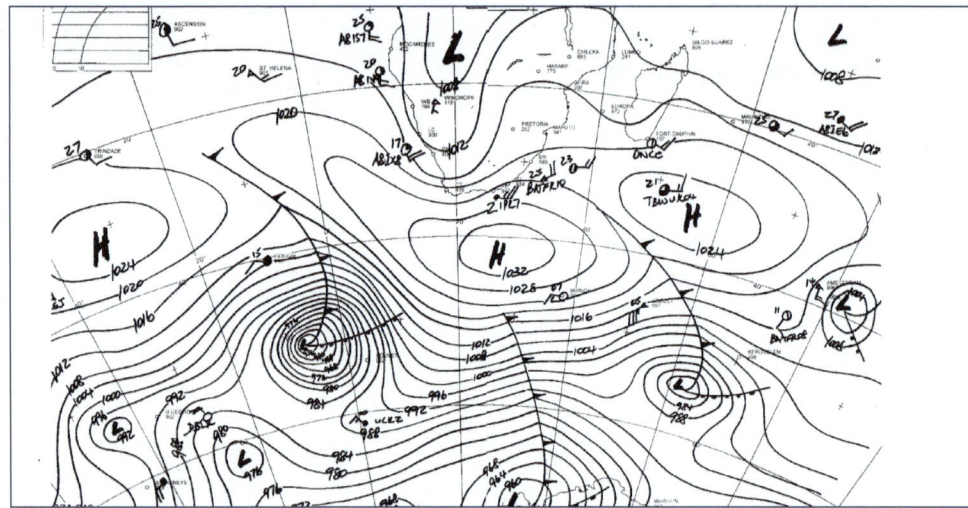

'n Sinoptiese weerkaart

1. In watter provinsie van Suid-Afrika is hierdie vyf plekke waarvoor die weer voorspel word?
2. Vir watter maand en dag is die voorspelling?
3. Waar kom die weerinligting vandaan wat uitgesaai word?
4. Hoeveel gaan dit op Stellenbosch reën?
5. Vir watter plek word geen reën voorspel nie?
6. Op watter van hierdie plekke gaan die maksimum temperatuur die hoogste wees?
7. Hoe koud gaan dit in Beaufort-Wes wees?

Aktiwiteit 6

Vrae en
antwoorde

In hierdie aktiwiteit gaan jy vir elke vraag na 'n stukkie teks luister. Dan moet jy 'n antwoord uit vier moontlikhede kies. Jy moet wys dat jy die regte afleidings kan maak en geïmpliseerde betekenis kan raaksien.

1. Hoe laat het die vliegtuig geland?
    A   twaalfuur
    B   halfeen
    C   halfelf
    D   twee-uur
2. Hoeveel meer hamburgers het André geëet as die vorige wêreldrekordhouer?
    A   5 hamburgers
    B   6 hamburgers
    C   4 hamburgers
    D   7 hamburgers

Hoofstuk 14: Hersiening van vaardighede

3. Kies die gepaste antwoord op die vraag aan Sandra:
   A Ek weet nie waar jy woon nie.
   B Kan jy asseblief 'n bak roomys bring?
   C Ons gaan nie vroeg begin eet nie.
   D Ons sal vanaand lekker partytjie hou.
4. Watter implikasie is gepas?
   A Nandi het geweet dat Vusi die boek nodig het.
   B Nandi het nie Vusi se boek teruggegee nie.
   C Vusi het sy boek nie regtig nodig nie.
   D Ek is seker Nandi het Vusi se boek teruggegee.
5. Kies Nadine se mees gepaste reaksie op haar ma se woorde aan haar.
   A Ma, die mense het my hulp nodig gehad.
   B Ma, ek het beloof om hulle te gaan help.
   C Ja, Ma, ek besef nou dit was verkeerd om nie te gaan nie.
   D Ek het nie geweet hulle het hulp nodig nie, Ma.
6. Watter een van die volgende is korrek?
   A Jou ore is belangriker as jou mond.
   B Jou mond is nie so goed soos jou ore nie.
   C 'n Mens moet meer luister en minder praat.
   D Dit is goed dat 'n mens twee ore het.
7. Watter eienskap van Sam noem Anna?
   A Sam is betroubaar.
   B Sam is intelligent.
   C Sam is hardwerkend.
   D Sam is hulpvaardig.

Aktiwiteit 7

Skole hou gereeld debatskompetisies vir leerders wat daarvan hou om te wys hoe glad van tong hulle is. Hulle moet op hul voete kan dink en oor 'n onderwerp debatteer. Die sprekers moet gewoonlik ook teen mekaar kompeteer en probeer om hul opponente verkeerd te bewys.

Debatskompetisie

Luister na die volgende teks wat verduidelik hoe so 'n debatskompetisie wat in die Oos-Kaap gehou gaan word, sal werk, en beantwoord die vrae wat volg.

235

> **Wenke en riglyne**
> - Skryf die vraagnommers onder mekaar neer en skryf jou antwoorde langsaan.
> - Lees eers die vrae hier onder voordat jy luister.

1. Hoeveel skole neem aan die kompetisie deel?
2. Watter leerders neem aan die junior kompetisie deel?
3. Hoeveel rondes is daar in die debatskompetisie?
4. Hoeveel beoordelaars is daar vir die kompetisie?
5. Hoeveel tyd kry die spanne om voor te berei vir hul debat?
6. Watter hulpmiddels mag die spanne vir hul voorbereiding gebruik?
7. Hoe kry die gehoor geleentheid om deel te neem aan die bespreking?
8. Waar gaan die Oos-Kaapse wenspanne teen ander provinsies kompeteer?
9. Wanneer sal die interprovinsiale kompetisie gehou word?
10. Teen watter twee spanne gaan die wenspan in die interprovinsiale kompetisie meeding?

SLEUTELWOORDE

glad van tong *(able to speak easily and fluently)* – idioom: Om maklik en vlot te praat

meeding *(compete)* – teen ander kompeteer om te bepaal wie die beste is

Aktiwiteit 8

Luister na die praatjie oor die verstommende gewoontes en gedrag van sommige diere.

Diere se gedrag

In jou antwoorde sal jy:

- inligting moet gee; en
- afleidings of gevolgtrekkings moet maak en geïmpliseerde betekenis moet identifiseer, soos die spreker se menings, houding of gevoel oor die onderwerp.

Wildebeeste wat migreer

SLEUTELWOORDE

bonatuurlike *(supernatural)* – nie van die gewone aardse wêreld nie

geringe *(small)* – klein

in staat stel *(to enable)* – die vermoë gee om iets te kan doen

koningvlinder *(monarch butterfly)* – 'n soort skoenlapper/vlinder

Hoofstuk 14: Hersiening van vaardighede

1. Antwoord "Waar" of "Onwaar" op die volgende stellings:
   a) Die spreker se werk is om meer uit te vind oor die gedrag van diere.
   b) Die skrywer glo diere het bonatuurlike eienskappe.
2. Sê of elk van hierdie twee stellings 'n feit of 'n mening is.
   a) Die meeste mense verdwaal soms op plekke.
   b) Diere het bykomende sintuie wat mense nie het nie.
3. Watter sesde sintuig het sommige diere oor natuurgebeurtenisse?
4. Oor watter natuurverskynsel gaan 'n seismoloog se werk?
5. Kies die korrekte antwoord. Die woord "onheil" beteken iets …
   A gevaarliks.
   B snaaks.
   C wonderliks.
   D natuurliks.
6. Gee die ontbrekende woord:
   Die spreker sê mense vind die vreemde optrede van diere verstommend omdat hulle nie _____ hoekom diere dit doen nie.
7. a) Watter soort horlosie gebruik sommige diere om tyd te bepaal?
   b) Watter soort insekte wat genoem word, gebruik hierdie horlosie?
8. Watter soogdiere wat genoem word, trek oor groot afstande?
9. Hoekom is dit nie korrek om te glo dat voëls die son en sterre gebruik om hul pad te vind nie?
10. a) Kies die korrekte woord tussen hakies:
    Dit is 'n (feit/mening) dat voëls magnetiese lyne om die aarde as kompas gebruik.
    b) Motiveer jou antwoord.
11. Watter reptiele wat genoem word, is baie sensitief vir hitte?
12. Kies die korrekte woord tussen hakies:
    Slange kan (klein/gevaarlike) veranderings in temperatuur agterkom.
13. Waarvoor het sommige visse hulle vermoë om elektrisiteit waar te neem, nodig?
14. Tot watter gevolgtrekking kom die spreker aan die einde van die praatjie?
15. Dink jy hierdie praatjie se inhoud is interessant? Motiveer jou mening baie kortliks in 'n sin.

SLEUTELWOORDE

merkwaardige *(remarkable)* – belangrike/ betekenisvolle

onheil *(a bad thing/ disaster)* – groot ongeluk/'n ramp

op koers *(in the right direction)* – in die regte rigting

ratelslang *(rattle snake)* – 'n soort slang

seismoloë *(seismologists)* – mense wat aardbewings bestudeer

sintuig *(sense)* – waarmee jy waarneem, soos die gehoorsintuig

soogdiere *(mammals)* – diere wie se kleintjies lewend gebore word en moedersmelk drink

spiere *(muscles)* – dele van die liggaam wat bene verbind om beweging te veroorsaak

straling *(radiation)* – strale/energie wat uitgestuur word

verblind *(blinded)* – tydelik blind maak

vermoedens *(suspicions)* – menings oor wat moontlik kan waar wees

wisseling *(change)* – verandering

Aktiwiteit 9

Luister na die teks oor die land Namibië en beantwoord die meerkeusevrae deur een van die letters (A, B, C of D) te kies. Skryf eers die vraagnommers onder mekaar neer sodat jy net die letter as antwoord langsaan kan neerskryf.

Namibië

'n Tradisionele Himba-woning

1. Die belangrikste rede waarom die spreker so baie van Namibië hou, is:
   A   Daar is 'n verskeidenheid kulture.
   B   Dit is 'n land in Afrika.
   C   Dit is een van sy gunstelinggebiede.
   D   Die Namibiërs is sulke vriendelike mense.

2. Die Wambo's woon in …
   A   die ooste van Namibië.
   B   die suide van Namibië.
   C   die noorde van Namibië.
   D   die weste van Namibië.

3. Die Himbas se kultuur word bedreig deur …
   A   die baie veeboere.
   B   moderne ontwikkelings.
   C   die diere op die plase.
   D   hulle tradisionele leefwyse.

4. Die Himba Orphan Village is 'n lewende museum, want besoekers kan daar …
   A   sien hoe goed Himba-weeskinders in Namibië versorg word.
   B   sien dat die fassinerende Himba-kultuur besig is om uit te sterf.
   C   'n kykie kry op die daaglikse leefwyse van Himba-mense.
   D   'n tradisionele dorpie sien waar Himbas nie meer woon nie.

5. Die Herero-vroue is uitsonderlik omdat hulle …
   A   baie interessante poppe maak.
   B   unieke, kleurvolle klere dra.
   C   aandenkings aan toeriste verkoop.
   D   vriendelik is teenoor besoekers.

SLEUTELWOORDE

aandenkings *(souvenirs)* – voorwerpe wat jy van 'n plek af saamneem om jou later daaraan te herinner

buitewyke *(outskirts)* – die kant of randgebied van 'n plek

plaaslike *(local)* – van die omgewing

verskeidenheid *(variety)* – allerhande soorte

6. Waar woon die Topnaars?
   A Graskop
   B Walvisbaai
   C Bergsig
   D Sesfontein
7. Aan watter avontuursport kan mense by Walvisbaai deelneem?
   A Leer van die gebruik van veldplante.
   B Na woestynleeus in die duine gaan kyk.
   C Op vierwielmotorfietse tussen die duine ry.
   D Die San-museum daar besoek.

Aktiwiteit 10

Luister na die teks oor hoe inbrekers gevang is as gevolg van die selfies wat hulle geneem het. Die teks verskyn ook hier onder, maar sommige woorde is uitgelaat. Skryf die vraagnommers onder mekaar neer, met die woorde wat uitgelaat is daar langsaan.

Inbrekers

Vier inbrekers van Witdam se selfie-liefde het hulle hul vryheid gekos. Hul selfies wat met 'n gesteelde selfoon geneem is, was die leidrade wat die 1. _____ reguit na hulle gelei het.

Mark du Toit en sy vriendin, Karlien Botha, se huis in Groenvallei buite Queenstown was Saterdag die teiken van die 2. _____, wat 'n Samsung-selfoon, 'n iPad en Mark se klere gesteel het.

"Hulle het hulself tuisgemaak – al die 3. _____ gedrink en lekker televisie gekyk," het Du Toit gesê.

Mark en Karlien het eers 4. _____ teruggekom en dadelik gesien daar is ingebreek, want die diefwering voor een van die agterste vensters was weggebuig.

Hulle het nie die nag in die huis geslaap nie, maar by Karlien se oom gaan oornag. Hul 5. _____, Smart Security, het iemand gekry om die huis te bewaak terwyl hulle nie daar was nie.

SLEUTELWOORDE

bewaak *(to guard)* – waghou en veiligheid verseker

flink *(fast)* – vinnig

in hegtenis neem *(arrest)* – 'n verdagte misdadiger gevange neem (die polisie)

leidrade *(clues)* – wat help om 'n geheim op te los

ondergang *(someone's downfall/ruin)* – mislukking

Die sekuriteitsmaatskappy het Mark die nag ongeveer 6. _____ gebel en hom vertel die inbrekers het teruggekom en wou glo die res van die klere, dié in Karlien se kas, steel.

Hulle het egter weggehardloop toe die sekuriteitsmaatskappy se 7. _____ daar aankom nadat dit ontbied is. Die inbrekers het 'n sak laat val waarin die gesteelde selfoon ook was.

Die selfoon is as bewysstuk saamgeneem. Die battery was pap, maar toe dit aan 'n 8. _____ gekoppel en aangeskakel is, het 'n foto van een van die inbrekers op die skerm verskyn, geklee in een van Mark se gesteelde T-hemde en met sy pet op. Daarna het die polisie nog foto's ontdek van jong mense in van die gesteelde 9. _____.

Die inbrekers is Maandag by 'n huis in Witdam betrap met baie gesteelde goed. Hulle is toe in 10. _____ geneem.

Mark en Karlien het die polisie geprys vir hul flink, 11. _____ optrede. Luitenant Khanyisa Makwala het die voorval bevestig.

Die verdagte inbrekers het in die landdroshof op Queenstown verskyn op aanklag van 12. _____.

Hulle is steeds in aanhouding. Die polisie gaan die selfoon en die foto's op die selfoon as bewysstukke in die saak gebruik. Dit het beslis tot die inbrekers se ondergang gelei.

Aktiwiteit 11

Luister vir inligting na ses paragrawe oor die belangrikheid van water vir mense. Beantwoord daarna die ses vrae en toets jou begrip deur die hoofpunt van elke paragraaf uit drie moontlikhede te kies.

Water is belangrik

SLEUTELWOORDE

bemestingstowwe *(fertilisers)* – dieremis of kunsmis wat die grond vrugbaar maak

nywerhede *(industries)* – bedrywe wat goed vervaardig

onontbeerlik *(indispensable)* – iets waarsonder mens nie kan klaarkom nie

opgaardamme *(reservoirs)* – groot damme waarin water gestoor word

Paragraaf 1

1. Die hoofpunt in paragraaf 1 is:
   A Mense se behoeftes hoef nie altyd bevredig te word nie.
   B Al mense se behoeftes moet bevredig word om te oorleef.
   C Water is noodsaaklik vir mense om te oorleef.

Paragraaf 2

2. Die hoofpunt in paragraaf 2 is:
   A Mense benodig slegs water om aan die lewe te bly.
   B Water is noodsaaklik vir allerhande noodsaaklike prosesse.
   C Dit is vir mense die belangrikste dat hulle hulle moet was.

Paragraaf 3

3. Die hoofpunt in paragraaf 3 is:
   - A Mense behoort naby riviere te woon.
   - B Daar is te veel mense op die aarde.
   - C Waterhulpbronne moet georganiseer word.

Paragraaf 4

4. Die hoofpunt in paragraaf 4 is:
   - A Waterbesoedeling is 'n probleem vir die aarde.
   - B Waterbesoedeling kan nie gekeer word nie.
   - C Mense behoort nooit rivierwater te gebruik nie.

Paragraaf 5

5. Die hoofpunt in paragraaf 5 is:
   - A Die wêreldbevolking behoort nie soveel toe te neem nie.
   - B Die aarde se water word op verskillende maniere besoedel.
   - C Mense behoort minder as 5 liter water per dag te gebruik.

Paragraaf 6

6. Die hoofpunt in paragraaf 6 is:
   - A Alle mense moet 'n poging aanwend om waterbronne te bewaar.
   - B Mense moet probeer om meer water vir die aarde te maak.
   - C Die aarde sal nie in die toekoms genoeg water hê nie.

Aktiwiteit 12

Luister na die praatjie oor hoe die personeel van 'n wildreservaat 'n pasgebore renosterkalfie se lewe gered het. Beantwoord die vrae deur 'n regmerkie (✓) in die toepaslike blokkie te maak om aan te dui of die stelling waar of onwaar is.

Renosterkalfie

		Waar	Onwaar
1.	Die renosterkalfie is op Nuwejaarsdag gebore.	☐	☐
2.	Die koei het die kalf alleen gelos ná hy gebore is.	☐	☐
3.	Die renosterkalf het sy ma in die veld gaan soek.	☐	☐
4.	Die wildbewaarders het die kalf teen sy pa beskerm.	☐	☐
5.	Die renosterkalfie het 55 kg geweeg.	☐	☐
6.	Die personeel van die reservaat voed die kalfie met koeimelk.	☐	☐

Aktiwiteit 13

Pieter het met 'n vriendin, Amelia, gesels wat Antarktika besoek het. Sy het hom van die wonderlike ondervinding vertel. Beantwoord die vrae deur die korrekte antwoord (A, B, C of D) te kies en 'n regmerkie (✓) in die blokkie langs jou keuse te maak.

Antarktika

1. Wat het Amelia die meeste getref van haar besoek aan Antarktika?

    A   Dat Antarktika nie 'n gasvrye kontinent is nie ☐

    B   Hoe pragtig die kontinent Antarktika is ☐

    C   Die koue see vol dryfys en die gletsers ☐

    D   Die eindelose sneeubedekte bergpieke ☐

2. Volgens Amelia was die ergste van die tyd in Antarktika vir haar:

    A   die koue. ☐

    B   die sneeu. ☐

    C   die ysskeure. ☐

    D   die wind. ☐

3. Die sterkste wind wat in Antarktika aangeteken is, het teen

    A   132 kilometer per uur gewaai. ☐

    B   327 kilometer per uur gewaai. ☐

    C   372 kilometer per uur gewaai. ☐

    D   272 kilometer per uur gewaai. ☐

Hoofstuk 14: Hersiening van vaardighede

4. Wat is kenmerkend van die somer in Antarktika?

    A   Daar is geen nagte nie.

    B   Die nagte is baie lank.

    C   Die nagte is baie kort.

    D   Die son gaan laat onder.

5. Dit is warm binne die basis omdat …

    A   mense oorpakke dra.

    B   die mense werk en warm bly.

    C   kragopwekkers hitte versprei.

    D   die son bedags lekker skyn.

Aktiwiteit 14

Joseph Kammies het met Erica de Beer gesels. Sy vertel van haar eie ondervinding as au pair. Maak kort aantekeninge oor die gesprek in Afrikaans.

1. Oorsese land waar Erica die langste as au pair gewerk het:
   ....

2. Dit wat volgens Erica saam met die mag kom wat geld jong mense oorsee gee:
   ....

3. Twee pligte betreffende die huishouding wat Erica as au pair in Engeland gehad het:
   ....

4. Rede waarom Erica weg is van die gesin in Engeland:
   ....

5. Wat Erica naweke in New York gedoen het:
   ....

6. Hoe die dogter, Vicki, Erica laat voel het:
   ....

7. Staat in Amerika waar die tweede Amerikaanse gesin gewoon het:
   ....

Au pair

Aktiwiteit 15

Luister na die onderhoud wat Belinda de Klerk met Sollie Samuels oor fiksheid en oefening gevoer het. Beantwoord die vrae in Afrikaans.

Fiksheid en oefening

1. Watter twee teenoorgestelde soorte oefensessies om fiks te word, noem Belinda?
2. Noem twee redes waarom oefenmetodes mettertyd verander.
   a) Die lewe self verander.
   b) ....
   c) ....
3. Watter bewys voer Sollie aan dat fiksheid vir mense belangriker word?
4. Wat neem volgens Sollie toe omdat mense meer fiksheidsbewus is?
5. Watter tweejaarkursus bied die Exercise Teachers Academy aan?
6. Sollie noem drie eienskappe wat iemand wat in die fiksheidsbedryf werk, moet hê. Wat is dit?
   a) ....
   b) ....
   c) toewyding
7. Hoe kan oefening, volgens Sollie, 'n mens se lewe positief verander?

Hoofstuk 14: Hersiening van vaardighede

> B. Hersien leesvaardighede

Die leesbegripstoetse in hierdie afdeling gaan jou help om jou vermoë om begripstoetse te beantwoord, uit te brei en vas te lê. Jy gaan jou vluglees-, soeklees- en stipleesvaardighede gebruik om die vrae te beantwoord. Hou in gedagte dat sowel feitelike besonderhede as idees, menings en geïmpliseerde betekenis getoets kan word.

Beantwoord die vrae in volsinne, tensy dit duidelik nie nodig is nie.

Aktiwiteit 1

Bestudeer Teks 1, Teks 2 en Teks 3 en beantwoord dan die vrae wat op elkeen volg.

Teks 1

Diewe kan Het Deegmeisje se koeke nie weerstaan

Op Voorbaai naby Hartenbos is 'n bakkery, Het Deegmeisje, wat sulke lekker koek bak dat ook diewe nie die versoeking kan weerstaan nie.

Het Deegmeisje het op 30 Augustus vir die tweede keer in minder as twee maande onder suikertanddiewe deurgeloop.

Carla Tucker, bestuurder van die bakkery, sê die diewe het vroegoggend die diefwering oopgebuig en 'n deur oopgebreek. Dit het 'n alarm op die perseel geaktiveer.

"Hulle het kontant uit die kasregister gesteel en is weg met tien sjokoladekoeke."

Die hele bakkery was met koekversiersel besmeer. Die treinspoor naby die bakkery was met die deksels van die koeke se houers besaai.

"Dit was seker soos die diewe probeer wegkom het," sê Tucker.

Op 4 Julie is die inbrekers met vyftien koeke vort nadat hulle die eerste keer by die bakkery ingebreek het.

"Hulle het toe net 'n suurlemoentert agtergelaat."

Volgens haar blyk die diewe duur smaak te hê as dit by die koeke kom. Onder die koeke wat gebuit is, is Tucker se gewilde miljoenêrsjokoladekoek, asook die "RSG-koek".

"Die RSG-koek is so genoem omdat die resep op RSG uitgesaai is, en ek daarna soveel navrae van mense daaroor gekry het," sê sy.

Niemand is nog in hegtenis geneem nie en die polisie ondersoek die inbraak. Volgens Tucker is dieselfde mense waarskynlik vir albei inbrake verantwoordelik.

(Uit: *Die Burger*, 6 September 2016)

SLEUTELWOORDE

diefwering *(burglar bars)* – tralies om diewe uit te hou

gebuit *(stolen)* – gesteel

koekversiersel *(cake icing)* – suikerversiering op koeke

RSG – Radio Sonder Grense, 'n radiostasie

versoeking *(temptation)* – verleiding

vort *(gone)* – weg

weerstaan *(resist)* – teenstaan

1. Skryf die ontbrekende woord neer: Het Deegmeisje is die naam van 'n _____.
2. Op watter datums het die inbrake by Het Deegmeisje plaasgevind?
3. Wat is "suikertanddiewe" (paragraaf 2)?
4. Hoe het die diewe by die bakkery ingekom?
5. Waarom is die diewe so haastig weg uit die bakkery?
6. Gee twee moontlike redes waarom daar ná die inbraak oral in die bakkery koekversiersel was.
7. Vergelyk die verliese wat die bakkery met die twee inbrake gely het.
8. Hoe het dit gebeur dat soveel mense die RSG-koek se resep ken?

Teks 2

9. Noem een ooreenkoms en een verskil tussen hoe die twee koeke lyk.
10. Watter koek sal jy verkies? Waarom?

Teks 3

(Aangepas uit: *Die Burger*, 6 September 2016)

11. Wie is die spreker in die spotprent?
12. Kyk na al die dinge wat op die lessenaar lê. In watter twee kategorieë kan die voorwerpe verdeel word?
13. Wat impliseer Tiny se naam? Waarom is sy naam ironies?
14. Kyk na die manier waarop die twee mans aan die regterkant geteken is. Wat laat hulle soos tipiese skurke lyk?
15. Met wie word daar in die spotprent gespot? Verduidelik.

SLEUTELWOORDE

skurke *(criminals)* – misdadigers

spotprent *(cartoon)* – prent wat spottend kommentaar lewer

Aktiwiteit 2

Lees die onderhoud met 'n mariene bioloog en beantwoord die vrae daaroor.

Drie vrae aan 'n mariene bioloog

Alison Towner werk vir die Dyereiland-bewaringstrust in Gansbaai. Sy bestudeer spesifiek die grootwithaai. Hier gesels sy oor die waarde wat 'n mariene bioloog se werk in Suid-Afrika en in die Wes-Kaap het.

1. Hoe lyk 'n tipiese dag van 'n mariene bioloog?

Dit klink waarskynlik meer glansryk as wat dit is. 'n Dag kan bestaan uit lang ure op see of in die veld, besig om navorsing te doen. 'n Mens spandeer ook ure in jou kantoor waar jy met data werk of artikels oor jou werk lees. Natuurlik is daar dikwels fantastiese oomblikke wanneer jy baie spesiale dinge in die natuur sien en ervaar.

2. Hoekom is mariene bioloë belangrik, veral in die Wes-Kaap?

Die Wes-Kaap is die tuiste van spesies wat die Mariene Groot Vyf insluit: die grootwithaai, die suidelike noordkaper, die Afrika-pikkewyn, die Kaapse pelsrob en die dolfynspesies. Mariene bioloë help om die publiek oor hierdie spesies op te voed. Jy bemark ook die rol wat navorsing in bewaring speel.

3. Hoe kan die voortbestaan van bedreigde kusdiere verseker word?

Daar is baie organisasies wat daaraan werk om die uitwissing van spesies soos die Afrika-pikkewyn en die grootwithaai te voorkom. Gesamentlike pogings tussen organisasies sal altyd die beste resultate oplewer.

(Uit: *Buite*, *Die Burger*, 2 Augustus 2016)

1. Hoe beskou baie mense die werk van 'n mariene bioloog?
2. Hoe verskil die plekke waar 'n mariene bioloog gedurende 'n tipiese dag werk?
3. Wat maak die Wes-Kaap spesiaal vir 'n mariene bioloog?
4. Watter een van die Mariene Groot Vyf bestudeer Alison spesifiek?
5. Waaroor moet mariene bioloë die publiek inlig? Noem twee dinge.
6. Waarom is dit belangrik dat organisasies saamwerk om te voorkom dat spesies uitgewis word?

SLEUTELWOORDE

bedreigde *(threatened)* – wat gevaar loop om uit te sterf

bemark *(market)* – vertel van positiewe eienskappe

glansryk *(glamorous)* – baie spesiaal

navorsing *(research)* – studie oor 'n spesifieke onderwerp

uitwissing *(extinction)* – vernietiging

voorkom *(prevent)* – keer

waarde *(value)* – wat iets beteken

Aktiwiteit 3

Lees die inligting oor haaie en beantwoord die vrae wat volg in enkele woorde of kort sinne.

1. Hoeveel soorte haaie is gevaarlik vir die mens?
2. Hoeveel mense in die wêreld is in 2014 as gevolg van haaiaanvalle dood?
3. Kyk na die illustrasie van die vier haaie in die middel links. Hoekom is twee van die haaie rooi ingekleur?
4. Watter mite bestaan daar oor haaie en dolfyne?
5. Noem een manier waarop haaie en dolfyne dieselfde is.
6. Waarom is dit beter om in die middel van die dag te swem en nie wanneer dit skemer is nie?
7. Waarom is die volgende stelling onwaar?
   Haaie verkies om volwasse robbe te vang.
8. Op watter manier help mense om haaie nader aan die kus te lok?

SLEUTELWOORDE

afgeskrik *(deterred)* – bang gemaak en weggejaag

bedreiging *(threat)* – gevaar

robwelpies *(baby seals)* – klein robbetjies

skemertyd *(dusk)* – tyd tussen lig en donker

Aktiwiteit 4

Lees die artikels oor waarom dit goed is vir 'n mens om te huil en te lag, en beantwoord dan die vrae oor elkeen.

Teks 1

Huil gerus, dis goed vir jou

'n Goeie huilsessie laat gewoonlik die donkerste dag effens beter lyk. Hoewel 'n mens swak en kwesbaar voel wanneer jy huil, is dit in sommige gevalle een van die beste dinge wat jy vir jou gesondheid kan doen.

"Om te huil is nie net 'n menslike reaksie op hartseer en frustrasie nie, maar ook 'n gesonde een," sê die neurowetenskaplike dr. William Frey, wat reeds meer as 15 jaar navorsing oor trane doen.

"Huil is 'n natuurlike manier om emosionele spanning te verlig. Spanning kan 'n negatiewe fisieke invloed op die liggaam hê, soos 'n verhoogde risiko vir hart- en ander stresverwante siektes."

Frey se navorsing wys dat 73% van mans en 85% van vroue minder kwaad en hartseer voel nadat hulle gehuil het. Vroue huil gemiddeld 47 keer per jaar, terwyl mans slegs sewe keer per jaar huil. Die meeste mense huil sowat ses minute op 'n slag, en die meeste huilsessies vind tussen 19:00 en 22:00 in die aand plaas.

Frey se navorsing het getoon dat 'n goeie huilsessie die volgende voordele het:

- **Dit verlig spanning**
  Aangesien spanning ons risiko vir hartsiektes en skade in sommige dele van die brein verhoog, is huil 'n oorlewingsmeganisme.
- **Dit verlaag bloeddruk**
  Tydens terapiesessies waartydens pasiënte gehuil het, het hul bloeddruk geval en hul polsslag stadiger geword.
- **Trane ontgif die liggaam**
  Trane kan help om van gifstowwe ontslae te raak. "Dit help om van die chemiese stowwe wat emosionele spanning in die liggaam laat opbou, te verwyder," sê Frey.
- **Dit verlaag mangaanvlakke**
  'n Huilsessie verlaag die mangaanvlakke in die liggaam. Mangaan beïnvloed die gemoed en affekteer stres- en angsvlakke wanneer dit opbou. Dit is 30 keer meer gekonsentreerd in trane as in bloedplasma.
- **Dit maak jou mens**
  Die mens is die enigste soogdier wat huil wanneer hulle emosionele spanning ervaar. Dit laat 'n mens toe om jou eie gevoelens te erken, maar gee ook ander mense die kans om te sien watter impak sekere stressors op jou emosies het en om empatie daarmee te hê.

(Uit: *Die Burger*, 29 September 2016)

SLEUTELWOORDE

gemoed *(emotions)* – hoe jy voel

kwesbaar *(vulnerable)* – wat maklik kan seerkry

oorlewingsmeganisme *(survival mechanism)* – manier om aan te hou lewe

soogdier *(mammal)* – warmbloedige dier wat moedersmelk drink

verhoogde *(increased)* – groter

voordele *(advantages)* – positiewe aspekte

1. Wat doen mense dikwels as hulle hartseer en gefrustreerd voel?
2. Op watter manier kan emosionele spanning sleg wees vir 'n mens?
3. Watter bewys is daar dat meer vroue as mans minder kwaad en hartseer voel nadat hulle gehuil het?
4. Vergelyk hoeveel keer per jaar vroue en mans huil.
5. Watter uitwerking het dit op 'n mens se bloeddruk as jy huil?

6. Hoe laat dit 'n mens voel as die mangaanvlak in jou liggaam te hoog is?
7. Hoe verskil die mens van ander soogdiere, volgens die teks?
8. Wanneer kan ander mense empatie met 'n mens voel?

Teks 2

Lag 'n slag!

Het jy geweet?
Vyftien minute se lag verbrand 40 kalorieë en 10 minute se skaterlag kan chroniese pyn verlig.

As jy weet jy oefen nie genoeg nie, kan jy jou lagspiere oefen, want dit sal goed wees vir jou hele liggaam. As jy glimlag, kan dit jou laat beter voel en pyn beheer, sê navorsers. Hulle sê dit kan ook probleme soos diabetes, ekseem, hartkwale en asma verbeter. Boonop gebruik jy 50 gesigspiere!

Hoekom voel jy beter?
Volgens bekende mediese dokters lei lag tot positiewe emosies wat jou beter laat voel. Dit help om 'n mens minder gespanne te laat voel en dit verbeter sosiale vaardighede. Lag verhoog ook die vlakke van hormone wat jou vrolik laat voel.

Al hoe meer dokters sien lag as 'n manier om gesond te bly en raai almal aan om elke dag lekker te lag.

Ha, ha, ha … Lag ís tog die beste medisyne!

(Uit: *Rooi Rose*, April 2012)

9. Waarom is dit goed vir mense met pyn om te lag?
10. Is lag definitief goed vir mense wat aan siektes soos diabetes, ekseem en hartkwale ly, volgens die teks? Verduidelik jou antwoord.
11. Waarom is dit goed vir mense wat baie gespanne is om te lag?

Beantwoord die volgende vrae oor albei tekste:

12. Vergelyk die twee tekste se boodskap.
13. Wat maak Teks 1 'n meer wetenskaplike teks as Teks 2?

Hoofstuk 14: Hersiening van vaardighede

Aktiwiteit 5

Lees Teks 1 en Teks 2 en beantwoord die vrae oor elkeen.

Teks 1

Dag van olifante

Wie het Olifantdag begin?

Die Kanadese rolprentvervaardigers Patricia Sims en Michael Clark en die Olifant-herinvoerstigting (Elephant Reintroduction Foundation) van Thailand het met die idee vorendag gekom. Die doel van Olifantdag is om mense meer bewus te maak van die bewaring van wilde olifante en om hul bedreiging in die kollig te plaas.

Olifantfeite

Daar is twee spesies olifante: die Afrika-olifant en die Indiese olifant. Hoewel hul fisiologie soortgelyk is, is hulle biologies te verskillend vir kruisteling.

- Die Afrika-olifant weeg sowat tien ton en is die grootste landdier.
- Die Indiese olifant is die tweede grootste landdier en weeg ongeveer vyf ton.
- Die olifant se slurp het meer as 40 000 spiere – meer as al die spiere in 'n mens se liggaam.
- Olifante het die langste draagtyd van alle soogdiere: byna 22 maande.
- 'n Pasgebore olifant kan tot 117 kg weeg.
- 'n Olifant se brein weeg sowat 5 kg – die grootste van enige landdier ter wêreld.

Hoeveel olifante is daar nog?

- Afrika-olifant: Daar is net minder as 400 000 wêreldwyd oor.
- Indiese olifant: Net minder as 40 000 wêreldwyd is oor.

Feite oor ivoorhandel

- In 1989 het die Konvensie oor Internasionale Handel in Bedreigde Spesies (Cites) 'n internasionale verbod op die handel in ivoor uitgereik.
- In 2013 is die grootste hoeveelheid ivoor in 25 jaar gekonfiskeer.
- Die straatwaarde van 'n enkele tand is ongeveer $15 000 (meer as R203 000).
- Die belangrikste mark vir onwettige ivoor is in China, waar 'n enkele tand $100 000 tot $200 000 (R1,3 miljoen tot R2,7 miljoen) kan haal.
- Die tande van 'n Afrika-olifantbul kan tot meer as 3 m lank groei, en 'n tand weeg sowat 100 kg.
- In Mei 2016 het Kenia hul beleid van geen verdraagsaamheid teenoor die onwettige handel in ivoor bevestig deur 105 ton ivoor te verbrand.

(Uit: *By, Die Burger*, 16 Augustus 2016)

HET JY GEWEET?

12 Augustus is Wêreldolifantdag, wat jaarliks internasionaal vier word.

SLEUTELWOORDE

draagtyd *(gestation period)* – tyd wat 'n ma 'n kleintjie in haar dra

in die kollig *(in the spotlight)* – op die voorgrond

Olifant-herinvoerstigting *(Elephant Reintroduction Foundation)* – organisasie wat olifante help om weer in die natuur te leef

slurp *(trunk)* – beweeglike snoet

verdraagsaamheid *(tolerance)* – geduld

---

1. Van watter twee lande kom die mense wat Wêreldolifantdag begin het?
2. Waarom is daar 'n Olifantdag? Noem twee redes.
3. Noem een biologiese verskil tussen die Afrika-olifant en die Indiese olifant.
4. Wat maak 'n olifant se slurp spesiaal, volgens die teks?

5. Hoe vergelyk die getal Afrika-olifante en die getal Indiese olifante wat nog oor is?
6. Om watter rede word olifante dikwels gestroop?
7. Waar vind die meeste onwettige handel in olifanttande plaas?
8. Waarom het Kenia in 2016 soveel ton ivoor verbrand?

Teks 2

Hierdie spotprent het verskyn toe die Konvensie oor Internasionale Handel in Bedreigde Spesies (Cites) se jaarlikse vergadering in Suid-Afrika plaasgevind het. Die doel van die konvensie was om besluite te neem oor hoe bedreigde diere en plante beskerm moet word.

(Uit: *Volksblad*, 28 September 2016)

9. Wat sien jy in die spotprent?
10. Van watter mense praat die diere?
11. Verduidelik die geïmpliseerde betekenis van:
    a) die trane.
    b) die bloed.
12. Wat is die spotprent se boodskap?
13. Hoe laat die spotprent jou voel? Verduidelik waarom.

Aktiwiteit 6

Lees die berig oor twee broers en beantwoord dan die vrae wat volg.

Khayelitsha-tweeling nou mediese dokters

Dit is hulle teen die wêreld – beslis nie teen mekaar nie. Die tweeling Wanele en Wandile Ganya (23) het vroeg in hul lewe besef dat hulle saam veel sterker is – hulle is mekaar se grootste steunpilare.

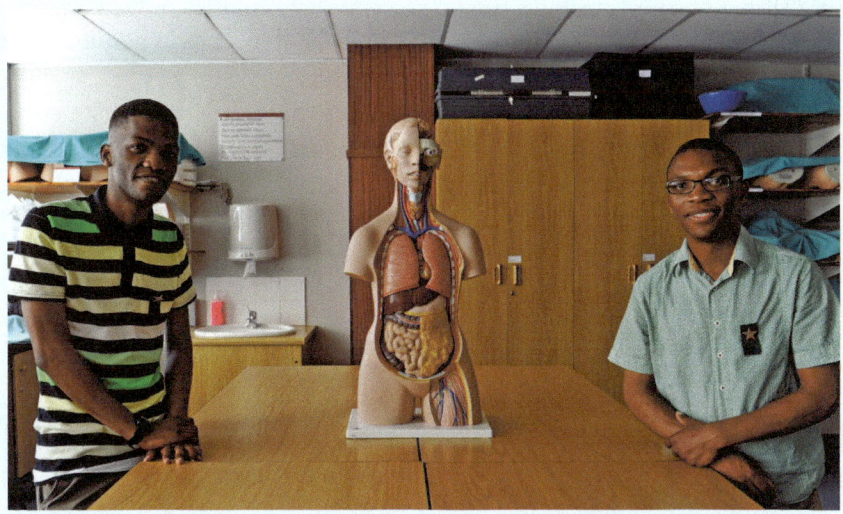

Wanele en Wandile Ganya is tweelingbroers wat as mediese dokters gegradueer het.

Hulle is steeds in die wolke oor die mediese graad wat hulle op hul gradeplegtigheid by die Universiteit Stellenbosch (US) ontvang het. Hulle het verskeie emosies ervaar toe hulle oor die verhoog loop, maar, sê Wandile, daar het 'n oomblik gekom dat hy net vir homself gesê het: "Ek het dit gemaak. Ek is hier."

Die Ganya-broers het bo moeilike omstandighede uitgestyg om uiteindelik gekwalifiseerde dokters te word. Hulle het in J Section, Khayelitsha, grootgeword as deel van 'n gesin van ses. Hul ma, Sylvia, is 'n huishulp en het ook die rol van broodwinner ingeneem.

Dat hulle dit tot hiér gemaak het, beduie Wandile na die geboue op die Universiteit Stellenbosch se mediese kampus in Tygerberg om ons, was moeilik, het baie opoffering geverg en ja, hulle sou dit nie sonder hul ma, hul *superwoman*, kon doen nie.

Albei vertel dit was beslis nie maklik om aan te hou glo in hulself in die middel van 'n township nie. "Jy kyk net rondom jou en dan dink jy: 'Jis, dis nie moontlik nie. Ek gaan nie hier uitkom nie," sê Wanele.

Die twee het afsonderlik besluit om medies te studeer, maar hul redes stem grootliks ooreen.

"Ons wil die gemeenskap wat ons grootgemaak het, help. Natuurlik ook in terme van die gesondheidsdienste in Khayelitsha waar ons grootgeword het. Daar is 'n tekort aan dokters, die mense staan ure in rye en ons het dit self ervaar," sê Wandile. "Dit is die moeite werd om ons toekoms hierin te belê."

Die tweeling het aan die Sentrum vir Wetenskap en Tegnologie gematrikuleer, en Wandile het in matriek die lys van die provinsie se 20 toppresteerders gehaal. Vorige studente aan dié skool se sukses het hulle aangespoor om te volhard.

"Ons het begin glo dat as hulle dit kan maak, kan ons ook," sê Wanele.

Hulle het hul internskap by die Ngwelezana-hospitaal in Empangeni gedoen.

Hul grootste uitdagings, sê Wanele, was om die hindernisse tussen hulle en die wêreld buite Khayelitsha te trotseer – en om die pot aan die kook te hou. Daar was tye dat hulle nie kos gehad het nie, en tuberkulose het Wanele in graad 12 platgetrek. Dít het beslis sy benadering en sy denke beïnvloed, sê hy.

"Jy begin aan jouself twyfel, jy begin wonder of jy dit gaan maak of nie. Gaan my punte my potensiaal aan die universiteit reflekteer? Hulle ken my nie, hulle ken glad nie my storie nie. Al wat ek is, is 'n aansoekvorm."

Finansiering was 'n groot bron van kommer, maar gelukkig het albei beurse van die universiteit ontvang, hoewel Wandile eers in sy tweede jaar geldelike steun toegeken is.

Hoe trots is hul familie?

"Jô!" sê albei gelyk. "Dit was 'n historiese oomblik in ons gesin. Ons is die eerste om graad te kry. Dit was ongelooflik spesiaal."

Hulle hoop om eendag te spesialiseer. "Miskien interne geneeskunde," sê albei gelyk en begin lag.

En nee wat, daar was beslis nie tyd vir die liefde nie … "Behalwe as 'n liefde vir boeke tel," skerts Wandile.

Wat wil hulle die graagste genees?

Die antwoord kom onmiddellik, beslis en van albei gelyk: "Kanker, tuberkulose en MIV."

(Uit: *Die Burger*, 12 Desember 2015)

SLEUTELWOORDE

afsonderlik *(independently)* – individueel

beurse *(bursaries)* – geldelike hulp vir studente

bron *(source)* – rede; oorsaak

gemeenskap *(community)* – groep mense van wie jy deel is

genees *(heal)* – gesond maak

graad *(degree)* – kwalifikasie aan 'n universiteit

gradeplegtigheid *(graduation ceremony)* – geleentheid wanneer grade toegeken word

hierin te belê *(invest in)* – te gee vir

hindernisse *(obstacles)* – dinge wat in jou pad staan

in die wolke *(overjoyed)* – baie gelukkig

opoffering *(sacrifice)* – prysgee van iets belangriks

pot aan die kook hou *(keep the pot boiling)* – aan die lewe bly

steunpilare *(support)* – ondersteuning

tekort aan *(shortage of)* – te min

volhard *(persevere)* – aan te hou

1. Watter rol speel die twee broers nog altyd in mekaar se lewe?
2. Waar het die broers gestudeer en watter kwalifikasie het hulle gekry?
3. Noem een emosie wat hulle ervaar het toe hulle graad gekry het.
4. Wat weet ons van die broers se huislike lewe toe hulle kinders was? Noem twee dinge.
5. Verduidelik hoe die seuns oor hulle ma voel.
6. Op watter manier wil die broers die gemeenskap waar hulle grootgeword het, help?
7. Watter bewys is daar dat Wandile in matriek akademies baie goed gevaar het?
8. Wie was vir die seuns 'n inspirasie toe hulle op skool was?
9. Wat was 'n groot uitdaging vir die seuns gedurende die tyd toe hulle op skool was?
10. Op watter manier het Wanele se siekte in graad 12 hom beïnvloed?
11. Wat het dit vir die seuns finansieel moontlik gemaak om universiteit toe te gaan?

12. Verduidelik waarom die seuns se familie so trots op hulle is.
13. Wat is die twee broers se ideaal vir die toekoms?
14. Waarom, dink jy, is daar 'n koerantberig oor hierdie twee broers geskryf?

Aktiwiteit 7

Lees die berig oor prins Harry se besoek aan 'n skool en beantwoord die vrae.

Prins Harry was "ook 'n stout seun op skool"

Prins Harry het die leerders van die Ottery-jeugsentrum in die suidelike voorstede van Kaapstad laat skaterlag toe hy een Maandagoggend by hulle besoek afgelê het.

Die meeste van die kinders by dié skool kom uit moeilike huislike omstandighede, en van hulle is ook jeugmisdadigers en was by bendes betrokke.

Voordat hulle kon gesels, moes Harry eers saam met hulle 'n paar mond- en liggaamsoefeninge doen om litte los te maak. Die prins het saam met die groepie skouers geskud, arms geswaai en "aa"- en "oe"-geluide gemaak om moegheid of luiheid af te skud.

Daarna het die prins vir die seuns gesê hy verstaan hoekom hulle deel van 'n bende wil wees. "Ons almal wil voel asof ons êrens behoort, maar dit is moeilik om weer uit 'n bende te kom."

Hy het aandagtig na die seuns se stories geluister. Daarna het hy uitgevra oor hul gesinsverhoudings en wie hul rolmodelle is.

"Jou ouers, of ouer mense in jou lewe, soos ouer broers en susters, is veronderstel om jou rolmodelle te wees. Hulle moet die voorbeeld stel. Maar ek is beslis die *cool* broer," het hy geskerts oor sy ouer broer, prins William. "En hy weet dit!"

Toe die seuns klaar hul stories gedeel het, het Harry besluit om meer oor homself te vertel.

"Ek is prins Harry. Ek is die kleinkind van koningin Elizabeth en die seun van prinses Di. Ek het maar net gekom om te sê *howzit* en na jul stories te luister."

Prins Harry tydens sy besoek aan die jeugsentrum

Hy het self ook nie baie van skool gehou nie, maar meen dit is belangrik om waardes soos respek en integriteit aan te leer.

"Ek weet ek kom uit 'n heel ander plek en lewe as julle. Maar ek verstaan. Julle is die gelukkiges. Daar is soveel ander kinders daar buite wat nie die hulp kry wat julle hier kry nie. Julle moet 'n voorbeeld vir hulle wees. Dis maklik om 'n stout seun te wees. Toe ek op skool was, was ek ook 'n stout seun."

Toe hulle groet, het die seuns 'n sirkel om die prins gevorm en hul hande op sy kop gelê om hul goeie wense aan hom oor te dra en saam met hom te stuur.

(Uit: *Die Burger*, 1 Desember 2015)

SLEUTELWOORDE

bendes *(gangs)* – groepe wat saam die wet oortree

jeugmisdadigers *(juvenile delinquents)* – jong oortreders

1. Hoe het prins Harry se sessie met die kinders begin?
2. Waarom het die prins vroeg in sy praatjie oor bendes gepraat?
3. Prins Harry sê hy verstaan waarom mense deel van 'n bende wil wees.
   a) Waarom wil mense deel van 'n bende wees, volgens hom?
   b) Watter probleem is daar as 'n mens eers in 'n bende is, volgens die prins?
4. Wat wou prins Harry by die seuns hoor?
5. Watter grap het prins Harry oor hom en sy eie broer gemaak?
6. Watter aspek van skool is belangrik, volgens prins Harry?
7. Wat was die doel van die prins se besoek aan die skool?
8. Wat was die prins se boodskap aan die seuns?
9. Waarom, dink jy, het prins Harry vir die seuns vertel dat hy ook stout was op skool?
10. Waaruit is dit duidelik dat die seuns positief op prins Harry gereageer het?

Aktiwiteit 8

Die volgende opstel is deur Germi Pretorius, 'n graad 11-leerder, geskryf. Lees dit en beantwoord die vrae daaroor.

As jy blond is, is jy dom ... of nie?

Germi Pretorius

Lesse oor stereotipering was beslis nie in die tagtigerjare in die skoolleerplan nie.

Dít het ek hierdie week net weer besef. As dit was, het my ouers glad nie in die klas opgelet nie en was my onderwysers definitief daardie dag afwesig.

In die hedendaagse samelewing word ons gebombardeer met goed soos menseregte en dat stereotipering nie mag plaasvind nie. Ons mag mos nie aanneem dat alle wit bussies deur swak bestuurders bestuur word of dat alle blondines dom is nie.

Ek kan nie help om te wonder of grootmense vergeet het dat 'n mens se dade met jou woorde moet strook nie – jy moet self doen wat jy sê ander moet doen.

Daagliks hoor ons dit. My ma se gunsteling is dat geen seuns bo vyftien jaar "onskuldig" is nie. Hulle is gevaarlike wesens teen wie tienerdogters beskerm moet word. Asof dit nie genoeg is nie, moet ons gereeld by die skool hoor dat ons versigtig moet wees vir skoolverhoudings. Blykbaar gaan tienermeisies swanger raak as hul kêrel hul hand vashou.

MENSE! Eerstens is nie alle tienerseuns barbare nie, en tweedens is jy nie sonder enige beginsels net omdat jy 'n kêrel het nie! Ek glo dat 'n skoolverhouding die eerste trappie van die rostrum is voordat jy by nommer een gaan uitkom.

'n Ander stereotipering waarmee ek élke dag te doen kry, is om die skuldige te wees wanneer die onderwyser die sondaar soek wat gesels het. Die feit dat ek soms baie praat, beteken nie dat ek áltyd die skuldige is nie.

In sport en kultuur gebeur dit ook. Die feit dat 'n meisie lank is, beteken

SLEUTELWOORDE

beginsels *(principles)* – morele oortuigings

dade *(deeds)* – aksies

hedendaagse *(modern)* – moderne

onbewustelik *(subconsciously)* – sonder dat jy daaraan dink

onskuldig *(innocent)* – sonder skuld

swanger *(pregnant)* – wat 'n baba verwag

('n) wag voor jou mond plaas *(think before you speak)* – dink mooi voor jy iets sê

wesens *(beings)* – mense

nie noodwendig dat sy 'n netbaldoel is nie. Die feit dat 'n tienerseun goed gebou is, beteken nie noodwendig dat hy rugby speel nie. Die feit dat iemand op kultuurgebied presteer, beteken nie dat hy of sy 'n *nerd* is nie.

Stereotipering is iets wat elke dag gebeur; meestal onbewustelik.

Ek dink my aanname dat alle ouers en onderwysers nie in die klas opgelet het nie, is ook stereotipering.

Maar het dit nie tyd geword dat ouers, onderwysers en ook ons tieners 'n wag voor ons mond plaas voordat ons 'n uitspraak oor iemand maak nie? Ek vra maar net.

(Uit: *Jip*, *Die Burger*, 6 April 2015)

1. Wie was in die tagtigerjare op skool, volgens die skrywer?
2. Wat bedoel die skrywer as sy van "stereotipering" praat?
3. Op watter manier stereotipeer die skrywer se:
   a) ma seuns bo vyftien?
   b) onderwysers 'n skoolmeisie wat 'n kêrel het?
4. Hoe word die skrywer se frustrasie met haar ma en onderwysers beklemtoon?
5. Waaruit kan ons aflei dat die skrywer bekend is as iemand wat baie praat?
6. Hoe word die volgende mense gestereotipeer, volgens die skrywer?
   a) lang meisies
   b) goed geboude seuns
   c) mense wat op kultuurgebied presteer
7. Is die skrywer self ook skuldig aan stereotipering? Verduidelik.
8. Watter geïmpliseerde boodskap wil die skrywer oordra?

Aktiwiteit 9

Beantwoord die volgende vrae oor Teks 1, 2 en 3. Al drie tekste handel oor hoe 'n walvis deur die NSRI gehelp is.

Die volgende vrae is op Teks 1 en Teks 2 gebaseer. Skryf ná elke antwoord in watter teks jy die antwoord gekry het.

1. Wie het eerste opgelet dat die walvis in die moeilikheid is?
2. Hoe laat en op watter dag en datum het die NSRI se reddingspoging begin?
3. Hoe lank moes die span werk om die walvis te bevry?
4. Beskryf die walvis se reaksie nadat die toue en boeie losgesny is.
5. Hoe het die reddingswerkers oor die walvis se reaksie gevoel?
6. Hoe verskil die volgorde waarin die gebeure in Teks 1 en Teks 2 beskryf word?
7. Watter teks gee die meeste inligting? Verduidelik jou antwoord.

SLEUTELWOORD

verslae *(reports)* – nuus

Teks 1

Walvis kom sê "dankie" ná redding

'n Jong walvis het ewe ordentlik kom dankie sê aan sy redders wat nege uur lank gewerk het om toue en boeie waarin hy verstrengel was, los te sny.

Die walvis het tot teenaan een van die reddingsbote geswem en sy kop baie saggies op die kant van die boot gesit. Hy het byna 20 minute lank rustig so bly lê terwyl dit gelyk het of hy na die mense loer wat hom gered het.

Werkers wat by die redding betrokke was, het dit as 'n onvergeetlike en onwerklike ervaring beskryf, volgens 'n verklaring van die Nasionale Seereddingsinstituut (NSRI).

Vrywilligers van die NSRI en die Suid-Afrikaanse Walvisontstrengelingsnetwerk (SAWDN), 'n groep wat help om walvisse te red, is Sondag om 09:35 gevra om te help nadat die walvis opgemerk is waar hy in toue en seeboeie verstrengel was.

Reddingswerkers is met twee bote van die NSRI-stasie van Simonstad die see in en hulle het die jong nege meter lange walvis sowat vyf seemyl van Smitswinkelbaai opgemerk. Hy het baie stadig in die rigting van Gordonsbaai geswem.

Die reddingspan het hom van agter genader en versigtig 'n hoek om die toue wat om hom gedraai was, gehaak. Mike Meyer, hoof van die SAWDN, sê die reddingsboot is aan die walvis vasgehaak. Dit het hom angstig gemaak en hy het 'n bietjie gespartel om weg te kom. Om sy aandag af te trek, het die groter reddingsboot tot teenaan sy kop beweeg.

Die toue en boeie waarin die walvis verstrengel was, was nege keer om hom gedraai en die reddingswerkers het dit stuk vir stuk losgesny, waarna die wonderwerk-ervaring gevolg het.

(Uit: *Die Burger*, 30 Augustus 2016)

SLEUTELWOORDE

boeie *(buoys)* – drywende bakens

ontstrengelingsnetwerk *(disentanglement network)* – organisasie wat verstrengelde seediere help

ordentlik *(courteously)* – goed gemanierd

reddingsbote *(rescue boats)* – bote wat mense/diere help

verstrengel *(entangled)* – vasgevang

vrywilligers *(volunteers)* – mense wat sonder betaling help

wonderwerk *(miracle)* – besondere gebeurtenis

Teks 2

Walvis gehelp in ontstrengelingsoperasie in Valsbaai

Die Suid-Afrikaanse Walvisontstrengelingsnetwerk (SAWDN) het om 09:35 op 28 Augustus tot aksie oorgegaan nadat verslae van vissersbote in die omgewing ontvang is van 'n walvis wat in die omgewing van Rocky Banks naby Kaappunt in tou en seeboeie verstrengel was.

Twee NSRI-bote met SAWDN-vrywilligers is van Simonstad na die walvis gestuur. Die walvis, 'n jong nege meter lange bultrugwalvis, is omtrent vyf seemyl die see in van Smitswinkelbaai, Valsbaai, gevind. Die walvis het stadig in die rigting van Gordonsbaai beweeg. Daar is bevestig dat die walvis in een tou en een seeboei verstrengel was.

Die reddingspan het die verstrengelde walvis van agter genader. Die SAWDN-span het versigtig 'n gryphaak om die tou om die walvis gehaak. Die ander punt van die tou was aan die boot vas. In hierdie stadium is die boot deur die walvis getrek. Die walvis het angstig maar ook nuuskierig voorgekom, volgens Mike Meyer, hoof van SAWDN.

Om die dier se aandag af te lei, het die grootste boot voor die walvis inbeweeg, wat die reddingspan toegelaat het om die tou, wat nege keer om die walvis gedraai was, te begin lossny. In die proses is van die SAWDN se gespesialiseerde toerusting beskadig.

Nadat al die tou en die seeboei van die walvis verwyder is, het die dier op 'n baie besondere manier gereageer. Die walvis het tot teen die reddingsboot geswem (die enjins was afgeskakel) en toe sy kop saggies op die kant van die boot gesit. Die walvis het byna 20 minute in daardie posisie gebly en na sy redders gestaar. Almal wat betrokke was, het dit as 'n ongelooflike en emosionele oomblik tussen die reddingspan en die lieflike dier beskryf. Daarna het die walvis weggeswem.

Die operasie is om 15:54 voltooi.

(Uit: www.nsri.org.za)

Teks 3

Die volgende inskrywing het op die NSRI se Facebook-bladsy verskyn.

'n Drukkie gegee deur 'n walvis

Gister, ná 'n lang en uitputtende poging om 'n walvis te ontstrengel, het die walvis nader aan ons reddingsboot geswem. Toe rus hy sy kop teen die kant van ons boot en staar vir omtrent twintig minute na ons.

8. Hoe verskil hierdie teks van die ander twee? Dink aan:
   a) waar die teks verskyn het;
   b) uit wie se perspektief die gebeure vertel word; en
   c) watter soort teks dit is.

Aktiwiteit 10

Lees die inligting oor drie van Suid-Afrika se nasionale simbole op die volgende bladsy en beantwoord hierdie vrae.

1. Waar kry die springbok sy naam?
2. Hoe verskil springbokke se gewoontes in die winter en in die somer?
3. Wat maak die bloukraanvoël elegant?
4. In watter twee soorte omgewings kom sowel springbokke as bloukraanvoëls voor?
5. Gee een rede waarom die galjoen gekies is om die nasionale vis te wees.
6. Watter inligting wat oor die bloukraanvoël en die galjoen gegee word, word nie oor die springbok gegee nie?

Nasionale simbole van Suid-Afrika

Nasionale dier

Die springbok (*Antidorcas marsupialis*) het sy naam gekry van sy kenmerkende manier van spring wanneer hy pronk. Die bok is gemiddeld 75 cm lank en weeg sowat 40 kg. Albei geslagte het horings, maar die rammetjie s'n is dikker en growwer. Springbokke is aangepas vir droë, barre gebiede en grasvlaktes. Hulle kom veral in die Vrystaat, Noordwes en die Karoo tot aan die Weskus voor. In die winter beweeg hulle in klein troppies, maar hulle vorm dikwels in die somer groter troppe.

Nasionale voël

Die elegante bloukraanvoël (*Anthropoides paradisia*) kom amper net in Suid-Afrika voor. Die bloukraanvoël word ongeveer 1 m lank en is 'n blougrys kleur, met 'n lang nek, lang bene en elegante vlerkvere wat tot op die grond strek. Hulle kom algemeen in die Karoo voor en word ook in pare of familiegroepies in KwaZulu-Natal se grasvelde en in die Hoëveld gesien. Hulle eet saad, insekte en klein reptiele. Bloukraanvoëls is gewoonlik stil, maar kan ook skril, ratelende krasgeluide maak.

SLEUTELWOORDE

onstuimige *(rough, stormy)* – stormagtige

pronk *(pronk)* – vertoon van rif langer hare op 'n springbok se rug

volop *(abundant)* – daar is baie daarvan

Nasionale vis

Die galjoen (*Dichistius capensis*) kom langs die hele Suid-Afrikaanse kus van Namibië tot Durban voor. Dié vis hou meestal in onstuimige water en is gewild onder hengelaars omdat dit so volop is. Naby rotse is die galjoen amper heeltemal swart, maar op sanderige plekke lyk hy silwerbrons. Die rekordgrootte vir 'n galjoen is meer as 55 cm en 7 kg, maar die gemiddelde grootte is heelwat kleiner. Galjoene vreet hoofsaaklik rooiaas, klein mossels en eendmossels.

(Uit: *Huisgenoot*, 10 September 2015)

Aktiwiteit 11

Lees die inligting oor die wildehond en beantwoord daarna die vrae wat daarop volg.

Red die wildehond!

Daar is minder as 5 000 Afrika-wildehonde in Afrika oor. Dié spesie word bedreig deur onder meer die verlies aan habitat, vergiftiging, siektes wat deur gewone honde versprei word, en strikke.

In 2014 was daar net sowat 450 wildehonde in Suid-Afrika in die natuur. Teen 2016 het hierdie getal afgeneem. Volgens 'n veldwerker van die Trust vir Bedreigde Natuurlewe se karnivoorbewaringsgroep in die Krugerwildtuin is die wildehond 'n ingewikkelde spesie. Dit is die rede waarom kenners nog nie kon uitvind presies hoe om die diere te red nie – al is daar reeds talle studies oor die wildehond gedoen.

Die Afrika-wildehond (*Lycaon pictus pictus*) is 'n karnivoor en soogdier uit die familie Canidae. Wildehonde kom slegs in Afrika voor, veral in struikvelde en ander beboste gebiede. Die Afrika-wildehond is die enigste spesie in die genus *Lycaon*.

Twee Afrika-wildehonde

Wildehonde is oorwegend wit met geelwit, swart en skakerings van bruin vlekke oor die hele lyf. Daar is 'n donker streep van die voorkop na agter oor die kop. Kenmerkend is hul lang wit sterte wat opgelig word wanneer hulle opgewonde is. 'n Volwasse wildehond het 'n gemiddelde massa van 25 kg en 'n hoogte van tussen 60 cm en 75 cm.

Die diere kom voor in troppe van 10 tot 15 diere wat saam jag en kos soek. Hulle maak staat op hul sig, eerder as reuk tydens jagtogte. Die wyfie is twee maande lank dragtig en twee tot ses kleintjies word dan gewoonlik in die winter gebore. Die wildehond se gemiddelde lewensduur is tien jaar.

(Uit: *Buite*, *Die Burger*, 9 Augustus 2016, Wikipedia en www.wildseries.co.za)

1. Noem twee maniere waarop die mens die wildehond bedreig.
2. Waarom is gewone honde 'n gevaar vir wildehonde?
3. Vergelyk die getal wildehonde in 2014 en 2016.
4. Wat maak dit moeilik vir kenners om uit te werk hoe om die wildehond te red?
5. In watter soort habitat kom die wildehond voor? Noem twee soorte.
6. Hoe wys 'n wildehond dat hy opgewonde is?
7. Watter sintuig is die belangrikste wanneer wildehonde jag?

Aktiwiteit 12

Lees die blog oor water en voltooi dan die aantekeninge op bladsy 263.

Hoeveel glase water is genoeg?

Almal weet dat dit belangrik is om water te drink. Sommige mense glo dit maar net, sonder om te verstaan waarom dit vir hulle goed is. Ander dink weer hoe meer water hulle drink, hoe beter.

Met die komende viering van Wêreldwaterdag word die belangrikheid van water weer beklemtoon en 'n paar mites word bekyk. Water.org en Rand Water se webwerwe is twee van duisende op die internet met baie feite oor water.

Die antwoord op die vraag oor hoekom ons so baie water nodig het, is dat tussen 60% en 70% van jou liggaam uit water bestaan; daarom moet jy dit gereeld aanvul. Water help jou liggaam om al die kos wat jy eet, te absorbeer en om die voedingstowwe deur jou bloedstroom te vervoer. Dit help ook om jou liggaam te verkoel, is goed vir die werking van jou blaas en niere, en verhoog jou metabolisme.

Kenners het verskillende menings oor die riglyn dat 'n mens agt glase water per dag moet drink. Baie kenners hou vol dat agt glase water per dag belangrik vir 'n mens se gesondheid is, maar ander stem nie saam nie. 'n Nierspesialis by die Dartmouth Mediese Skool is vas oortuig dat daar geen bewyse is dat jy daagliks ses tot agt glase water moet drink nie. Inteendeel, hy voel sterk dat té veel water sleg vir die soutkonsentrasie in jou liggaam kan wees.

Mites

Daar bestaan ook ander mites oor water.

Jy gaan nie jou eetlus demp deur water te drink nie. Baie mense drink 'n glas water voordat hulle eet en glo hulle sal vinniger vol raak. Daar is egter geen navorsing wat hierdie aanname ondersteun nie.

Dr. Stanley Goldfarb, 'n Amerikaanse waternavorser, sê: "Jou liggaam absorbeer water baie vinnig en maak jou nie so vinnig vol as wat baie mense glo nie. Ons weet ook nie van 'n hormoon wat water vrystel wat jou eetlus in toom hou nie."

Groot volumes water spoel ook nie gifstowwe meer doeltreffend uit jou liggaam nie. "Jou niere werk nie so nie. As jy baie water drink, sal jy meer urine hê, maar daar sal nie noodwendig meer gifstowwe daarin wees nie," sê Goldfarb.

Hy sluit af deur te sê dat water ook nie 'n hoofpyn kan verlig nie en dat daar geen bewyse is dat water goed vir jou vel is nie. Te veel water doen eintlik meer skade aan jou liggaam. Dokters by groot marathon-byeenkomste dwarsoor die wêreld hospitaliseer gereeld mense as gevolg van oormatige waterinname.

Waterbedwelming (te veel water in die bloed in verhouding tot natrium) kan selfs noodlottig wees, volgens Health24.

Atlete moet blykbaar eerder water drink sodra hulle dors word, pleks van voor die tyd. Langafstandatlete wat baie vinnig hardloop, moet egter tussen 200 ml en 800 ml water per uur inneem. Mense wat baie aktief is, moet volgens prof. Tim Noakes nie te bekommerd raak oor dehidrasie nie. Daar is volgens

---

SLEUTELWOORDE

eetlus *(appetite)* – aptyt

kenners *(experts)* – mense wat baie oor 'n onderwerp weet

mites *(myths)* – dinge wat algemeen as waar beskou word, maar nie waar is nie

noodlottig *(fatal)* – wat tot die dood lei

oormatige *(excessive)* – hopeloos te veel

hom geen werklike mediese gevaar as jy 'n bietjie dehidreer nie. Die kanse dat stadiger drawwers sal oorverhit, is baie skraler, dus kan hulle minder water drink.

Hoeveel water moet die normale persoon dus elke dag drink?

Daar is nie 'n spesifieke getal glase water wat aanbeveel word nie. As jy dors is, drink water. As jy nie meer dors is nie, hou op. En laastens, drink meer water wanneer dit warm is of as jy baie oefen.

(Uit: *Gesond*, *Die Burger*, 18 Maart 2016)

Jy gaan 'n praatjie oor water in die klas lewer. Maak drie kort aantekeninge onder elke opskrif waarop jy jou praatjie kan baseer. Die eerste aantekening is vir jou gemaak.

1. Redes waarom ons so baie water nodig het:
   - Water in ons liggaam moet aangevul word.
   - ....
   - ....

2. Mites oor water:
   - ....
   - ....
   - ....

3. Raad aan aktiewe mense oor hulle inname van water:
   - ....
   - ....
   - ....

Aktiwiteit 13

Lees die teks oor die iMfolozi-bergfietsbyeenkoms en voltooi dan die aantekeninge op die volgende bladsy.

Sien die Groot Vyf tydens die iMfolozi-byeenkoms

Van my lekkerste kinderherinneringe is aan hoe ons gesin in die Krugerwildtuin gaan vakansie hou het. Ek sal nooit vergeet hoe ons ure aaneen stadig met die motor op die grondpaaie gery het nie, met oë moeg gesoek na diere.

Dit was altyd maar 'n taamlik hittige affêre, want in daardie jare het my ouers se motor glad nie lugversorging gehad nie. Nadat ons eenkeer gesien het hoe 'n trop ape moles gemaak het in 'n motor voor ons, het my ma aangedring dat elke venster moes toe wees sodra my pa stadiger as 20 kilometer per uur ry.

En dit is my wildtuin-herinneringe ... veilig in 'n motor, waar jy altyd 'n venster of 'n deur tussen jou en die wilde Afrika daar buite het.

Die eerste keer toe ek van die iMfolozi-bergfietsbyeenkoms in KwaZulu-Natal gehoor het, het ek gedink geen nasionale park sal toelaat dat fietsryers tydens 'n byeenkoms daardeur ry nie. Veral nie as die Groot Vyf in daardie park voorkom nie. Ek het gedink die roete in die iMfolozi-wildreservaat sal deur 'n gebied wees waar daar nie regtig wilde diere is nie. Maar ek was verkeerd!

Tydens hierdie bergfietsbyeenkoms kry fietsryers die geleentheid om 55 km ver deur die iMfolozi-wildreservaat en tussen die wilde diere te ry. Die byeenkoms het ten doel om geld in te samel vir die beskerming van die bedreigde wildehonde in hierdie park.

Die aand voor die byeenkoms het 'n parkgids die fietsryers presies vertel wat om te doen as ons wilde diere tydens die rit gewaar. Volgens hom was die grootste gevaar enkellopende buffel-, olifant- of renosterbulle. Hy het ons gewaarsku dat wanneer 'n bul op ons afstorm, ons tjoepstil moet staan en so hard as wat ons kan, moet skree. Die gids het verder vertel die leeus en luiperds in die park behoort nie 'n probleem te wees nie, maar 'n leeuwyfie met klein welpies is 'n ander storie. Dan geld die SS-reël weer: stop en skree! Ons is ook gewaarsku teen slange wat dikwels in die middel van die pad in die son lê en bak. 'n Slang wat skrik of raakgery word, kan pik, wat dodelik kan wees.

Op die dag van die wedren het ek vinnig besef dié byeenkoms is nie 'n mededingende rit waar almal jaag om klaar te kry nie. Al die fietsryers was in 'n jolige bui en baie het sommer met tekkies en gewone kortbroeke gery – niks van fietsrybroeke en -skoene nie.

In 'n stadium tydens die rit het ek op twee veldwagters met hul gewere, en so 'n entjie verder op twee olifante afgekom. Die teenwoordigheid van die veldwagters het my gerusgestel en ek het dit geniet om verby die olifante te ry.

Om met jou fiets tussen wilde diere in 'n wildreservaat te kan ry, is werklik een van die onvergeetlikste goed wat ek nóg in my lewe ervaar het. Ons het verskeie olifante en 'n groot aantal bokke gesien. Van die voorste ryers het 'n trop wildehonde in die pad gekry. Een van die ouens het agterna vertel hy het maar 'n paar keer teruggekyk om seker te maak een van die diere sit hom nie agterna nie, want om deur 'n hond gejaag te word, is een ding, maar om deur 'n wildehond agternagesit te word, is 'n totaal ander storie!

Die iMfolozi-bergfietsbyeenkoms is beslis baie spesiaal. Nie net is dit vir 'n goeie doel nie, maar jy ry deur pragtige natuurtonele en dalk, net dalk, kry jy die Groot Vyf uit jou fietssaal te siene.

(Uit: *Buite*, *Die Burger*, 9 Augustus 2016)

Hoofstuk 14: Hersiening van vaardighede

Jy gaan 'n praatjie oor die iMfolozi-bergfietsbyeenkoms in die klas lewer. Maak drie kort aantekeninge onder elke opskrif waarop jy jou praatjie kan baseer. Die eerste aantekening is vir jou gemaak.

1. Die skrywer se herinneringe aan die Krugerwildtuin:
   - Hulle het ure lank diere gesoek.
   - ....
   - ....

2. Gevare waarteen die fietsryers gewaarsku is:
   - ....
   - ....
   - ....

3. Hoe die iMfolozi-bergfietsbyeenkoms van ander bergfietswedrenne verskil:
   Anders as ander bergfietsbyeenkomste is die iMfolozi-bergfietsbyeenkoms ...
   - ....
   - ....
   - ....

Aktiwiteit 14

Lees die volgende teks en beantwoord dan die vrae wat volg.

Koelkop in 'n manswêreld

In Desember sak duisende vakansiegangers op Durban se strande toe. Om seker te maak dat almal ná die gelukkige dae in die son en op die strand weer veilig huis toe gaan, is daar 'n toegewyde span lewensredders aan diens. Sue-Ellen Martin is een van die lewensredders wat help om almal veilig te hou. Sy is 'n enkelma van twee dogters en vasbeslote om 'n loopbaan te maak uit haar liefde vir die see en lewensredding.

Karla Janse van Vuuren het met haar gesels.

Sue-Ellen Martin (regs) en Penny Dlamini is lewensredders in Durban.

Wou jy nog altyd 'n lewensredder wees?

Ek het in Durban grootgeword, maar verbasend genoeg was ek nie altyd versot op die see nie. Ek het beslis nie van kleins af daarvan gedroom om 'n lewensredder te wees nie. Om die waarheid te sê, ek het vir tien jaar in 'n bank gewerk en ek was ook al 'n onderwyseres vir voorskoolse kinders, 'n sakekonsultant, en 'n oefen-instrukteur by 'n gimnasium. Nou voel ek egter tuis op die strand. 'n Mens raak regtig lief vir die lewenstyl en die span mense saam met wie jy werk.

Hoe het dit gebeur dat jy jou hoëhakskoene ingeruil het vir 'n rooi swembroek?

Ek het my werk verloor en moes 'n nuwe lewe vir myself maak. Ek het baie gedink oor wat ek wil doen. Omdat ek fiks is en in my vrye tyd aërobiese klasse aangebied het, het ek dit oorweeg om voltyds in die fiksheidsbedryf te gaan werk. Toe begin Durban se munisipaliteit so 'n jaar gelede met 'n opleidingsprogram vir vrouelewensredders. Ek het aansoek gedoen, en nog nie een oomblik teruggekyk nie.

SLEUTELWOORDE

lewensredders *(lifesavers)* – mense wat swemmers wat in die moeilikheid in die water is, help

versot op *(crazy about)* – baie lief vir

Hoofstuk 14: Hersiening van vaardighede

Daar is bitter min vrouelewensredders op Durban se strande. Hoekom is dit so, dink jy?

Dit is 'n beroep wat deur mans oorheers word. Ek dink die grootste rede is die fisieke uitdaging wat deel van lewensredding op die strand is. Daar is baie vrouelewensredders, maar hulle werk by die swembaddens. As jy op die strand wil werk, moet jy gefokus wees en dit met jou hele hart en siel wil hê. Jy kan ook nie 'n "dametjie" wees nie, dis 'n baie fisieke beroep. Jy moet gemaklik wees in mans se geselskap en oopkop kan bly.

Jy het in die televisieprogram *Durban Beach Rescue* gespeel. Wat het jy die meeste daarvan geniet?

Daar was nie 'n draaiboek waarby ons moes hou nie. Ons kon dus net aangaan met die werk wat ons elke dag doen. Dit was lekker. Ek het ook nuwe waardering gekry vir die harde werk wat ons lewensredders doen.

Het jy al enige dramatiese reddings uitgevoer?

Ja, ek het al 'n paar agter my naam. Lewensredding kan definitief vol aksie en opwinding wees. Dit is wonderlik wanneer 'n mens iemand se lewe kan red. Jy voel bevoorreg dat jy in 'n posisie kon wees om iemand te help. Jy besef hoe dun die lyn tussen die lewe en die dood is.

Wat is vir jou die grootste uitdaging as vrouelewensredder?

Om deur die wêreld van mans te breek en om hulle sover te kry om jou as "een van die manne" te behandel. Omdat ek gewoond is aan die gefokusde, gestruktureerde wêreld van die bankwese, was dit ook vir my moeilik om aan te pas by die meer ontspanne lewenstyl van die lewensredders.

Wat is jou boodskap aan meisies wat dalk ook 'n loopbaan as lewensredder oorweeg?

Doen dit! As jy dit regtig graag wil doen, moet jy nie toelaat dat enigiemand in jou pad staan nie. Moenie dat die fisieke aspek jou keer nie. As jy regtig wil, kán jy.

(Uit: *Vrydag*, Die Burger, 3 Julie 2015)

SLEUTELWOORDE

draaiboek *(script)* – teks van 'n film

uitdaging *(challenge)* – taak wat moeilik is om gedoen te kry

1. Beskryf 'n lewensredder se werk.
2. Hoe het Sue-Ellen se werk as 'n oefen-instrukteur haar daarop voorberei om 'n lewensredder te wees?
3. Hoe het dit gebeur dat Sue-Ellen 'n lewensredder geword het?
4. Wat is, volgens Sue-Ellen, belangrik as 'n vrou 'n lewensredder op die strand wil wees? Noem twee dinge.
5. Wat was vir Sue-Ellen lekker toe sy in *Durban Beach Rescue* gespeel het?
6. Beskryf Sue-Ellen se gevoelens wanneer sy iemand se lewe red.
7. Noem een groot verskil tussen Sue-Ellen se werk in die bankwese en die werk wat sy nou doen.

Aktiwiteit 15

Lees die volgende teks en beantwoord dan die vrae wat volg.

Met sy planne wil hy lewens verander

Kamvalethu Rengqe (16) is as een van die *Mail & Guardian* se top 200 jong Suid-Afrikaners aangewys. Dit het gebeur nadat dié graad 11-leerder van die Hoërskool Solomon Mahlangu in Gqeberha 'n plan beraam het om sy klasmaats se laatkom-probleem stop te sit, vertel Odette Kemp.

Dit is 'n Sondagmiddag, maar Kamvalethu Rengqe is in sy uniform en by die skool.

Hy finaliseer net gou sy inskrywing vir die Eskom-wetenskap-ekspo, verduidelik hy – dit is 'n ontsoutingstoestel wat hy self ontwerp het om te help met die land se watertekort.

Wetenskap is sy gunstelingvak, want hiermee kan jy lewens verander, vertel die blinkoog Kamvalethu.

"Alles rondom ons is gemaak deur iemand wat wetenskap gebruik het," sê hy. "Met innovering kan jy 'n verskil in almal se lewe maak. Dít het ek geleer hier in Kwanobuhle, waar ek grootgeword het.

"Jy sien op televisie al die luukse plekke en huise vol weelde waar mense woon. Dan is daar ons in die township, in ons armoedige pondokke. Die huise wat die regering bou, sal nie veel help nie. Totdat een van ons opstaan en iets doen, kan die siklus van armoede nie gebreek word nie."

Dit is dus Kamvalethu se droom om die gaping tussen ryk en arm mense in die land te verklein, vertel hy.

"Ná die ekspo wil ek aandag gee aan my skoolwerk, want ek wil megatronika in Amerika bestudeer. Ek wil graag na een van die Ivy League-universiteite gaan, hopelik Yale of Harvard. Ek weet hulle aanvaar nie baie studente nie en my kanse is skraal, maar ek gaan steeds probeer. Dan kan ek dié vaardighede en kennis terugbring om hier vir gelykheid te veg."

Kamvalethu Rengqe: "Totdat een van ons opstaan en iets doen, kan die siklus van armoede nie gebreek word nie."

Kamvalethu was verlede jaar een van die leiers van die skool se projek vir die Young Citizens in Action-program (YCAP). Sy skool is as die nasionale wenner van dié kompetisie aangewys.

"Ons projek moes help met 'n probleem wat ons by die skool ervaar," verduidelik hy. "Hoewel ons sukkel met boelies en tienerswangerskap, het ons ingegryp met leerders wat laat by die skool opdaag. Dié gedrag het onderrig belemmer en ook bygedra tot probleme met boelies."

Kamvalethu en sy spanmaats het gesorg dat die skoolhekke om 08:00 gesluit word, waarna leerders slegs saam met hul ouers ingelaat kon word. "Op dié manier het ons die laatkom-probleem drasties verminder. Die skool gebruik vanjaar steeds dié stelsel."

Dit is ook die YCAP-toekennings wat tot die *Mail & Guardian*-benoeming gelei het. "Een van die dames wat by YCAP betrokke was, het my benoem. Toe ek daarvan uitvind, het ek dadelik my vriende gebel sodat hulle die koerant kon koop."

Kamvalethu is beskeie oor sy eie prestasies, maar het groot drome vir sy gemeenskap. "Ná universiteit wil ek 'n ontspanningsentrum hier oopmaak, waar mense hul kreatiwiteit kan beoefen. Die mense hier het baie talent en as hulle dit kan slyp, kan dit iets ongelooflegas word – en dan sal hulle dalk nie deur dwelms in die versoeking gelei word nie."

Voordat hy egter enige van dié doelwitte kan bereik, moet hy eers sy matriekjaar aandurf.

"My suster, Benathi (12), kom ook volgende jaar hier na die Hoërskool Solomon Mahlangu. Sy is gelukkig, want dit is 'n briljante skool met baie geleenthede – en ek sal darem hier wees om haar teen boelies te beskerm."

(Uit: *By*, *Die Burger*, 20 Augustus 2016)

1. Waaruit is dit duidelik dat Kamvalethu wil goed vaar in die wetenskap-ekspo?
2. Kamvalethu gee om vir die groter gemeenskap. Noem twee bewyse hiervan.
3. Verduidelik waarom Kamvalethu so entoesiasties oor wetenskap is.
4. Hoe verskil Kamvalethu se werklikheid van wat hy op televisie sien?
5. Hoe weet ons dat Kamvalethu iemand met ambisie is?
6. Wat was die doel van die YCAP-projek waaraan Kamvalethu deelgeneem het?
7. Watter oplossing het Kamvalethu en sy spanmaats vir die skool se probleem met laatkommers voorgestel?
8. Noem twee redes waarom Kamvalethu dink dat sy suster gelukkig is.

Aktiwiteit 16

Lees die volgende inligting oor die uitwerking wat dit op 'n mens se liggaam het om in die ruimte te wees. Beantwoord daarna die vrae wat volg.

Die menslike liggaam in die ruimte

Die uitwerking van die ruimte op die menslike liggaam word op die Internasionale Ruimtestasie (IRS) bestudeer. Dit help ruimtevaarders om te weet wat om op langer ruimtereise te verwag en hoe om dit te hanteer. Hier is 'n paar van die risiko's wat Nasa geïdentifiseer het.

Twee ruimtevaarders buite die ruimtestasie, met die aarde in die agtergrond

Kosmiese bestraling
Die aarde se magneetveld beskerm ons teen skadelike kosmiese strale. Kunsmatige beskerming op die IRS help om ruimtevaarders teen straling te beskerm, maar dit werk nie teen alle soorte straling nie. Ruimtevaarders kry dus makliker siektes soos kanker.

Hartprobleme
Op die aarde werk jou are teen swaartekrag om die bloed terug by jou hart te kry. As daar geen swaartekrag is nie, word minder bloed na die hart teruggepomp.

Nierstene
Hoë vlakke koolstofdioksied in die IRS se lugvoorraad (tien tot twintig keer soveel as wat ons op aarde uitasem) kan dalk die rede vir gevalle van nierstene wees.

Die ruimtevaarder Karen Nyberg gebruik 'n instrument om haar sig te verbeter terwyl sy videos en foto's in die ruimte neem.

Groei
Die ruimtevaarder Scott Kelly het 3,8 cm gegroei tydens sy jaar in die ruimte. As die swaartekrag min is, vergroot die kussinkies tussen jou rugwerwels.

Gelukkig krimp jy weer wanneer jy na die aarde terugkeer.

Verswakte spiere
As die swaartekrag min is, hoef ons liggaam nie so hard soos op aarde te werk nie. Die gevolg is dat jou spiere verswak. "Net om my kop te moet regop hou, is moeilik," het die ruimtevaarder Chris Hadfield gesê nadat hy in 2013 op die IRS was. Ruimtevaarders oefen tot twee uur per dag op spesiale masjiene om hierdie probleem teen te werk.

(Uit: *Huisgenoot – Reis na die ruimte*, 2016)

1. Noem twee maniere waarop die studies op die IRS ruimtevaarders sal help.
2. Wat keer dat mense op die aarde deur kosmiese strale geaffekteer word?
3. Waarom kry ruimtevaarders makliker siektes soos kanker?
4. Wat veroorsaak dat minder bloed na jou hart gepomp word as jy in die ruimte is?
5. Vergelyk die vlakke van koolstofdioksied in die IRS en op die aarde.
6. Waarom was die verandering in Scott Kelly se lengte nie permanent nie?
7. Waarom doen ruimtevaarders op die IRS elke dag spesiale oefeninge?

Aktiwiteit 17
Lees die teks oor walvisse en voltooi dan die aantekeninge op die volgende bladsy.

Walvisse – wonderlike reuse van die oseaan

As 'n mens aan 'n walvis dink, dink jy aan 'n reusagtige seedier. Party soorte walvisse is groter as die grootste diere wat nog ooit op die aarde gelewe het, selfs die dinosourusse. 'n Walvis kan tot vyftien keer langer as 'n mens wees, en dertig keer swaarder as 'n olifant!

Anders as 'n vis, is 'n walvis 'n hoogs intelligente soogdier, vriendelik en vol lewenslus.

In sy beroemde boek *Moby-Dick* verduidelik Herman Melville hoe jy 'n walvis kan uitken: as hy 'n sproeifontein deur sy spuitgat uitblaas en met 'n horisontale stert op en af op die water slaan, dan weet jy dit is 'n walvis. Daarmee het die skrywer die twee opvallendste eienskappe van hierdie soogdier genoem. Nog iets wat walvisse anders as visse maak, is dat hulle nuuskierig en spelerig is. Dit het al gebeur dat jong kalfies skepe besnuffel. Groter walvisse het ook al skuite speels omgekeer.

Die walvis is 'n uitstekende akrobaat en is bekend vir verskillende bewegings of posisies. Wanneer daar 'n skip naby is, gaan staan die nuuskierige walvis dikwels kiertsregop met sy kop bo die water. Hierdie posisie word *loerhoppery* genoem. Om sy oë bokant die water te hou (die oë kan meer as twee meter van die punt van sy neus wees), swaai die walvis sy stert vinnig heen en weer. As die water vlak is, druk hy sy stert op die seebodem vas. Die walvis kan tot dertig sekondes lank in hierdie posisie bly.

Wanneer 'n walvis 'n *lugsprong* doen, spring hy driekwart of heeltemal bokant die water uit en tref dit dan weer met 'n yslike slag op sy rug of sy sy. Daar is baie teorieë oor hoekom walvisse hierdie toertjie doen. Party wetenskaplikes sê dit is hoe hulle die lewe geniet.

Dit kan ook wees dat die walvisse só met mekaar kommunikeer (die slag kan tot omtrent 5 kilometer ver gehoor word). Nog 'n teorie is dat die walvis met sy spronge parasiete van sy vel se oppervlak probeer kry. Lugspronge kom die meeste by bultrugwalvisse en noordkapers voor.

Soms sien 'n mens net 'n walvisstert bokant die water uitsteek terwyl die walvis kop onderstebo onder die water is. Wanneer hulle kos soek, duik sekere soorte walvisse baie diep af. Ons noem hierdie beweging *stertdobbery*. Daar is ook baie teorieë hiervoor. Die walvisse eet dalk kos op die seebodem in vlak water. Dit is ook moontlik dat hulle só die mossels aan hul neus teen die rotse of seebodem afskuur. Daar is ook kenners wat dink dat die walvisse die wind in hul stert opvang om oor die water te skeer.

Partykeer maak walvisse 'n speletjie van hul duikery. Die stert word vinnig hoog opgelig en weer hard afgebring. Dit word 'n *sterthou* genoem.

As 'n walvis lus voel om 'n bietjie te ontspan, kan hy besluit om te *luier*. Hy rol op sy sy om die wêreld beter te kan bekyk. Soms dryf walvisse op die seeoppervlak, met die kop boontoe gedraai, of lê op hul rug met die vinpote in die lug.

Party soorte walvisse is bekend vir *vinpootklap*. Hulle lig een van hul vinpote op en slaan daarmee op die water. Dit is moontlik 'n soort speletjie en ook 'n manier van kommunikeer.

Ja, almal wat al 'n walvis gesien het, weet dit is 'n voorreg om die planeet met hierdie wonderlike reuse te deel.

(Uit: *Huisgenoot – Ons wonderlike wêreld*, 2004)

Jy gaan 'n praatjie oor walvisse in die klas lewer. Maak drie kort aantekeninge onder elke opskrif waarop jy jou praatjie kan baseer. Die eerste aantekening is vir jou gemaak.

1. Redes waarom walvisse reuse genoem word:
   - Grootste diere op aarde
   - ....
   - ....

2. Dinge wat walvisse anders maak as visse:
   Anders as 'n vis, is 'n walvis ...
   - ....
   - ....
   - ....

3. Moontlike redes waarom walvisse lugspronge uitvoer:
   - ....
   - ....
   - ....

Aktiwiteit 18

Lees die volgende teks en beantwoord dan die vrae wat volg.

Nakhane Touré verdien net die beste

Nakhane Touré

'n Mens voel altyd trots en opgewonde wanneer kontemporêre Suid-Afrikaanse musiekkunstenaars op internasionale gebied presteer. En Nakhane Touré maak 'n mens beslis baie trots en opgewonde.

Touré is 'n jong talent van Suid-Afrika wat baie mense laat regop sit. Daar word voorspel dat hy binnekort 'n internasionale deurbraak gaan maak.

Dié sanger en skrywer is as Nakhane Mavuso op Alice in die Oos-Kaap gebore. Hy het in Port Elizabeth grootgeword en het later in Johannesburg gaan woon en werk.

Sy verhoognaam toon sy bewondering en respek vir een van sy groot helde en inspirasies, die sanger en musikant Ali Farka Touré van Mali.

Nakhane Touré se debuut-CD, *Brave Confusion*, is in 2013 vrygestel en is met 'n Sama-musiekprys as beste alternatiewe album van die jaar bekroon. Sy mini-album *The Laughing Son* het in 2015 verskyn, en ook sy eerste roman, *Piggy Boy's Blues*.

Touré het op sesjarige ouderdom al geweet hy kan sing. Hy het gereeld saam met familielede na Johannesburg en Kaapstad gereis om aan koorkompetisies deel te neem. Hy was gretig om musiekinstrumente te begin speel en het met klavier begin toe hy tien was. Omdat hy nie 'n klavier by die huis gehad het om op te oefen nie, het hy na die trompboon oorgeskakel en later ook tromme, perkussie en staaltromme begin speel.

Hy het kitaar begin speel toe hy 19 was. Terwyl hy literatuur aan die Universiteit van die Witwatersrand gestudeer het, het hy in 'n punk-groep gespeel en baie liedjies geskryf. As gevolg van finansiële probleme kon hy ná twee en 'n half jaar nie sy studie voltooi nie. Hy het toe 18 maande lank saans in klubs en kroeë gesing. Bedags het hy in 'n boekwinkel gewerk. Iemand van die platemaatskappy Just Music het hom raakgesien, en ná 'n optrede by die Oppikoppi-fees het Touré 'n kontrak met Just Music onderteken.

Dit is onmoontlik om plakkertjies op Touré se musiek te plak om dit te etiketteer. Op iTunes word *Brave Confusion* bemark as "alternatiewe folk" en *The Laughing Son* as "alternatief". Daar is egter ook ander invloede in sy musiek te hoor – van tradisionele Afrika-musiek tot soul uit die 1960's, jazz uit die 1970's en hedendaagse Westerse rock. Baie mense dink dat sy musiek

eerder as *world music* beskryf kan word. Dit maak egter nie saak wat 'n mens Touré se musiek noem nie: die emosionele impak daarvan, sy kragtige stem en die passie waarmee hy sing, verstom 'n mens.

Nog 'n interessante aspek van Touré se werk is dat hy openlik teen diskriminasie en veroordeling is. Hy sing oor die persoonlike stryd om jou eie identiteit te vind. Sy weergawe van The Cure se "Just Like Heaven" is een van die mooiste liefdesliedjies wat daar is, en sy liedjie "Fog" is ook 'n emosionele kragtoer. Dit handel oor die depressie wat 'n mens ervaar as ander mense jou verwerp, veroordeel en verstoot, en hoe 'n mens probeer om heling te vind.

Hy het In 2017 'n kontrak met die musiekmaatskappy BMG in Frankryk gesluit.

As 'n mens na sy musiek luister, besef jy gou Nakhane Touré verdien net die beste. Hy is besonder spesiaal, want daar is min dapper en eerlike kunstenaars met integriteit soos hy.

(Uit: *Die Burger*, 16 Julie 2016)

1. Hoe reageer mense op Touré se musiek volgens paragraaf 2?
2. Touré se verhoognaam is anders as sy gewone naam. Waarom het hy juis hierdie verhoognaam gekies?
3. Watter bewys is daar dat Touré se debuut-CD baie goed is?
4. Hoe het Touré se musiekloopbaan begin?
5. Waarom het Touré die tromboon begin speel?
6. Hoe weet ons Touré het nie regtig genoeg geld gehad toe hy op universiteit was en in die 18 maande daarna nie? Gee twee bewyse.
7. Waarom is dit onmoontlik om Touré se musiek in een kategorie te plaas?
8. Hoe pas die laaste paragraaf by die artikel se titel?

C. Hersien skryfvaardighede

Aktiwiteit 1

Lees die onderwerp vir 'n skryfstuk.

> Jy wil deelneem aan 'n kompetisie in 'n tienertydskrif waarvoor jy 'n artikel moet skryf oor iets wat baie belangrik in jou lewe is. Dit kan enige voorwerp (ding) wees, maar dit mag nie 'n mens wees nie.
>
> Jou artikel moet omtrent 120 tot 160 woorde lank wees.
>
> In jou artikel moet jy:
> - noem wat hierdie voorwerp is en hoe dit lyk;
> - verduidelik waarom dit vir jou belangrik is; en
> - bespreek hoe jou lewe daarsonder sou gewees het.

Kyk na die artikel wat 'n leerder in reaksie op die opdrag hier bo geskryf het.

> **My kompas**
>
> Jare gelede het my pa vir my 'n kompas gegee. Dit is die mooiste kompas. Aan die buitekant is daar mooi swart patroontjies. As jy dit oopmaak sien jy die mooiste prentjie van die son en die maan. Die kompas se naald het 'n skerp punt maar die naald lyk ook soos 'n mooi bos sonneblomme. Hierdie kompas is spesiaal vir my want dit was my pa s'n. Toe my pa jonk was was hy eenkeer alleen in die bos. Hy was koud en nat en het nie geweet waar hy was nie. Hy het onder 'n boom gaan sit en het nie geweet wat om te doen nie. Toe onthou hy die kompas. Dit het hom gehelp om sy pad huis toe te vind. Net voor sy dood het my pa die kompas vir my gegee. Dit is nou my mooiste besitting. Wanneer ek onseker is en nie weet wat om te doen nie dink ek aan my pa en sy kompas. Dit herinner my dat ek nooit moet moed opgee nie. As ek kalm bly en logies dink sal ek agterkom in watter rigting die naald wys. Die kompas sê vir my dat daar 'n pad uit elke probleem is.

1. a) Soos jy kan sien, het die leerder vergeet om paragrawe te skryf. Hy het beplan om drie paragrawe te skryf, maar was so senuweeagtig dat hy alles aanmekaar geskryf het. Besluit saam met 'n maat waar die tweede en derde paragraaf moet begin.

b) Die leerder het ook vergeet om kommas te gebruik. Waar moes hy eintlik kommas gebruik het?

c) Een manier om beter te skryf, is om 'n verskeidenheid byvoeglike naamwoorde te gebruik. Kyk na al die kere wat die leerder die woorde "mooi" en "mooiste" gebruik het. Maak 'n lys van ander beskrywende woorde wat hy doeltreffend sou kon gebruik.

'n Ander leerder het die volgende artikel oor dieselfde onderwerp geskryf. Lees dit en voer dan die opdragte uit.

My tennisraket

Ek hou baie van tennis en daarom is my tennis raket baie belangerik vir my.

My tennisraket is wit en grys en is omtrent die normaale grote van 'n tennisraket. Dit is amper die selfde as die raket wat die wêreld kampioen Novak Djokovic gebruik. Dit is seker hoekom ek dit gekoop het.

Ek het al baie wetstryde met hierdie raket gespeël en ek het ook al 'n paar wedstryde daarmee gewen. Die raket hanteer baie lekker waneer ek daarmee speel. Dit is net die regte gewig vir my. Die raket wat 'n mens in tennis gebruik, is baie belangrik as jy goed wil doen. Toe ek hierdie raket gekry het, moes ek dit eers leer ken. Nou is ek gewoond daaraan en ek speel baie lekker daarmee.

As ek my raket moet verloor, sal dit nie lekker wees nie. Dit sal lank neem om weer aan 'n nuwe raket gewoont te raak. My raket is my swaard op die tennisbaan en help my om my vyande te oorwin.

2. a) Hierdie leerder het tien spelfoute in die skryfstuk gemaak. Identifiseer die spelfoute en verbeter dit.

b) Die Afrikaanse woord "lekker" is baie soos die Engelse woord "nice" – daar is altyd 'n beter woord wat 'n mens liewer moet gebruik. Die woord "lekker" word drie keer in hierdie artikel gebruik. Watter ander woorde sou doeltreffender gewees het?

3. Agter in hierdie boek (bladsy 286 en 287) is die nasienskema wat gebruik word om skryfstukke te bepunt. Watter punt uit 6 sou jy vir die inhoud van elkeen van hierdie twee artikels gegee het? Watter punt uit 9 sou jy vir die taalgebruik gegee het? Besluit saam met 'n maat op gepaste punte.

Hoofstuk 14: Hersiening van vaardighede

4. Skryf jou eie artikel oor die onderwerp. Gee veral aandag aan:
   - jou beplanning;
   - jou paragraafverdeling;
   - jou gebruik van beskrywende woorde (byvoeglike naamwoorde en bywoorde);
   - jou spelling; en
   - die getal woorde wat jy skryf.

5. Ruil artikels om met 'n maat. Gebruik die nasienskema agter in die boek om mekaar se artikels na te sien. Lewer kommentaar op jou maat se artikel: noem een ding wat goed gedoen is en een ding waarop hy of sy in die toekoms kan verbeter.

Aktiwiteit 2

Lees die onderwerp vir 'n skryfstuk.

> Jy het onlangs 'n uitstekende film gesien. Skryf 'n e-pos waarin jy 'n goeie maat daarvan vertel en hom of haar probeer oorreed om ook na die film te kyk.
>
> Jou brief moet omtrent 120 tot 160 woorde lank wees.
>
> In jou e-pos moet jy:
> - die naam en ander besonderhede van die film noem;
> - aspekte daarvan wat jy baie geniet het, beskryf; en
> - verduidelik waarom jy dink jou maat ook daarvan sal hou.

SLEUTELWOORD

besonderhede *(details)* – detail

1. Wat is die beste manier om 'n informele e-pos soos hierdie te begin en af te sluit? Werk saam met 'n maat en maak 'n lys van frases om 'n e-pos mee te begin en te eindig.

Aanhef (die woorde waarmee die e-pos begin)	Slot (die woord of woorde wat net voor die skrywer se naam kom)
Hallo Trevor	Jou maat

2. Lees die e-pos op die volgende bladsy wat 'n leerder in reaksie op die opdrag hier bo geskryf het. Terwyl jy lees, kan jy kyk of jy probleme daarin kan identifiseer.

3. Kyk hoe Nina haar e-pos begin en geëindig het.
   a) Watter fout het sy in die datum begaan?
   b) Wat sou 'n beter begin as "Liewe maat" gewees het?
   c) Waarom is "Die uwe" in die slot verkeerd?
   d) Dink jy dit is reg dat Nina ook haar van onder aan die e-pos geskryf het? Waarom sê jy so?

AFRIKAANS TWEEDE TAAL: LEERDERSBOEK

7 October 2025

Liewe maat

Ek het jou e-pos 'n paar dae verlede gekry. Hoe gaan dit met jy? Ek hoop dit gaan goed. Dit gaan goed met my. Ek is met vakansie en ek het 'n nuwe hond gekry. Haar se naam is Venus. Sy slaap in my bedkamer. Ek lief haar baie. Dit gaan goed met my ma en pa. Annie, my suster, is in hospitaal om haar mangels te laat uithaal. Ek mis haar. Ek dink ek het goed gedoen in die toetse wat ons verlede kwartaal geskryf het. My ouers is nooit tevrede. Hulle sê altyd ek kan beter punte kry. Volgende jaar wil ek hard moet werk, want dit is my laaste jaar op skool. Ek wil vir jou vertel van 'n goeie fliek wat ek gesien het. Die fliek se naam is "Die rebel". Dit is oor 'n sestien jaar oud meisie, Engela, wat teen almal rebelleer, maar in die end begin sy en haar ouer suster tyd saam deurbring en hulle raak goeie vriende. Die aktrise wie Engela se rol speel, is baie goed. Sy speel oortuigend en 'n mens verstaan haar situasie. Ek dink jy sal van die film hou, want jy ook 'n rebel is! Ná die fliek het Tom en ek 'n lekker pizza gaan eet. Hy is 'n lekker vriend. Wanneer jy weer by my kom kuier, moet ons na daardie pizza-plek gaan. Hulle maak die beeste pizzas in die wêreld.

Die uwe

Nina Robins

SLEUTELWOORD

Die uwe *(Yours faithfully)* – 'n formele slot vir 'n brief

4. Kyk na die beskrywende woorde wat Nina in haar e-pos gebruik het. Dink aan ander woorde wat sy in plaas van "goeie" en "lekker" in die voorbeelde hier onder sou kon gebruik om haar brief interessanter te maak.
   a) 'n goeie fliek
   b) 'n goeie aktrise
   c) 'n lekker vriend
   d) 'n lekker pizza

5. Verbeter die taalfoute wat Nina in die volgende sinne gemaak het.
   a) Ek het jou e-pos 'n paar dae verlede gekry.
   b) Hoe gaan dit met jy?
   c) Haar se naam is Venus.
   d) Sy slaap in my bedkamer.
   e) Ek lief haar baie.

f) Annie, my suster, is in hospitaal …
g) My ouers is nooit tevrede.
h) Volgende jaar wil ek hard moet werk …
i) Dit is oor 'n sestien jaar oud meisie …
j) … in die end begin sy en haar ouer suster tyd saam deurbring …
k) Die aktrise wie Engela se rol speel, is baie goed.
l) Ek dink jy sal van die film hou, want jy ook 'n rebel is!
m) Ná die fliek het Tom en ek 'n lekker pizza gaan eet.
n) Hulle maak die beeste pizzas in die wêreld.

6. Besluit saam met 'n maat watter kommentaar julle vir Nina sou kon skryf om haar te help om in die toekoms beter te vaar. Noem drie spesifieke dinge wat sy sou kon doen om beter te skryf.

7. Lees weer die voorbeeld en die riglyne vir die skryf van 'n vriendskaplike e-pos op bladsy 47 en 48. Skryf dan jou eie e-pos oor die bostaande onderwerp.

Aktiwiteit 3

Lees die onderwerp vir 'n skryfstuk.

> Lees die volgende woorde van 'n paar tieners oor rolmodelle:
>
> *"Ek dink elke tiener het 'n rolmodel nodig."*
>
> *"My rolmodel help my om in myself te glo."*
>
> *"Ek het glad nie 'n rolmodel in my lewe nodig nie."*
>
> *"Ek kan by my rolmodel leer hoe om altyd my bes te probeer."*
>
> *"Rolmodelle het ook maar hulle foute."*
>
> Skryf 'n artikel vir die skoolkoerant oor of dit belangrik vir tieners is om 'n rolmodel te hê. Kies 'n goeie opskrif vir jou artikel.
>
> Jou artikel moet ongeveer 120 tot 160 woorde lank wees.
>
> Jy kan van die idees hier bo gebruik, maar moet ook jou eie idees byvoeg. Dit is belangrik dat jy jou menings goed verduidelik.

Beantwoord die volgende vrae oor die twee skryfstukke op die volgende bladsye wat in reaksie op die bostaande onderwerp geskryf is.

1. Albei leerders het een fout in elke paragraaf gemaak.
    a) Verbeter die foute in skryfstuk A. (Wenk: Daar is 'n mengsel van taal- en spelfoute.)
    b) Verbeter die foute in skryfstuk B. (Wenk: Al die foute is spelfoute.)
2. Vergelyk die twee artikels se eerste paragrawe. Wys elke openingsparagraaf wat die skrywer se mening oor die onderwerp is? Verduidelik.
3. Soms gebeur dit in 'n eksamen dat leerders nie die onderwerp reg verstaan nie. Dink jy albei hierdie leerders het die onderwerp reg verstaan? Gee 'n rede vir jou antwoord.

4. Hoe verskil die twee leerders se houding teenoor rolmodelle?
5. In skryfstuk B se eerste paragraaf gebruik die leerder die woorde "ek dink" wanneer hy of sy 'n opinie uitspreek. Watter frase in skryfstuk A is 'n goeie sinoniem vir "ek dink"?
6. Gebruik die nasienskema agter in hierdie boek (bladsy 286 en 287).
   a) Watter punt uit 6 sal jy vir elke leerder vir hul skryfstuk se inhoud (relevansie en ontwikkeling van idees) gee? (Tabel A)
   b) Watter punt uit 9 sal jy vir elke leerder vir hul skryfstuk se taalgebruik gee? (Tabel B)

> **SLEUTELWOORDE**
>
> **houding** *(attitude)* – hoe jy oor iets voel
>
> **onderwerp** *(topic)* – waaroor jy skryf

Skryfstuk A

Is rolmodelle belangrik of nie?

Of dit belangrik is om 'n rolmodel te hê of nie, is 'n baie kontroversiële kwessie onder vandags se kinders en tieners.

Somtye kan dit 'n voordeel wees om 'n rolmodel te hê, want 'n rolmodel kan jou leer om altyd jou bes te probeer en kan jou help om in jouself te glo. Maar kan 'n goeie vriend dit nie ook net so goed doen nie?

Die probleem met vandag se kinders is dat hulle rolmodel nie net 'n rolmodel is nie. Hulle probeer om net soos hulle rolmodel te wees – om dieselfde te lyk, te praat en selfs te lewe! Die rolmodel is soos 'n god. Die waarheid is egter dat almal mense is, en mense het hulle uie foute. Niemand kan altyd perfek wees nie.

Na my mening moet ons goeie vriende en vriendinne hê wat ons goeie raad kan gee en ons help om in onsself te glo. Hulle moet ons onthou dat ons altyd ons bes moet doen. Hulle hoef nie dieselfde ouderdom as ons te wees nie. Miskien kan hulle 'n bietjie ouer wees en daarom verstandiger wees.

Ons moet egter nooit ons hele lewe op iemand anders baseer. Ons is individue en moet almal verskillend wees. Ons elkeen moet ons eie lewe leef en nie iemand anders probeer wees nie.

Skryfstuk B

Redes om 'n rolmodel te hê

Ja, ek dink almal het 'n goeie rolmodel nodig wat ons kan motiveer om beter te doen. Ongelukkig is dit so dat goeie rolmodelle skaarsser as hoendertande is.

Wanneer ons vandag 'n goeie rolmodel soek, is dit moelik om een te vind. Die meeste sangers sing oor seks, die meeste filmsterre verkies gewelddadige flieks en die meeste sportsterre gebruik dwelms. Wie wil so iemand as 'n rolmodel hê?

Ons moet rolmodelle soek na wie ons werklik kan opkyk. Die sangers wat oor waare liefde sing, die filmsterre wat in ordentlike flieks speel en die sportsterre wat nee sê vir dwelms, is die mense wat ons kinders kan leer hoe om 'n goeie lewe te lei.

Sangers wie se musiek met ons harte praat, filmsterre wat in flieks speel wat ons werklikheid reflekteer en sportsterre wat gesond liewe en uitblink omdat hulle werklik goed is, is rolmodelle wat ons kan motiveer om te presteer en groot te droom. Sulke uitblinkers is mense wat ons kan inspireer om nie altyd maklike opsies te kies nie.

Ja, dit is dydelik dat goeie rolmodelle so skaars soos hoendertande is, maar partykeer is 'n mens gelukkig en jy kry 'n hoender met die mooiste, blinkste glimlag!

Groot sportsterre soos die Suid-Afrikaanse krieketspeler Kagiso Rabada en die baie gewilde sangeres Adele, is dikwels rolmodelle vir jong mense.

Aktiwiteit 4

Lees die volgende onderwerpe.

- Kies een onderwerp, beplan die skryfstuk deeglik en skryf dit dan.
- Ruil skryfstukke om met 'n maat en sien mekaar se werk met behulp van die nasienskema agter in die boek (bladsy 286 en 287) na.
- Skryf kommentaar by jou maat se skryfstuk: Noem een ding wat goed gedoen is en een ding wat jou maat in die toekoms beter moet probeer doen.

1. Iets baie spesiaals het verlede naweek met jou gebeur. Skryf 'n e-pos waarin jy 'n maat daarvan vertel. Jou e-pos moet omtrent 120 tot 160 woorde lank wees.

   In jou e-pos moet jy:
   - noem watter spesiale ding met jou gebeur het;
   - verduidelik hoe dit jou laat voel het; en
   - bespreek hoe dit jou lewe gaan beïnvloed.

2. Lees die volgende uitsprake:

   > "My tiener gee my grys hare!"
   >
   > "As ek 'n probleem het, praat ek met my ma of pa."
   >
   > "Respek is die sleutel tot 'n goeie verhouding."
   >
   > "Hulle luister nooit na my nie!"
   >
   > "Ek is so dankbaar dat my kind so verantwoordelik en bedagsaam is."

   ### SLEUTELWOORDE

   bedagsaam *(considerate)* – sensitief teenoor ander

   verantwoordelik *(responsible)* – volwasse; aanspreeklik

   verhouding *(relationship)* – verstandhouding tussen mense

   Skryf 'n artikel vir die plaaslike koerant waarin jy bespreek wat belangrik is om die verhouding tussen ouers en tieners te laat werk. Gee ook wenke vir ouers en tieners oor hoe om 'n goeie verhouding te bou.

   Jou koerantartikel moet ongeveer 120 tot 160 woorde lank wees. Jy kan van die uitsprake hier bo gebruik, maar moet ook jou eie idees byvoeg. Dit is belangrik dat jy jou mening goed verduidelik.

3. Lees die volgende inligting oor 'n studie van tieners en selfone in Brittanje:

   > 'n Britse studie het bevind dat tieners en hul selfone onafskeidbaar is.
   >
   > Amper die helfte van alle Britse tienermeisies voel asof niemand vir hulle omgee wanneer niemand hulle bel of vir hulle 'n boodskap stuur nie.
   >
   > Teksboodskappe word algemeen gebruik om iemand vir 'n romantiese afspraak te vra en om 'n verhouding te beëindig.
   >
   > Die selfoon het die belangrikste elektroniese toestel vir tieners geword.

   Skryf 'n berig vir die skoolkoerant oor die rol wat selfone/slimfone in tieners se lewens speel. Jou berig moet ongeveer 120 tot 160 woorde lank wees. Jy kan van die idees hier bo gebruik, maar moet ook jou eie idees byvoeg. Dit is belangrik dat jy jou menings goed verduidelik.

Hoofstuk 14: Hersiening van vaardighede

Aktiwiteit 5

Voer een van die volgende opdragte uit. Skryf omtrent 120 tot 160 woorde.

1. Jy het pas gehoor dat 'n goeie maat wat in 'n ander stad of land woon, aan die einde van die jaar na jou dorp of stad gaan trek en volgende jaar saam met jou in die skool gaan wees.

   Skryf 'n e-pos aan jou maat oor waarom jy opgewonde daaroor is dat sy of hy in dieselfde skool as jy gaan wees.

   In jou e-pos moet jy:
   - vriende noem aan wie jy jou maat wil voorstel;
   - kulturele aktiwiteite by die skool beskryf wat jou maat sal geniet; en
   - sportsoorte bespreek wat jou maat sal geniet.

2. Een van jou beste maats wat baie aktief in die skoollewe is, gaan aan die einde van die jaar na 'n ander skool toe. Jy het aangebied om iets te skryf wat by jou klas se afskeidsfunksie vir jou maat voorgelees gaan word.

   Skryf 'n opstel oor jou maat.

   In jou opstel moet jy:
   - verduidelik waarom jy jou maat as 'n vriend of vriendin gaan mis;
   - noem waarom dit 'n verlies vir die skool is dat jou maat weggaan; en
   - verduidelik wat jy jou maat vir die toekoms toewens.

3. Jy het onlangs aan 'n skryfkompetisie vir hoërskoolleerders deelgeneem. Die kortverhaal wat jy ingestuur het, het die eerste prys gewen.

   Skryf 'n e-pos aan 'n goeie maat waarin jy van die kompetisie, jou kortverhaal en jou prys vertel.

   In jou e-pos moet jy:
   - noem waarom jy aan die kompetisie deelgeneem het;
   - verduidelik waaroor jou kortverhaal gehandel het; en
   - beskryf hoe jy oor jou prys voel en wat jy met jou prysgeld gaan doen.

Aktiwiteit 6

Kies een van die onderwerpe op die volgende bladsy en skryf 'n berig vir jou skoolkoerant daaroor. Jou berig moet ongeveer 120 tot 160 woorde lank wees.

Vir elke onderwerp kan jy van die gegewe idees gebruik, maar jy moet ook jou eie idees byvoeg. Dit is belangrik dat jy jou mening goed verduidelik.

1. Lees die woorde van 'n paar wetenskaplikes:

> *"Ons moet nou drasties iets daaraan doen om die aarde te red."*
>
> *"Dit is 'n prioriteit om alternatiewe soorte brandstof te gebruik."*
>
> *"Elke huishouding moet herwin – plastiek, blik, glas, papier, karton."*
>
> *"Gelukkig is sonkrag nou baie meer beskikbaar en makliker om te gebruik."*
>
> *"Ons móét, móét, móét ons koolstofvoetspoor verminder. Anders …"*

Skryf 'n berig oor maniere waarop tieners kan help om die aarde te red.

2. Lees die volgende woorde van 'n paar tieners:

> *"Suid-Afrika het goeie universiteite en ek wil beslis ná skool hier studeer."*
>
> *"As ek kan, sal ek graag oorsee wil studeer."*
>
> *"Werkgewers verkies mense wat in Suid-Afrika gestudeer het."*
>
> *"Oorsese universiteite bied meer geleenthede."*
>
> *"Ons het ook goeie universiteite vir tegnologie hier in Suid-Afrika wat uitstekende kursusse aanbied."*

Skryf 'n berig oor of dit die beste is om ná skool aan 'n universiteit in Suid-Afrika of in die buiteland te studeer.

3. Lees die volgende uitsprake oor geld:

> *"Geld is die wortel van alle kwaad!"*
>
> *"'n Mens het geld nodig om gelukkig te wees!"*
>
> *"Geld wat stom is, maak reg wat krom is!"*
>
> *"Geluk is belangriker as geld."*

Skryf 'n berig waarin jy bespreek waarom geld 'n positiewe en 'n negatiewe rol in die lewe kan speel.

Aktiwiteit 7

Lees die volgende woorde van tieners:

"Wanneer ek draf, vergeet ek van al my probleme."

"My kuns is soos terapie vir my!"

"Sonder my kitaar sou ek nie kon lewe nie!"

"My spanmaats is soos my familie ... hulle ondersteun my en ek kan alles met hulle bespreek."

"Sport hou my weg van dwelms."

"Ná 'n oefensessie in die gim sien ek my probleme weer in perspektief."

Skryf 'n berig vir die skoolkoerant oor waarom dit belangrik is vir tieners om by kulturele bedrywighede of sport betrokke te wees.

Jou berig moet ongeveer 120 tot 160 woorde lank wees.

Jy kan van die idees hier bo gebruik, maar moet ook jou eie idees byvoeg. Dit is belangrik dat jy jou menings goed verduidelik.

Gebruik die nasienskema op bladsy 286 en 287 om jou eie en 'n maat se skryfstukke na te sien.

Nasienkriteria vir skryfstukke

Tabel A: Inhoud

Punte	Beskrywers
5–6	**Uitvoering van taak** • Taak is uitgevoer. • Inhoud is deurgaans ten volle relevant. • Deurgaans gepaste styl en register vir die soort teks. • Uitstekende aanvoeling vir doel en gehoor. **Ontwikkeling van idees** • Inhoud is baie goed ontwikkel.
3–4	**Uitvoering van taak** • Taak is oor die algemeen uitgevoer. • Inhoud is oor die algemeen relevant. • Styl en register is oor die algemeen gepas vir die tekssoort. • Oor die algemeen 'n goeie aanvoeling vir doel en gehoor. **Ontwikkeling van idees** • Inhoud is redelik ontwikkel.
1–2	**Uitvoering van taak** • Taak is slegs gedeeltelik uitgevoer. • Inhoud is slegs gedeeltelik relevant. • Styl en register is onvanpas vir die soort teks. • Onvoldoende aanvoeling vir doel en gehoor. **Ontwikkeling van idees** • Beperkte poging om inhoud te ontwikkel.
0	Geen verdienstelike inhoud nie.

Tabel B: Taal

Punte	Beskrywers
7–9	**Omvang en akkuraatheid** • Gebruik 'n wye verskeidenheid gewone en minder algemene woordeskat op 'n toepaslike wyse. • Gebruik 'n wye verskeidenheid eenvoudige en komplekse strukture. • Hoë vlak van akkuraatheid van taal. Enkele foute mag voorkom, maar dit belemmer nie kommunikasie nie. • Foute is beperk tot minder algemene woordeskat of meer komplekse strukture. **Organisasie** • Doeltreffend georganiseer en ontwikkel. • Gebruik 'n wye verskeidenheid skakelwoorde en ander bindingsmiddele op 'n toepaslike wyse.
4–6	**Omvang en akkuraatheid** • Gebruik 'n verskeidenheid gewone woordeskat op 'n toepaslike wyse, en wend 'n poging aan om minder algemene woordeskat te gebruik. • Gebruik 'n verskeidenheid eenvoudige strukture, en wend 'n poging aan om sommige komplekse strukture te gebruik. • Oor die algemeen 'n goeie vlak van akkuraatheid van taal. Foute belemmer oor die algemeen nie kommunikasie nie. • Foute hou oor die algemeen verband met minder algemene woordeskat of meer komplekse strukture. **Organisasie** • Oor die algemeen goed georganiseer en ontwikkel. • Gebruik 'n verskeidenheid skakelwoorde en ander bindingsmiddele op 'n redelik toepaslike wyse.
1–3	**Omvang en akkuraatheid** • Gebruik 'n beperkte verskeidenheid woordeskat. • Gebruik 'n beperkte verskeidenheid strukture. • Gebrek aan beheersing van taal. Foute belemmer kommunikasie. • Foute kom voor wanneer gewone woordeskat en eenvoudige strukture gebruik word. **Organisasie** • Beperkte poging tot organisasie en ontwikkeling. • Beperkte poging om skakelwoorde en ander bindingsmiddele te gebruik.
0	Geen verdienstelike taalgebruik en sinstrukture nie.

Woordelys

aanhef – begin van 'n brief, byvoorbeeld *Liewe Nicky*

aantekeninge – notas waarin hoofpunte oor 'n teks gegee word

afkappingsteken – skryfteken wat byvoorbeeld in sommige meervoudsvorme gebruik word

akuutteken – skryfteken wat op sommige vokale in woorde gebruik word om beklemtoning aan te dui, soos in *dié*

alliterasie – herhaling van dieselfde konsonante/medeklinkers op 'n kort afstand van mekaar

antonieme – woorde met teenoorgestelde betekenis

assonansie – herhaling van dieselfde vokale/klinkers op 'n kort afstand van mekaar

bedrywende vorm – die aktiewe vorm

begripsvraag – vraag wat toets of jy iets verstaan

beklemtoning – waar die klem geplaas word

besitlike voornaamwoord – woord wat aandui wie die besitter is

bevelsin – sin waarin 'n opdrag gegee word

biografie – lewensbeskrywing

boodskap – wat 'n skrywer met 'n teks wil sê

brief – geskrif wat per pos of e-pos gestuur word om iemand iets te laat weet

byvoeglike naamwoord – adjektief; beskrywende woord wat inligting gee oor 'n selfstandige naamwoord in 'n sin

bywoord – woord wat inligting gee in verband met 'n werkwoord in 'n sin

deelteken – teken op vokale wat aandui hoe die woord uitgespreek word, soos in *reël, beïnvloed, geëindig*

dialoog – gesprek tussen twee mense

diftong – tweeklank; twee of drie vokale wat opeenvolgend as een klank uitgepreek word, sonder onderbreking tussenin, soos *aai, ui, oei, ei* en *y*

dubbelpunt – leesteken wat aandui dat meer inligting gaan volg, soos voor die direkte woorde van 'n spreker

eienskap – waardeur iemand of iets geken word; kenmerk

feit – stelling of uitspraak wat beslis waar is en bewys kan word

figuurlike taal – beeldende taal waarin woorde of uitdrukkings 'n metaforiese betekenis het

formaat – die vorm van 'n tekssoort, soos 'n brief, koerantberig of dialoog

geïmpliseerde betekenis – betekenis wat indirek oorgedra word en afgelei moet word

gesegde – werkwoordstuk van 'n sin

gravisteken – teken wat in drie Afrikaanse woorde op die letter *e* gebruik word om uitspraak aan te dui: *nè, dè, appèl*

hoofgedagte – kerngedagte; die belangrikste idee of gedagte in 'n paragraaf of teks

houding – standpunt teenoor iets of iemand

inhoud – alles wat deel van 'n teks is

intensiewe vorm – die versterkte vorm, soos *spierwit, bloedrooi*

kappie – teken op vokale wat aandui hoe woorde uitgespreek moet word, soos in *wêreld*

kenmerk – waardeur iemand of iets geken word; eienskap

kerngedagte – hoofgedagte; die belangrikste idee of gedagte in 'n paragraaf of teks

kernsin – die belangrikste sin in 'n paragraaf

koerantberig – verslag oor iets nuuswaardigs wat in 'n koerant gepubliseer word

kommapunt – leesteken wat tussen sinne in die plek van 'n voegwoord gebruik kan word

konsonante – medeklinkers; al die letters behalwe *a, e, o, i, u* en *y*

kopkaart – geheuekaart; 'n diagrammatiese uiteensetting van hoofpunte

koppelteken – skryfteken tussen twee of meer dele van 'n woord

leesbegripstoets – visuele, grafiese of geskrewe teks gevolg deur vrae oor die inhoud, strekking, boodskap, ens. daarvan

letterlike taal – gewone taalgebruik waarin woorde hul gewone of woordeboekbetekenis het

lidwoord – woord (*die;* '*n*) wat voor 'n selfstandige naamwoord staan

lydende vorm – die passiewe vorm

Woordelys

mening – opinie of siening

onderhoud – gesprek wat uit vrae en antwoorde bestaan met die doel om inligting te kry

onderwerp – 1. saak waaroor iets soos 'n brief of opstel handel; 2. woord of woordgroep wat die aksie in 'n sin uitvoer

ontkenning – negatiewe vorm van 'n sin wat gewoonlik deur twee ontkennende woorde gevorm word

ooreenkoms – wat dieselfde is

opdragwoorde – woorde wat verduidelik wat 'n mens moet doen, soos *noem, verduidelik, vergelyk*

opsomming – samevatting van die belangrikste idees in 'n teks

persoonlike voornaamwoord – woord wat in die plek van die naam van 'n persoon of ding gebruik word, byvoorbeeld *hy, dit, hulle*

praatjie – toespraak

punktuasie – leestekens soos kommas en punte wat dele van 'n sin of opeenvolgende sinne skei om lees te vergemaklik

resensie – kritiese beskouing van die goeie en slegte punte van 'n boek, film, toneelstuk, restaurant, ens.

riglyne – reëls wat gevolg moet word om 'n spesifieke doel te bereik

samestelling – 'n woord wat gevorm word deur twee of meer woorde te verbind

selfstandige naamwoord – woord wat die naam aandui van 'n mens, dier, plant of lewelose voorwerp

sinonieme – woorde met ongeveer dieselfde betekenis

skakelwoorde en bindingsmiddele – woorde of frases wat die verband tussen verskillende idees, sinne en sinsdele aandui, byvoorbeeld *eerstens, gevolglik, daarom, nogtans, aan die een/ander kant*

skryftekens – merke wat op vokaalletters in woorde geplaas word om die korrekte uitspraak aan te dui of lees te vergemaklik

sleutelwoord – 1. belangrike woord of konsep (begrip); 2. woord wat sê waaroor 'n paragraaf of teks handel

slot – einde van 'n teks

spotprent – getekende prent wat kritiese kommentaar lewer op 'n mens of 'n situasie

stelsin – stelling; sin waarin 'n stelling gemaak word

stiplees – aandagtig lees sodat jy vrae oor 'n teks kan beantwoord

strokiesprent – reeks getekende prente wat 'n storie vertel of situasie uitbeeld

taal – kommunikasiemiddel waarin woorde en sinne gebruik word om betekenis oor te dra

taalgereedskap – verduideliking van taalaspekte en wenke oor die gebruik daarvan

teenwoordige tyd – die hede, wat nou gebeur, byvoorbeeld: *Ek lees.*

teikengroep – die groep mense vir wie 'n spesifieke teks bedoel is

tekenprent – 'n getekende prent wat 'n situasie voorstel

titel – opskrif

toekomende tyd – die toekoms, wat nog moet gebeur, byvoorbeeld: *Ek sal lees.*

toon – trant of gevoel van 'n teks, byvoorbeeld ernstig of informeel

trefwoord – titelwoord in 'n woordeboek; lemma

verlede tyd – die verlede, wat klaar gebeur het, byvoorbeeld: *Ek het gelees.*

verskil – wat verskillend is; nie dieselfde nie

vluglees – net die eerste en laaste paragraaf van 'n teks en die eerste sin van die ander paragrawe lees sodat jy 'n idee het waaroor dit handel

voegwoord – woord waarmee sinne verbind word

vokale – klinkers; die letters *a, e, i, o, u*

volsin – afgeronde sin wat 'n werkwoord en dikwels ook 'n onderwerp bevat

voorwerp – woord of woordgroep wat die aksie in 'n sin ondergaan

vraagsin – sin waarin 'n vraag gestel word

vraende voornaamwoord – woord wat 'n vraagsin inlei

vriendskaplike brief – informele brief wat geskryf word aan iemand wat jy ken

werkwoord – woord wat aksie/handeling aandui

woordeboek – boek met 'n alfabetiese lys woorde en verklarings of vertalings daarvan

woordeskat – aantal woorde in 'n taal of oor 'n spesifieke onderwerp

AFRIKAANS TWEEDE TAAL: LEERDERSBOEK

> Erkennings – visuele materiaal

123RF Stock: bl. 119, 170.

afternoonexpress: bl. 126 (links).

Bella Naija: bl. 25 (onder).

Bryanston Parallel Medium School: bl. 4.

De la Bat-skool: bl. 232.

Die Burger: bl. 140.

Huisgenoot: bl. 74.

FimStock: bl. 95, 157, 159 (bo).

Gallo Images: bl. 120B, 248, 253, 266, 268, 273, 274.

Getty Images: bl. 1 – FG Trade; 10 – XinXinXing; 18 – chucchart duangdaw; 19A – martinedoucet; 19B –10'000 Hours; 19C – Hitesh Tailor; 19D – PeopleImages; 20 – Sunphol Sorakul; 21 – Marco Bottigelli; 22 – Education Images/Contributor; 33 – jayk 7; 35 – Ron Watts; 36A – Anthia Cumming; 36B – Valeroy Hache/Staff; 36C – JGI/Tom Grill; 36D – Bloomberg/Contributor; 38 – *Houston Chronicle*/Hearst Newspapers/Contributor; 50 – Douglas Michaels/Contributor; 51A – vuk8691; 51B – Joe Corrigan/Stringer; 51C – Rick Doyle; 51D – Arthur Didyk; 52 – Ascent Xmedia; 54 – Thomas Borwick; 55 – Photo and Co; 56 – Image Source; 62A – Westend61; 62B – Khaichuin Sim; 62C – Buena Vista Images; 62D – Dmytro Aksonov; 62E – FatCamera; 67 – Bloomberg/Contributor; 68 (bo) – Matt Cardy/Contributor; 68 (middel) – brandstaetter images/Contributor; 68 (onder) – Photo 12/Contributor; 69 (bo) – RAJESH JANTILAL/Stringer; 69 (onder) – Gijsbert Hanekroot/Contributor; 70 – ODD ANDERSEN/Staff; 79 – Lionel Hahn/Contributor; 80 (Beatles) – Screen Archives/Contributor; 80 (Steve Jobs) – Justin Sullivan/Staff; 80 (Einstein) – Bettmann/Contributor; 80 (Michael Jordan) – Focus On Sport/Contributor; 80 (Oprah Winfrey) – Kevin Winter/Staff; 80 (Walt Disney) – Screen Archives/Contributor; 82 – Andia/Contributor; 83A – Design Pics Editorial/Contributor; 83B – DEA/S.VANNINI/Contributor; 83C – Grant Faint; 83 (onder) – Jeff Overs/Contributor; 92 (bo) – Vector DSGNR; 92 (onder) – S-S-S; 96 (Plato, Jules Verne, Francis Bacon, Isaac Newton) – Photos.com; 100 – Surasak Suwanmake; 105 – Pierre Suu/Contributor; 106 – JENS SCHLUETER/Staff; 108 – Anadolu/Contributor; 113 – SUMY SADURNI/Contributor; 114 (buffel) – Mint images; 114 (leeu) – NimTree.com/500px; 114 (luiperd) – Paul A. Sanders; 114 (olifant) – Nicholas.dale; 114 (renoster) – Alan Tunnicliffe Photography; 120A – Franiska Krug/Contributor; 120C – David Livingstone/Stringer; 120D – Craig Mercer/MB Media/Contributor; 121 – Phil Walter/Staff; 122 (bo) – Alex Livesey-World Rugby/Contributor; 122 (onder) – Gallo Images/Stringer; 124 – Gallo Images/Contributor; 128 – Hulton Archive/Stringer; 132 – David Cannon/Contributor; 134 – Dave Hogan/Contributor; 137 – REDA & CO/Contributor; 138 – Rodger Bosch/Contributor; 139 – Wolfgang Kaehler/Contributor; 144 – Newscast/Contributor; 147 – Amy Sussman/Staff; 153 – MANAN VATSYAYANA/Contributor; 154 (voëls) – Jie Zhao/Contributor; 154 (miere) – VW Pics/Contributor; 154 (bye) – Yasser AL_

ZAYYAT/Contributor; 154 (bome) – Anadolu/Contributor; 155 – Tim Graham/Contributor; 156 – NurPhoto/Contributor; 158 – ullstein bild/Contributor; 159 (onder) – DEA/PUBBLIAERFOTO/Contributor; 160 – VW Pics/Contributor; 161 – Arterra/Contributor; 165 – VW Pics/Contributor; 167 – DEA/V.GIANNELLA/Contributor; 177 (links) – igoriss; 177 (regs) – bernardbodo; 178 (bo, links) – JGIJamieGrill; 178 (bo, regs) – tmgorthand; 178 (onder) – Yag Studio; 179 (bo) – SDI Productions; 179 (onder) – *The Washington Post*/Contributor; 180 (bo) – Dartstop; 180 (onder) – Image Source; 181 (bo) – Daniel de la Hoz; 181 (onder) – Jeff Schear/Stringer; 182 (bo) – *Houston Chronicle*/Contributor; 182 (onder) – SDI Productions; 184 – Andia/Contributor; 185 – Arterra/Contributor; 186 (bo, links) – *South China Morning Post*/Contributor; 186 (onder, links) – Rapid eye; 186 (regs) – Eric Lafforgue/Contributor; 189 (bo, links) – rbkomar; 189 (bo, middel) – Vladimir Vladimirov; 189 (bo, regs) – Jose Luis Pelaez Inc; 189 (onder, links) – evaeisenlohr; 189 (onder, middel) – Ascent/PKS Media Inc; 189 (onder, regs) – Secha 6271; 190 (bo, links) – Violeta; 190 (bo, middel) – Luka TDB; 190 (bo, regs) – StefaNikolic Stoimenova; 190 (onder, links) – Jose Luis Pelaez Inc.; 190 (onder, middel) – mixetto; 190 (onder, regs) – Klaus Vedfelt; 191 – Leo Patrizi; 193 (bo) – Roslan RAHMAN/Staff; 193 (onder) – Nur Photo/Contributor; 194 (bo) – Lisbeth Hjort; 194 (onder) – Malte Mueller; 195 – Andia/Contributor; 196 – Westend61; 198 (links) – xtrekx; 198 (regs) – Global P.; 199 (bo) – sarawuth 702; 199 (onder) – mikkelwilliam; 200 – Moonstone Images; 201 – Colin Lyall; 203 (links) – Sepia Times; 203 (regs) – Michael Ochs archives/Stringer; 204 – Cynthia Johnson/Contributor; 205 (bo, links) – John Greim/Contributor; 205 (bo, regs) – *Portland Press Herald*/Contributor; 205 (onder) – Peter Cade; 206 (bo, links) – Geography Photos; 206 (bo, regs) – SOPA Images; 206 (middel) – Da-Kuk; 206 (onder) – Richard Baker/Contributor; 207 (bo) – DMP; 207 (middel) – SolStock; 207 (onder) – Eva-Katalin; 208 – Katleho Seisa; 210 – Gallo Images/Contributor; 212 – Jorge Fernandez/Contributor; 213 (bo) – Topical Press Agency/Stringer; 213 (onder) – Douglas Miller/Stringer; 214 (bo) – Bettmann/Contributor; 214 (onder) – Future Publishing/Contributor; 216 – Gallo Images/Contributor; 217 – Gallo Images/Contributor; 220 – Enskanto; 223 – photofusion; 225 (bo) – Carol Yepes; 225 (middel) – SolStock; 225 (onder) – N-ria Talavera/Contributor; 227 (bo) – Martinns; 227 (onder) – FatCamera; 228 – SolStock; 229 – Carlos Barquero Perez; 236 – vndrpttn; 237 – R.Tsubin; 238 – G. Sosio; 247 (links) – Alexis Rosenfeld/Contributor; 247 (regs) – Monty Rakusen; 250 – Flashpop; 252 – williececogo; 255 – Samir Hussein; 259 – Marnie Griffiths; 260 (bo) – Arterra/Contributor; 260 (middel) – Education Images/Contributor; 261 – Frédéric Soltan; 265 – Peopleimages; 271 – freeezzzz; 281 (bo) – Timothy Norris/Stringer; 281 (onder) – Matt Roberts-ICC/Contributor; 285 (bo) – Caven Images; 285 (onder, links) – skynesher; 285 (onder, regs) – fstop 123.

Getty, Vector Images: bl. 104 (konyn) – A-digit; (gorilla) – Alexander Mikhailov; (tier) – Suresh Mondal; (leeu) – vector illustration; (renoster) – bubone; (kameelperd) – MarBom; (luiperd) – lukivoo7; (olifant) – oleg 7799; (mense) – Warmworld.

kindlingcracker.com: bl. 69.

klyntji.com/joernaal/2023: bl. 126 (regs).

NASA: bl. 72, 270.

Openbare domein: bl. 16, 102, 143, 149 (bo), 234, 246, 260, 262, 264, 284.

School Sports News TVPC Media: bl. 53.

Vriende van die KKNK: bl. 25 (bo).

WOdendaal/DTP: bl. 32, 89, 101, 119, 135.

womensagenda.com: bl. 64.